M 33563

Paris
1838

Schwab, Gustave

L'allemagne romantique et pittoresque

première section : La Souabe

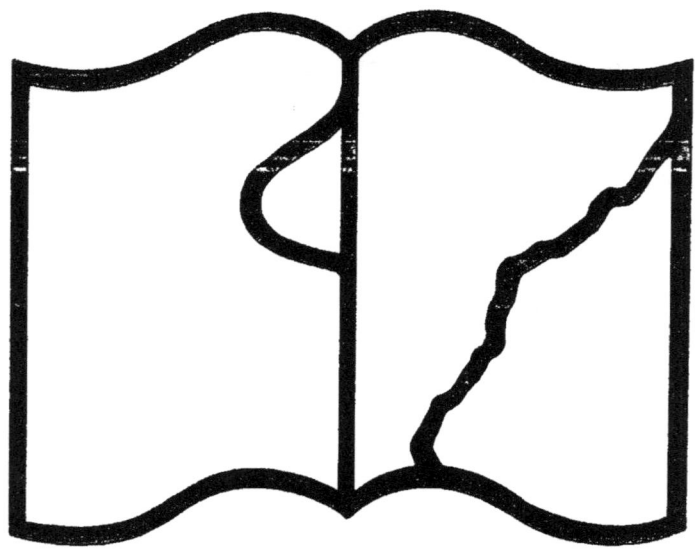

**Symbole applicable
pour tout, ou partie
des documents microfilmés**

Texte détérioré — reliure défectueuse

NF Z 43-120-11

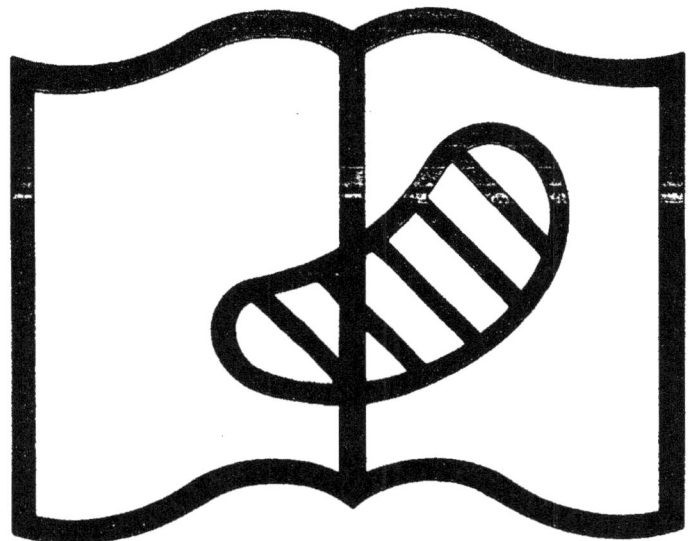

Symbole applicable
pour tout, ou partie
des documents microfilmés

Original illisible

NF Z 43-120-10

(Nig. 1 - 29.)

L'ALLEMAGNE
ROMANTIQUE ET PITTORESQUE

Première Section

LA SOUABE

PAR GUSTAVE SCHWAB

AVEC 30 GRAVURES SUR ACIER

PAR LES MEILLEURS ARTISTES

DE FRANCE, D'ANGLETERRE ET D'ALLEMAGNE

PARIS,
DAGUIN FRÈRES, LIBRAIRES-ÉDITEURS
QUAI MALAQUAIS

1840

IMPRIMERIE LANGE LÉVY ET COMP., RUE DU CROISSANT, 16.

L'ALLEMAGNE

ROMANTIQUE ET PITTORESQUE.

PREMIÈRE SECTION :

LA SOUABE.

Par Gustave Schwab.

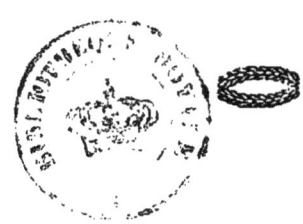

PARIS.

AUX BUREAUX : Rue des Grands-Augustins, 28 ;
Rue Neuve-Saint-Georges, 14 ; Et chez CH. HEIDELOFF, libraire.
Passage Saulnier, 11 ; Rue Vivienne, 16.

1838.

Préface.

L'Allemagne offre peu de contrées qui réunissent des beautés de paysage aussi nombreuses et aussi variées que la Souabe; il y en a peu sur lesquelles l'histoire et la légende aient accumulé autant de souvenirs de tous genres. Cette double richesse jette l'artiste et l'écrivain dans un égal embarras. Quel choix fera le premier, borné qu'il est à trente gravures, quand un nombre dix fois plus grand ne suffirait pas pour représenter tous les sites romantiques et pittoresques du pays? Quelle liaison établir entre ces trente points isolés, séparés par plusieurs milles, et qu'il faut également retracer chacun à part? La tâche est incontestablement plus difficile que dans plusieurs autres sections de cet ouvrage; là du moins vous ne rencontrez souvent qu'une vaste et fertile oasis, d'un effet pittoresque, mais simple et facile à saisir, ou vous n'avez qu'à suivre le cours paisible d'un fleuve unique qui traverse une contrée ravissante, mais sans accident, sans changemens d'aspect; ici au contraire tout est variétés et contrastes ; tout suscite sans cesse l'embarras du choix. Cependant nous avons essayé de mettre une certaine unité au milieu de ce mélange de beautés diverses. Nous avons parcouru le pays dans le but de tout dessiner et de tout décrire d'après nature ; et de cette manière non seulement l'artiste a pu grouper dans quatre grandes séries tout ce qui avait quelques points de contact, mais l'écrivain a trouvé pour ses descriptions un fil qui l'a conduit presque sans dévier d'une contrée à l'autre, et il a pu ainsi représenter par la parole ce qui échappait forcément à la représentation artistique. Sans doute il a fallu suivre et pour les dessins et pour les descriptions un autre ordre que celui qu'aurait suivi le géographe. Celui-ci eût commencé probablement par la partie la plus élevée du pays, et fût descendu successivement des montagnes aux collines et des collines à la plaine ; il eût suivi sans interruption le principal fleuve de sa source à son embouchure, et, autant que cela eût été possible, il aurait fini par présenter une vue générale de tout le pays. Mais celui qui veut faire passer successivement du petit au grand, de l'agréable au sublime, d'un paysage simple et modeste à des sites romantiques, doit choisir une autre méthode, et il ne saurait astreindre la série de ses tableaux à l'ordre scientifique.

Le centre de la Souabe est formé en partie par des masses de collines, en partie par des plaines ondoyantes, qui à l'est et au sud-est sont entourées de rebords assez élevés. Le plus occidental de ces rebords, qui s'abaisse insensiblement vers la plaine comme un toit d'une pente douce, est la Forêt-Noire ; celui qui forme le côté du sud-est, abrupte et escarpé comme un toit à pic, est l'*Albe*. Entre ces deux points, la Forêt-Noire et l'Albe, qui vers le sud-ouest arrivent à un mille l'un de l'autre et ne sont séparés que par la vallée du Necker ou Neckar, s'étend une plaine qui court au nord-est jusqu'au Jaxt et au Main. La Forêt-Noire elle-même forme avec sa vallée badoise et une faible langue de plat pays, la frontière occidentale de la Souabe : l'Albe traverse obliquement le royaume de Wurtemberg du sud-ouest au nord-est. Au-delà s'étend une deuxième campagne assez vaste, qui est plus basse que l'Albe, mais plus élevée que la première plaine, celle du nord. C'est cette partie de la Haute-Souabe, qui se prolonge du Danube au lac de Constance, sur la limite méridionale de la Souabe.

Telles sont les quatre directions (1), la vallée du Neckar, celle de l'Albe, la Forêt-Noire et les bords du lac de Constance, dans lesquelles se rencontre surtout le pittoresque. Il nous semble que cela justifie suffisamment la division de notre travail en quatre sections ou voyages. Le premier chapitre comprend le voyage à travers la vallée du Neckar de Canstatt à Heidelberg; car comme le Palatinat n'a pas de section propre, nous n'avons pas cru devoir nous arrêter strictement aux frontières de la Souabe. Nous avons représenté sept des sites les plus remarquables, voulant ainsi réunir dans une seule feuille ce que la contrée offre de plus curieux à la vue, le passé ou le présent de plus digne de méditation. C'est ainsi qu'on voit représentés sur une seule et même gravure *Canstatt*, le *château de Rosenstein*, et *Stuttgart*; la planche suivante est consacrée à représenter la *maison de Schiller* sur la *place du marché de Marbach*, puis viennent le *monastère de Maulbronn*, l'ancienne

---

(1) Voir l'ouvrage de Ludwig Voelter, *Geographische beschreibung von Wurtemberg* (Description géographique du Wurtemberg).

ville impériale de *Heilbronn*, avec le fameux donjon où la légende et les poètes ont placé la prison de Goetz de Berlichingen ; *Weinsberg* avec la *Weibertreue*; *Wimpfen* sur la montagne et dans la vallée, ces quatre sujets sur une seule planche ; les beaux et antiques châteaux de *Horneck* et de *Guttenberg* forment avec *Gundelsheim* une autre planche. Des quatre châteaux de Neckarsteinach, le plus ancien et le plus grotesque, le *Schwalbennest* (le nid de l'hirondelle) a été représenté isolément ; toute la série est fermée par la magnifique *Heidelberg*, sur laquelle artistes et écrivains ont souvent essayé leur talent sans jamais épuiser la matière. L'espace et la destination de notre ouvrage ne nous permettaient pas d'en donner davantage.

De là un second voyage nous mène dans une toute autre région de la Souabe, dans les vallées et les montagnes de l'Albe Souabe, où une nature plus grandiose s'offre à notre vue. Nous entraînerons d'abord notre lecteur vers la limite sud-est de la chaîne du Jura , dans la vallée du Danube, et le représentant naturel de cette contrée rocheuse est le château de *Bronnen*. Laissant à regret beaucoup de choses belles et curieuses, nous ne ferons notre seconde halte qu'auprès de la romantique source du Blau et de la petite ville de *Blaubeuren*, qui mérite notre attention sous plus d'un rapport. Un ouvrage qui est consacré à la Souabe romantique et pittoresque saute la haute plaine de l'Albe, comme de raison ; il se hâte d'arriver aux beautés que lui promet le versant nord-ouest de la montagne, avec ses nombreuses et riches vallées, où des bosquets d'arbres fruitiers se détachent sur des forêts de hêtres, des masses de rochers , des groupes de tours et de châteaux , portant les souvenirs d'une nature luxuriante dans une contrée aride, dont les hauts plateaux rappellent les steppes et le climat du Nord, tandis qu'au sortir des gorges de la montagne, de petites villes populeuses et florissantes annoncent les plus riches contrées du midi. Nous avons choisi parmi tant de beautés de tous genres, et nous avons réuni sur six feuilles *Rechberg* et *Hohenstaulfen*, *Hohenurach*, les débris de *Reisenstein*, *le castel de Lichstenstein*, l'intérieur du *Nebelkoele*, et le château de *Hohenzollern*. Puis nous nous sommes transportés à quelques lieues de l'Albe, pour contempler la position tout-à-fait unique de la petite ville de *Haigerloch*, et les villes de *Tubingue* et d'*Esslingen*, qui, placées chacune dans une situation particulière, offrent à l'artiste mille choses dignes d'attirer son attention. Ce second chapitre comprend onze gravures, dont huit appartiennent aux pays de l'Albe Souabe, et trois au pays situé entre l'Albe et la Forêt-Noire.

La chaîne de la Forêt-Noire présente, par l'étendue, la hauteur et l'aspect, un caractère plus imposant que la chaîne de l'Albe Souabe; c'est comme si l'on passait du joli au sublime. Toutefois ce n'est qu'à la limite occidentale de cette montagne, à l'endroit où elle s'abaisse vers la vallée du Rhin, et en partie sur le versant septentrional, que l'on trouve les vues les plus magnifiques. Parmi les modestes objets qui embellissent le versant du sud-est, nous avons choisi le *couvent de Hirsau* avec sa tranquille forêt de sapins, puis la cascade de *Triberg*, les gorges du *Hoellenthal*, *Fribourg* à l'extrémité la plus riante de la montagne avec le joli bourg de Munster, et enfin la cité romaine de *Badenweiler*, sur le territoire de laquelle commence la riche culture de la vallée du Rhin. A quelque distance de là nous entrons dans la *Vallée du Murg*, parmi les beautés de laquelle nous avons choisi la paisible ville de *Forbach* et les célèbres ruines de *Baden*. Sept planches sont donc consacrées à la Forêt-Noire.

C'est notre dernier chapitre et notre quatrième voyage sur les bords du lac de Constance et au pied des Alpes suisses qui offrent les trois gravures du caractère le plus grandiose. *La ville et l'île de Lindau*, avec une magnifique vue du lac supérieur et une perspective étendue au dessus du sommet de la montagne, forme la première gravure ; la seconde nous montre le *lac inférieur* avec *Constance*, au dessus de laquelle on distingue le château napoléonien d'*Arenenberg*. Dans la troisième, qui est la dernière de cette section, le spectateur quitte la Souabe en contemplant les rochers de porphyre de l'*Hohentwiel* et tout le groupe des montagnes de l'*Hegaeus* ou l'*Hoegaeus*.

Premier Voyage.

LA VALLÉE DU NECKAR DE CANSTATT A HEIDELBERG.

Canstatt avec Rosenstein et Stuttgart. — Marbach avec la maison de Schiller. — Heilbronn avec la tour de Goetz de Berlichingen. — Weinsberg et Weibertreue. — Wimpfen sur la montagne et Wimpfen dans la vallée. — Horneck, Gundelsheim et Guttenberg. — Schwalbennest (le nid de l'hirondelle), près de Neckarsteinach. — Heidelberg.

CANSTATT,

AVEC ROSENSTEIN ET STUTTGART.

Notre galerie de sites pittoresques s'ouvre par une vallée sur laquelle une nature plus méridionale semble avoir répandu ses bienfaits à pleines mains. Déjà le vieux Hubner disait, il y a plus de cent ans, dans son dictionnaire : « Canstatt est, après Stuttgart et Tubingue, une des plus belles villes du Wurtemberg. » Ce ne pouvait pas être la petite ville même de Canstatt qu'il voulait désigner par cette magnifique épithète; car en elle-même ce n'est rien moins qu'une belle ville, et sa construction n'avait rien de remarquable, pas plus du temps de Hubner que du nôtre, ainsi que Martin Crusius l'a déjà observé dans sa chronique, au commencement du seizième siècle : « Les maisons de Canstadt n'ont pas été bâties pour l'ostentation, mais pour l'utilité. » Les paroles de Hubner ne pouvaient donc s'appliquer qu'à la contrée environnante, et cet éloge, elle le mérite complètement. Si la partie de la vallée du Necker sur laquelle Canstatt est située n'est pas des plus belles, elle est du moins une des plus agréables et des plus fertiles de toute la Souabe; de rians vignobles couvrent ces jolies collines exposées au soleil; des jardins ou plutôt des forêts d'arbres fruitiers en couronnent les sommets, ou remplissent les petites vallées qui les séparent; des plantations d'osier s'étendent, à travers de vertes et fraîches prairies, sur les deux rives du fleuve, et bientôt on découvre près de jolis et nombreux villages des jardins, des champs de blé et des vignobles. Quelques églises bâties sur des collines, auxquelles se rattachent seulement les dernières maisons du village, rappellent, au milieu d'un pays protestant, les vieux temps catholiques dont il ne reste plus que la chapelle solitaire d'un village qui a disparu. Les temps modernes ont ajouté à ce charmant tableau des maisons de campagne, des temples, des bains et des pavillons, et la modeste Canstatt elle-même disparaît pour ainsi dire au milieu de cet entourage d'hôtelleries, de bains, de fabriques, et devant un faubourg, dont la population s'accroît d'année en année, et qui bientôt sera réuni à la ville même par un pont de pierre, le plus massif et le plus beau du pays.

Du point d'où a été prise notre gravure, qui devait nous montrer la capitale au plan le plus lointain du tableau, on ne peut apercevoir qu'un coin de cette superbe vallée ; mais l'artiste a su réunir dans ce cadre étroit autant de beauté qu'il était possible d'en mettre sans altérer le moins du monde la vérité locale. Si nous suivons de l'œil le cours tortueux du Necker qui s'avance tout-à-fait au premier plan vers la ville de Munster, située sur la gauche et que l'on ne peut apercevoir dans notre dessin, nous voyons au centre Canstatt et son église et sa tour, ouvrage du célèbre architecte Schickhardt ; puis le pont, le faubourg ; à gauche du spectateur est le *Sulzerrain*, colline derrière laquelle se cache, avec ses nouveaux bâtimens et leurs dépendances, la Soulz, la plus importante des sources minérales, qui ont donné leur célébrité aux bains de la ville. Derrière les premières maisons nous voyons s'élever le petit village de Berg avec sa délicieuse église ; puis tout-à-fait à gauche, aussi sur une élévation, paraît entre deux hauteurs le village de Gablenberg. A notre droite on aperçoit derrière le faubourg et enfoncé dans le vallon, le château royal de Bellevue, et sur cette élévation, qui jadis s'appelait *Kahlenstein, la Roche nue*, maintenant toute vêtue de gazon et de roses, se dessine la superbe maison de plaisance nommée *Rosenstein*, le Mont de Roses. Plus loin encore, il y a un pavillon dépendant de ce palais. Dans le fond, apparaît la capitale du Wurtemberg, Stuttgart, liée à Canstatt par une suite des plus belles vues imaginables, encadrées par le sombre aspect des montagnes d'Essling, de Bopser et de Hasenberg, dont la prolongation s'étend jusqu'au château royal *de la Solitude*, et qui forme au plan le plus lointain le versant supérieur nommé Filder.

En comparant la position si favorable, sous tant de rapports, de Canstatt avec la situation étranglée qu'occupe Stuttgart dans une contrée sans doute très fertile, mais presque dénuée d'eau, entre des collines et des montagnes, on aurait peine à concevoir pourquoi les maîtres du Wurtemberg n'ont pas préféré Canstatt pour en faire leur résidence, si l'on ne savait que la fondation des capitales ne dépend presque jamais d'un choix libre et raisonné, mais résulte peu à peu de la position de l'État et du pays, et qu'elles existent souvent avant qu'on y ait pris garde. Cependant, en 1682, un sieur Ganniare de Saint-Paul proposa, dans un écrit imprimé adressé au duc Eberhard Louis de Wurtemberg et à son conseil privé, de faire de Canstatt la capitale du pays, le tout calculé pour le bien de l'État, attendu que cette ville réunissait tout ce qui pouvait convenir à l'éclat d'une résidence.

Ce qui n'est pas moins attrayant dans cette ville que ses environs, ce sont les particularités remarquables qu'elle présente à l'historien et au naturaliste. Nous commencerons par ce qui intéresse le dernier et ce qui constitue, pour ainsi dire, l'histoire antédiluvienne du sol. En 1700, on découvrit, en présence du médecin de la cour, le docteur Salomon Reisel, vers une colline située à mille pas de la ville à l'est, dans la rue actuelle de Waiblingue, et dans des débris de vieux murs, plus de soixante dents molaires (que le savant médecin prit pour des cornes), et d'innombrables débris d'ossemens *d'animaux carnivores et peut-être aussi inconnus*, dit-il avec naïveté dans un rapport détaillé qu'il adressa aux hommes savans et curieux des études naturelles, pour le soumettre à leur judicieux examen, et aussi pour qu'ils eussent à décider si ces cornes et ces os ne sont qu'un jeu de la nature, s'il sont formés de la terre, ou s'ils ont été produits par des animaux vivans et engendrés d'une mère ; en tous cas, pour qu'ils cherchassent comment ils pouvaient être venus en ce lieu.

Le docteur Schleiss s'empressa d'écrire sur ce sujet un *OEdipus Osteolithologicus*, dans lequel il déclara que les fossiles de Canstatt sont les restes d'un hécatombe romain ; le docteur Bayer, professeur de théologie à Altdorf, au contraire, en fit, dans une dissertation écrite en 1712, un monument du temps du déluge. Depuis, de semblables découvertes renouvelées dans les villages voisins, et à Canstatt même, en 1816, par les soins du conseiller actuel supérieur des finances, M. de Memminger, dont les œuvres ont, avec la description historique du Wurtemberg, servi principalement aux recherches du rédacteur de cet article, les fouilles exécutées autour de la Roche-Nue, en 1825, et les travaux de savans naturalistes Kielmeier et Cuvier, à leur tête, en jetant la vive lumière de leurs connaissances sur ces reliques des anciens jours, n'ont plus permis de douter que ces restes remarquables, trouvés gisans, comme cela devait être, dans des terrains d'alluvion, ne soient des dents et des os d'animaux dont les uns ont entièrement disparu du globe, et dont les autres sont le mammouth, ce géant des anciens temps, le rhinocéros, une espèce de hyène, une variété singulière de cerf, enfin d'autres que l'on rencontre encore dans la nature. Très vraisemblablement ces animaux ont péri par suite d'un cataclysme violent de notre planète, et leurs débris ont été mêlés dans l'état où on les a trouvés par un nouveau bouleversement. Les moins érudits de nos ancêtres voyaient dans ces débris des os de géans, et plusieurs de nos lecteurs apprendront ici, pour la première fois peut-être, que l'antiquité classique les connaissait. L'empereur Auguste faisait, disent ses biographes, orner sa maison de Caprée de ces ossemens monstrueux que l'on appelle communément os de géans et armes de héros.

Mais laissons de côté les grottes calcaires et les pétrifications par lesquelles les environs de Canstatt se signalent encore, et passons de son histoire naturelle à son histoire morale, si l'on peut s'exprimer ainsi, qui n'offre pas moins de particularités remarquables. A la place même où est bâtie la ville existait un important établissement romain. De même que la cité actuelle est encore le centre de toutes les grandes routes du pays, de même les noms très connus de l'antiquaire, *la route de pierres, la voie Romaine, la voie Impériale*, et un autel trouvé à Canstatt même et consacré *aux divinités des chemins*, indiquent tout un ensemble de voies romaines, et effectivement l'on n'y en reconnaît pas moins de sept. Dans le voisinage de ces routes et dans les cantons de Canstatt, depuis le commencement du siècle précédent, que les œuvres d'époques reculées ont recommencé à voir le jour avec les ossemens des animaux du monde primitif, on découvre presque journellement des restes plus ou moins importans de construction romaine. C'est ainsi qu'en 1700, outre les fossiles dont nous avons parlé, on trouva à Uffkirch, derniers restes d'un village détruit sur une colline, un mur long de dix-huit pieds, large de huit, que les savans regardèrent tantôt comme les fondations d'un temple, tantôt comme celles d'un château-fort ou d'un amphithéâtre. Dans un des bains publics de Canstatt, on trouva, en 1818, des ustensiles de bains romains, des médailles, des restes de pavés; on avait déjà tiré du sol dans la ville et dans le faubourg des tuyaux d'aquéducs, et un bas-relief représentant Minerve et Mercure tenant la bourse. Tout récemment encore, en jetant les fondemens du pont du Necker, on a fait sur la rive droite du fleuve la découverte d'un produit d'alluvion remarquable, assemblage bizarre de créations de la nature et de l'art, formé par un suintement calcaire et ferrugineux, comme il en existe dans différentes sources minérales; les objets d'art sont, dit-on, des ustensiles de maisons détruites dans le moyen-âge et dans les temps postérieurs. Lorsqu'on eut brisé cet arrangement calcaire, on trouva dessous un aquéduc romain. On a retrouvé à Kahlenstein près de Mulhausen les fondations d'un bâtiment, et près de Zazenhausen les restes de deux tours de garde romaines; dans un troisième endroit, en 1704, le rez-de-chaussée de bains immenses; en 1818, à un autre endroit encore onze chambres avec des inscriptions de gypse, des hypocaustes et des canaux; enfin, en 1835, dans les alentours des bains découverts les premiers, d'anciennes constructions de même espèce, et en outre, des vases et des monnaies, principalement des deuxième et troisième siècles. Les anciens tombeaux, trouvés par M. de Memminger dans la plaine d'Altenbourg, près de Canstatt, en 1817, sont indubitablement romains, comme le prouvent les lampes funéraires de verre et d'argile, les urnes cinéraires, les vases purificatoires, les médailles etc., qu'ils contenaient. Quatre autels trouvés à différentes époques sont : le premier d'Emeritius Sextus, guerrier de la vingt-deuxième légion; le second de P. Sedulius Julianus, de la huitième; le troisième de Sattonius Juvenilis; le quatrième de Gerionius (?) Severus, de la vingt-deuxième légion; ils sont consacrés à différens dieux et datent tous probablement du troisième siècle, le second est certainement de l'année 225 après J.-C.

Après l'expulsion des Romains, des Alemans et des

haus, Magenhein, Magstatt, auraient alors aussi un nom analogue, car le mot teutonique Mag a, de même que Kunnen, la signification de parens.

Nous ne chercherons pas à résoudre la question de savoir si, de même que les seigneurs de Canstatt et les Canli, les Schilling de Canstatt, les Stein de Canstatt, les seigneurs des châteaux d'Uffkirchen sur la rive droite, de Brie et d'Altenburg sur la rive gauche du Necker, appartiennent à la race des Kunnen de Canstatt. Il ne reste d'Uffkirchen ou Uffkirch que l'église et le cimetière, le village ayant disparu, dans le XVIe siècle, sauf quelques maisons; il faut les chercher à la gauche de notre gravure; Altenburg était à gauche sur la hauteur; à en juger d'après son nom, il aurait été construit sur des fondations romaines; Brie, Brige ou Brey était une forteresse autour de laquelle le faubourg qui porte son nom subsiste encore dans le mot Brag, qui désigne la hauteur; le château même fut détruit en 1287 par l'empereur Rodolphe.

Cependant l'ancienne signification de Canstatt disparut de bonne heure, et dès le XIIIe siècle, les seigneurs de ce nom, ainsi que la ville, portent pour armes un pot (Kanne). Après la chute de l'empire romain, cette ville se trouva sans aucun doute sous le pouvoir des ducs d'Alemanie, et il paraît que relevée après leur destruction, elle devint propriété de la couronne des Franks. Charlemagne y résida quelque temps. Plus tard elle fut possédée, du moins en partie, par les comtes de Calw, et enclavée dans les propriétés des Welf. Devenue cité, elle retourna, avec le comté et le tribunal dont elle était le siége, au Wurtemberg dont les comtes du reste, à l'époque même où le comte Eberhard, en 1320, transféra sa résidence de son château patrimonial à

Stuttgart, ne possédaient guère de Canstatt que sa justice et les anciens droits seigneuriaux. On voit clairement d'après cela qu'entre Canstatt et Stuttgart on ne pouvait hésiter pour le choix d'une capitale. La première ville avait originairement obtenu les droits de justice et toutes sortes de franchises. La conquête qu'en fit l'empereur Rodolphe en 1287, paraît l'avoir fait peu souffrir ; le concours de toutes les grandes routes qui s'y coupent, fit établir dans le faubourg, près du pont, une auberge, que les voyageurs de l'ancien temps citent comme une chose remarquable. « Canstatt, dit Ladislas Suntheim, qui écrivait il y a environ un quart de siècle, est une jolie ville sur le Necker; on y est bien traité sous le rapport de la table; il y a une auberge, qui a une fontaine pleine de poissons derrière le poêle. » Il ne paraît pas vrai que Pétrarque ait dit la même chose. L'hôtel *du Bœuf*, bâti nouvellement sur l'emplacement de l'ancienne auberge, est encore un ornement du faubourg, et les poissons y viennent encore de la fontaine rétablie dans la grande salle se faire manger sur la table d'hôte.

La ville doit sa position actuelle au duc Ulrich de Wurtemberg, qui la fit fortifier peu de temps après son retour de l'exil. Le duc d'Albe s'étant avancé jusqu'à Canstatt, dans la guerre de Schmalkalden, Ulrich fut vivement irrité contre son fils Christophe. Si l'on avait retenu les Espagnols, dit-il, ils n'auraient pas chevauché par-dessus les murs de Canstatt. On ne saurait se faire une idée de la misère qui envahit la ville et son territoire dans la guerre de trente ans, et par suite des invasions dévastatrices des Français entre 1688 et 1707. Dans la guerre de la révolution, tout ce pays fut le théâtre de la guerre. Lorsque Moreau, après avoir passé le Rhin, eut refoulé l'armée autrichienne, les deux partis cherchèrent à prendre Canstatt. Les Saxons avaient occupé de force Kahlenstein, les Français Stuttgard. L'archiduc Charles établit son quartier-général dans un village au-delà de la ville, Fellbach, avec 80,000 hommes. Le 20, Moreau arriva à Stuttgart, et l'attaque générale commença depuis le village de Mülhausen, situé sur le bord du Necker, jusqu'à Esslingen, et jusqu'au Filder. L'archiduc traversa la ville avec un adjudant, et aussitôt le pont fut rompu. Alors les Français débouchèrent du village de Berg, de Kahlenstein, et une canonnade terrible vint des deux côtés battre la ville. Jusqu'au soir, le tonnerre retentit et les boulets la traversèrent en sifflant. Au milieu du feu, les Français pillèrent la ville; dans l'auberge du Bœuf, deux d'entre eux jetèrent l'aubergiste à terre, pour le forcer à dire où était caché son argent, lorsqu'un boulet de canon renversa la muraille et tua les deux pillards. Un calme funèbre régna dans la ville après cette affreuse journée. Enfin, dans la nuit du 23 au 24 juillet, l'archiduc et les Autrichiens commencèrent leur mouvement de retraite, et les autorités rendirent la ville aux Français.

Depuis, elle a eu deux fois dans ses murs l'empereur Napoléon (en 1805 et 1809); puis, après les catastrophes de Moskou et de Leipsick, le 17 décembre 1813, le général russe Barclay de Tolly, avec dix-neuf généraux, soixante-douze colonels et officiers d'état-major, et une grande suite d'officiers de tous grades, et enfin après le retour de l'île d'Elbe, deux archiducs d'Autriche. Elle a produit plusieurs hommes remarquables, et parmi eux, deux ont un nom européen, Georges Bernard Bilfinger et Christian Frédéric Schnurrer.

Pendant les deux dernières années, Canstatt, peu changée à l'intérieur, a perdu beaucoup de ses formes extérieures, et a même été dépouillée d'une partie de ses murs d'enceinte et de ses tours antiques. Celui qui a vu abattre la vieille porte du Necker, qui si long-temps arrêta les regards sur elle, a bien pu bien se rappeler ce chant si vrai et si touchant du poète, quand il contemple sa ville natale transformée et la contrée qui l'entoure, jadis embellie par ses antiquités.

O tours, ô vieux murs, qui avez si longtemps considéré le fleuve, je vois avec douleur à quelle œuvre on se prépare!
La destruction vous menace; l'image que l'eau réflétait dans son sein avec tant d'amour va lui être arrachée.
Vieux son, tais-toi; cloche, arrête ton vol, toi, l'appel de la vieille ville! Elle brise son ancien sceau, elle devient un village, rien qu'un misérable village!

Cependant, non seulement ce siècle prosaïque et industriel réclamait cette destruction, mais encore le soin de la salubrité publique l'exigeait: Canstatt n'est pas devenue pour cela un misérable village. Celui qui fait le tour de la ville par les anciens remparts rencontre en grand nombre des maisons particulières, non seulement belles, mais même riches; de florissantes fabriques, de bonnes auberges, des bains, des jardins aux deux extrémités de la cité, de vastes écoles et un excellent institut orthopédique, pour lequel le célèbre docteur Heine, son fondateur, a construit un local charmant et convenablement distribué.

Les sources minérales de Canstatt, qui au nombre de dix, coulent en partie dans la ville, en partie devant ses portes, et appartiennent à la classe des eaux ferrugineuses carboniques, en ont fait un endroit de bains célèbres et bien fréquentés, d'où l'on accourt de toutes les parties de l'Allemagne, de la Suisse, de la France et même des pays plus éloignés.

La source principale, *le Sulzerrain*, ne fut découverte

que dans le siècle précédent ; elle fut d'abord exploitée par des particuliers, puis, en 1772, reprise par l'autorité ; mais elle ne servit long-temps qu'à mettre en mouvement un moulin à huile. Ce ne fut que vers la fin du XVIII° siècle que l'on songea à la commodité des baigneurs, et en 1812 l'établissement fut agrandi. Enfin, la compagnie des sources se forma, et le roi Guillaume soutint cette institution avec une haute libéralité. La source fut de nouveau entourée en 1819 et 1820, au milieu de grandes difficultés, par le colonel de Duttenhofer ; la belle *Fullhaus* (magasin) fut construite en 1824, et depuis peu la colonnade, bâtie par Thouret d'une manière aussi élégante que solide, orne les bains dans deux larges galeries. D'agréables promenades sont ménagées de loin en loin ; de délicieuses échappées, et sous elles la vallée du Necker, viennent encore augmenter le charme des sources. Le plus beau coup d'œil est celui dont on jouit auprès d'une colonne romaine, ajoutée à la berge supérieure, et autour de laquelle viennent se réunir les différens chemins dont les sinuosités courent le long de la montagne. Une simple allée unit cet établissement à la ville. Les autres sources sont exploitées par des particuliers pour des bains ou des fontaines ; parmi ces différentes exploitations, le bain de Frosner est le plus ancien ; on peut reculer la date de sa fondation comme bain et étuve jusqu'à l'année 1538 ; les bâtimens sont maintenant détruits ; mais le jardin remonte en antiquité jusqu'au temps des Romains ; cette partie de l'exploitation fut ravagée, en 1449, par les habitans d'Essling et depuis dans la guerre de trente ans ; c'est pourquoi on l'a réunie aux autres. C'est avec toutes ces adjonctions que le bain jouit maintenant de toute sa splendeur, et que son brillant hôtel se remplit tous les ans d'amateurs, qui viennent jouir des nombreux agrémens que leur présente ce lieu. Les autres bains, tels que ceux de Wilhelm et de l'auberge du Bœuf, sont également recommandables, et le docteur Heine a fondé, en 1831, dans le lieu appelé Salzbad, un établissement pour prendre des bains d'eaux minérales froides.

Les autres établissemens de ce genre qui se trouvent en Souabe ont le caractère d'une solitude champêtre. Un pays découvert et le voisinage de la résidence donnent à ceux de Canstatt une autre physionomie; aussi, outre les personnes qui s'y rendent par raison de santé, y rencontre-t-on beaucoup de gens qui, tels que les Suisses, n'ont pas de capitale et qui manquent d'une société nombreuse et d'un grand mouvement. La vie y est fort agréable et le pays offre un choix précieux d'endroits propres à des parties de campagne. Le beau temple qui renferme les dépouilles mortelles de la feue reine Catherine et qui est placé à la gauche de notre gravure, les tilleuls qui portent son nom et qui s'étendent du même côté, les nombreux villages du vallon supérieur du Necker jusqu'à Esslingen, les bateaux qui remontent le fleuve jusqu'à Munster et Muhlhausen, le petit château royal de Weil avec ses ravissans entours et ses superbes écuries, le Rosenstein, et Stuttgart enfin, tout cela est plus que suffisant pour bien remplir un court séjour de ouissances les plus diverses et sans cesse renouvelées.

Jetons encore un regard sur les deux derniers endroits que nous venons de nommer, et que l'on peut apercevoir sur notre gravure.

Le roi Guillaume a choisi pour construire le château de plaisance *le Rosenstein*, la place la plus favorable qui fût dans tout le pays; de là on peut jouir de la vue ravissante du vallon de Canstatt, de celui d'Essling et de la gorge des montagnes dont la sombre profondeur forme le principal trait du tableau, tandis qu'on se promène sous de charmantes colonnades et dans de hauts appartemens remplis des ornemens les plus simples et cependant les mieux choisis. On pourrait croire que c'est de ce point de vue que le spirituel chevalier Ulrich de Hutten avait vu la contrée, lorsqu'il écrivait à un ami, en parlant de la situation de Stuttgart : « On trouverait difficilement dans toute l'Allemagne un plus beau pays que celui-ci ; on y jouit d'une campagne fertile, d'un climat excellent, on y voit des montagnes, des plaines, des vallées, des fleuves, des rivières, des forêts, des fruits comme nulle part ailleurs, et croissant pour ainsi dire d'eux-mêmes ; du vin comme on peut s'attendre à en avoir dans un tel pays ; les Souabes appellent même Stuttgart paradis terrestre, tant cette ville est délicieusement située. »

Le château de plaisance dont nous parlons a la forme d'un long rectangle ; il est composé de cinq corps de bâtimens ; à l'exception de celui du milieu, chacun d'eux n'a qu'un seul étage ; et hormis les assises et l'attique, en pierres de grè le plus fin, dont tout le monde admire le travail pur et délicat, il est entièrement construit dans le goût de la belle simplicité et du solide qui distingue le roi. Le bâtiment du centre forme, avec l'aile attenante, les deux façades principales tournées vers Stuttgart et Canstatt, au milieu desquelles un portique en saillie, avec un escalier et six colonnes d'ordre ionique, forme les entrées principales. Dans les tympans qui surmontent les deux grands portiques, les sculpteurs Diestelbart et Mack ont exécuté des bas-reliefs représentant le mythe grec d'Apollon et de Diane, sur le devis d'un artiste d'un mérite reconnu, le professeur Dietrich : les portiques inférieurs sont ornés de médaillons, de bustes, de colonnes, de divinités grecques, avec des figures d'animaux fantastiques sur les côtés. Les toits sont couverts en ardoises; un terrain quadrangulaire entoure l'édifice. L'exécution des travaux appartient à l'architecte de la cour, Salucci. Les premiers fondemens furent jetés en mai 1822; à la fin de l'année 1823, le château fut couvert, et dans l'été de 1829 il fut achevé et prêt à être habité. L'intérieur, qui est ouvert avec une gracieuse complaisance aux étrangers et aux nationaux, sur le vu d'une carte d'entrée, est dans un accord parfait avec le style de l'extérieur, tout est solide, simple et beau; la magnificence se cache plutôt qu'elle ne se montre. Les meubles, les tapisseries, les lustres, les tapis ont été choisis avec un goût exquis. Le bâtiment contient quarante chambres, une grande galerie et une salle à manger, toutes ornées des plus beaux travaux de maîtres illustres, tels que Steinkopf, Schnitzer, Heideck, Adam, Hetsch; les peintures d'ornement sont de Gajani, Neher et Sauter. Parmi les autres chambres, une salle à manger se distingue par une fresque de Dietrich, tirée de l'histoire de Bacchus. La grande galerie qui reçoit le jour par douze fenêtres, deux portes vitrées et une lanterne sur la coupole, dont seize colonnes portent la frise, est ornée de belles fresques de Gutekunst, et la coupole de fresques, où l'on admire des scènes de dieux, travail admirable de Gegenbauer, artiste wurtembergeois. Les bas-reliefs de la frise représentant les quatre saisons dans des occupations champêtres, et dont les gravures ont paru chez Cotta, sont l'œuvre du professeur Conrad Weitbrecht, trop tôt enlevé aux arts, et sont généralement considérés comme un des plus beaux ornemens de cette magnifique maison de plaisance.

Le lecteur ne s'attend pas sans doute à trouver ici une description détaillée de Stuttgart, dont les masses de maisons, aperçues du point bien choisi où s'est placé notre artiste, rempliront toute la profondeur de l'espace qui se trouve entre les montagnes, dans le fond du tableau. Des ouvrages savans, et d'autres plus à portée de tout le monde, ont déjà suffisamment pourvu à ce besoin; vouloir réunir dans quelques pages ce qu'ils ont dit de plus essentiel, serait une entreprise vaine et inutile; nous nous contenterons donc de servir de cicérone pour les sujets que présente notre dessin.

Le dernier bâtiment à la gauche du spectateur, et à moitié couvert par la montagne, est le palais du roi, appelé, pour le distinguer, la nouvelle résidence; commencé en 1746 par le duc Charles, il fut achevé après l'incendie du corps de logis de droite, arrivé en 1762, par le feu roi Frédéric, en 1806. Il consiste en un bâtiment principal composé de deux corps de logis, et la symétrie est sévèrement observée dans sa construction. D'après le plan primitif, on devait encore construire à ses extrémités de longues galeries, et former ainsi une cour d'entrée fermée par une grille; cependant, tel qu'il est, l'harmonie et le bon goût qui règnent dans tout l'ensemble, font de ce palais un des plus beaux qui existent, et son aspect, plus qu'aucun autre des châteaux d'Allemagne, rappelle celui de Versailles; à son extérieur, pour l'embellissement duquel les meilleurs artistes nationaux ont laissé des monumens durables de leur talent, on doit bientôt ajouter de nouveaux ornemens. Sur l'ordre du roi, le peintre d'histoire Gegenbauer doit orner quatre chambres de sujets tirés de l'histoire du Wurtemberg, surtout des scènes de l'histoire d'Eberhard le Rauschebart (la barbe rude) par Louis Uhland.

A côté de la résidence nous voyons s'élever le vieux château avec ses hautes tours, dont la description, chargée de toutes ses particularités et bizarreries architectoniques, ferait honneur à un roman historique à la manière de Walter-Scott. C'est l'œuvre de l'immortel duc Christophe, qui le commença en 1553, à la place du château de bois, qu'il détruisit, et qui venait du temps des Comtes ; il mourut en 1558, avant que le château fût terminé. Son fils Louis l'acheva en 1570 ; bientôt après toute la construction menaça de s'écrouler, et Louis bâtit, aux coins les plus endommagés, deux tours dont l'une regarde Canstatt ; la troisième, et la plus belle, qui est au sud-est, fut élevée en 1687. Une grande partie du château est maintenant enfouie dans la terre, car originairement il était entouré d'un profond fossé, appelé, d'après ses habitans, le *fossé aux cerfs*; il n'a été réparé que de notre temps, et il contenait entre autres un moulin souterrain qui était mu par l'eau qui pourvoit aux besoins du château.

Le bâtiment qui est le plus près de celui que nous venons de décrire, est l'église du chapitre ; on l'appelait originairement l'église collégiale de la Sainte-Croix, et elle était de bois ; quand et par qui elle fut fondée, c'est ce que l'on ignore ; le chœur fut construit en 1289, par le comte Ulrich, le même qui éleva le premier château de Stuttgart. En 1321, Eberhard l'Illustre poussa les travaux plus loin. Le chœur s'étant écroulé en 1419, le bâtiment actuel, qui est en pierre, et sa grande tour, furent construits dans l'intervalle de 1432 à 1531. La réformation empêcha les chanoines d'élever leur tour davantage ; car, dès 1531, le premier prêche évangélique fut tenu dans l'église, et le célèbre réformateur Jean Branz est enterré sous ses arcades, comme prévôt évangélique. Entre le chœur et la nef il y a une tour plus petite et vraisemblablement plus ancienne ; et dans le chœur l'on voit debout, contre le mur, les statues en pierre, et de grandeur naturelle, des comtes de Wurtemberg, statues superbes, qui, bien que du XVIe siècle, ne sont pas de peu de valeur, de l'avis des juges compétens ; elles serviront de modèles au peintre Gegenbauer, et recevront de son pinceau la vie et la couleur dans les salles du palais. Sous l'église est le caveau royal ; au dedans retentit l'orgue célèbre de Zwif, auquel on donnera vraisemblablement bientôt une place plus convenable ; dans la tour murmure depuis des siècles la grosse cloche que celui qui l'a fondue a baptisée du nom de Hosanna.

A la droite de l'église métropolitaine s'élève encore, sur notre gravure, le toit d'un bâtiment considérable ; c'est depuis long-temps le seul théâtre de Stuttgart, mais aussi c'est un des plus anciens que possède l'Allemagne. Construit de 1580 à 1593, par le duc Louis, il consista d'abord en deux salles dont l'une était au rez-de-chaussée, ornée de jets d'eau et d'antiquités romaines, et dont l'autre était arrangée pour servir de salle de réjouissance, et avait une longueur de deux cents pieds, une largeur de soixante-onze, et une hauteur de cinquante-un ; ce bâtiment s'appelait *la Maison de plaisir*, et il ne servit long-temps qu'à la représentation d'espèces de ballets, les pièces de théâtre étant jouées tantôt sur le marché, tantôt dans un autre bâtiment des jardins du prince. Une magnifique fête, dans le genre de celles qu'on y donnait ordinairement, et dont la description détaillée, ornée d'un grand nombre de gravures, est là sous nos yeux, y fut célébrée en mars 1616, puis une autre en juillet 1617, au mariage du duc Jean Frédéric. Des entrées de dieux, des représentations allégoriques, des masques sous le costume de tous les peuples, se montrèrent pendant toute une semaine sur cette scène ; plusieurs princes et princesses, et un grand nombre de nobles dames des contrées étrangères prirent une part active à l'exécution; le père des poètes souabes modernes, Georges Rodolphe Weckkerlin, avait composé les dialogues et les chants, et vraisemblablement il avait eu aussi la principale part dans l'invention des différentes entrées et danses.

La maison de plaisir, appelée plus tard opéra, arrangée convenablement pour ce but par le duc Charles, et enveloppée dans un manteau de construction moderne, fut jadis la gloire de la ville, et elle est encore l'objet de l'admiration des gens de goût, tant sous le rapport de ses proportions hardies que de son exécution admirable et de sa solidité à toute épreuve.

Depuis l'incendie du petit théâtre, arrivé en 1802, et depuis que sa succursale a été changée en salle de redoute, l'opéra, restauré dignement par Thouret, en 1812, voit s'exécuter dans son enceinte les créations dramatiques et musicales les plus remarquables. Esslair a consacré à cette scène meilleur temps de sa vie d'artiste, et depuis huit ans Seidelmann en est le principal ornement.

Ce que l'on aperçoit encore de Stuttgart sur notre gravure, est une agglomération de maisons dépendant du faubourg surnommé le riche, qui, construit dans le XVI° siècle, forme maintenant la plus belle moitié de la ville, mais ne contient rien de remarquable. Il n'est dominé que par la tour de l'église de l'hôpital, fondé il y a moins de cent ans ; c'était originairement une chapelle qui se trouvait isolée dans la campagne. Le comte Ulrich l'agrandit en 1471, et confia son achèvement aux moines dominicains dont le couvent était proche. Le cloître de ce monastère contient, entre autres choses remarquables, la tombe de Reuchlin ; et Dannecker a placé dans le chœur de l'église le modèle en plâtre de sa célèbre statue du Christ, à la place où, il y a soixante-cinq ans, il a été confirmé.

Revenons maintenant de notre courte excursion sur le Rosenstein et Stuttgart, vers Canstatt, pour prendre congé de cette ville, et commencer notre voyage lointain dans la vallée du Necker; la navigation de ce fleuve commence à Canstatt même, et sans aucun doute les Romains l'avaient déjà employé comme voie de transport. Dans les temps modernes, le duc Eberhard Louis fut le premier sous lequel on y pensa sérieusement, et en 1713, la navigation du fleuve fut décrétée avec beaucoup de solennité. Cependant beaucoup de choses s'opposaient encore à ce qu'elle atteignît tout le développement dont elle était susceptible, et ce n'est que depuis la construction du beau canal du Necker à Heilbronn, l'établissement de nouvelles écluses et la démolition de plusieurs moulins, qu'elle promit de prendre ce grand accroissement, pour lequel une décision royale de 1831 a déclaré Canstatt port libre. Maintenant rien ne nous empêche de nous approcher de la station la plus voisine que nous trouvions dans notre voyage pittoresque, de Marbach, la ville natale de Schiller, avec ses joyeux baigneurs et leurs nacelles ornées de fleurs.

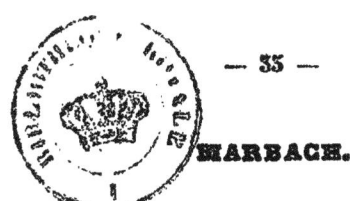

MARBACH.

Voyez-vous comme la ville se reflète joyeusement dans le Necker ? Comme elle a sa montagne bien couverte de vignes florissantes ? c'est en ces lieux, disent les vieilles chroniques, qu'autrefois s'étendait une sombre et épaisse forêt de sapins.

Un géant y demeurait ; mécréant terrible et féroce, il n'avait jamais l'épée au fourreau ; le meurtre et le pillage étaient ses jeux, et il s'était construit en ce lieu une horrible demeure, effroi et fléau de tout le pays.

Il avait arraché de ses mains les pierres brutes dont il construisit sa demeure ; puis les jetant lourdement sur la terre, il les avait entassées jusqu'à ce que son gigantesque asile se fût ainsi construit de lui-même.

Ce géant, dit la légende, était venu d'Asie ; c'était un idolâtre, un maudit, l'effroi de tous les gens de bien ; son nom était Mars ou Bacchus ; c'est de là que la ville a pris le nom de Marbach, car elle fut construite à cet effroyable endroit.

Les pierres ont disparu depuis long-temps ; la forêt a été arrachée ; toute cette histoire est devenue un conte d'enfant qui n'a plus d'importance ; cependant écoutez bien mon chant qui ne vous raconte pas tout cela sans sujet.

Car si la voûte de rochers du vieux donjon s'est écroulée en silence, on peut encore aujourd'hui vous montrer à sa place une cabane où un enfant naquit, il y a moins de soixante ans, et cet enfant était comblé de dons merveilleux.

C'était le fils d'un homme et d'une femme ; il grandit vite et devint fort ; à la vérité ce n'était pas un géant par sa stature, mais son esprit était si élevé qu'on eût pu croire que la vieille race des Titans avait donné un nouveau rejeton.

La gravure que nous mettons ici montre à tous les admirateurs de Schiller la chaumière dans laquelle lui, le titan, naquit le 10 novembre 1759, sous la forme qu'elle avait encore il y a vingt ans. Depuis, la maison a été changée. Nous ajoutons encore un petit croquis qui servira à faire reconnaître la position propre à la ville de Marbach, et qui a été fait sur les lieux mêmes. On y voit quatre amis qui discutent sur le caractère poétique du génie de Schiller.

LE PREMIER.

Quoi! disputerez-vous toujours sur Schiller, vous qui avez tous une admiration si vraie pour lui?

LE DEUXIÈME.

Ah! oui; mais ces messieurs, l'envisageant sous un point de vue étroit, font de cet homme incomparable, isolé dans sa grandeur, un classique, les autres un romantique. Et pourtant, il n'a été ni l'un ni l'autre; il est l'esprit du présent, il est l'esprit de l'avenir! Moi, je le nomme le précurseur ailé du temps qui, long-temps souffrant dans l'enfantement, voit la race actuelle s'opposer à sa venue. Entrez dans sa retraite et admirez! c'est là que règnent la paix, le vrai sentiment de l'humanité! l'humanité qui n'est ni cachée dans la caverne du romantisme, ni enveloppée dans l'atmosphère glacée de la forme antique.

LE TROISIÈME.

Que parles-tu de l'atmosphère glacée de l'antiquité? l'air pur, où le respire-t-on plus vivifiant, plus fort, que dans le cœur de *la Fiancée sicilienne?* C'est là que se trouve l'esprit des anciens, que l'on apprend la vanité des projets de l'homme, l'apparence trompeuse de l'espérance, que l'on respire enfin le souffle pur des montagnes, que le pied de l'homme n'a pas encore profanées !

LE QUATRIÈME.

L'homme ! oh, fais-nous grace de cette créature que l'union grossière du vieux Jupiter à l'église romaine engendre à contre cœur ! Schiller est romantique, lui qui a évoqué le fantôme saint de Jeanne d'Arc, lui dont le regard abaissé sur l'abîme a vu s'élever un miracle céleste à côté d'une jeune fille ! L'amour, que le monde païen ne connaît pas, que le nord devenu chrétien a conjuré pour la première fois, et appelé d'un autre monde, celui qui sommeillait dans le cœur de tout homme, l'amour de Thekla et de Toggenburger, ne réussit pas à un classique. Je loue Schiller le romantique.

LE PREMIER.

Écoutez, je ne me reconnais pas compétent pour juger votre querelle, mais voici ce qu'un paysan m'a raconté aujourd'hui. Dernièrement trois hommes disputaient et ils avaient tous trois raison. L'un disait : Marbach est dans un fond ! L'autre disait : Marbach est dans une plaine ! Le troisième soutenait qu'elle était sur une montagne. Echauffés par la dispute, ils se prirent aux cheveux et se frappèrent jusqu'au sang ; tandis que s'ils avaient bien voulu s'entendre, ils eussent tous eu raison.

LE DEUXIÈME.

Comment cela eût-il été possible ?

LE PREMIER.

Si tu viens du Lemberg (1), qui domine majestueusement au dessus de toutes les autres collines, du sommet duquel on peut voir briller de sept lieues aux rayons du soleil couchant les ardoises des tours et du château de Stuttgart, alors tu apercevras réellement Marbach au dessous de toi, et comme accroupie dans le fond d'une vallée. Et celui qui soutenait que Marbach était dans un fond, celui-là demeurait au dessus de cette montagne dont je vous parle. Cependant, l'autre soutenait que Marbach était dans la plaine. Celui-là était un habitant du petit village qui s'appuie sur le pied du Lemberg, à gauche, et que l'on aperçoit de tous côtés; et en effet il avait coutume de traverser commodément la plaine, pour, dans la soirée d'un jour de fête, regagner en paix sa chaumière. Enfin, celui qui frappant sur la table, jurait, tout furieux, et avalant les verres pleins l'un après l'autre, que Marbach était sur une haute montagne, c'était un compagnon fatigué, qui, chargé de son lourd bagage, venait de Ludwigsburg, et avait maudit dix fois la route qui, vers le terme de son voyage, se perdait en détours montueux et fatigans; car il est vrai que de ce côté Marbach est élevée comme une forteresse. C'est ainsi que ces trois hommes se disputaient dans un cabaret de la ville; le vin avait commencé à couler et le sang vint après.

LE TROISIÈME.

Que nous importe tout cela? Qu'avons-nous à faire de Marbach!

(1) Le Lemberg, belle colline couverte de bois à une lieue et demie de Marbach; Ludwigsburg, à un mille de la même ville, est la seconde résidence du roi de Wurtemberg.

LE PREMIER.

Je voulais simplement vous rappeler que le sujet de la dispute tellement acharnée de ces hommes est la patrie de celui sur lequel vous disputez.

Marbach a élevé un monument à Schiller, et la *colline de Schiller*, située au bout d'une belle place, a été, dans ce but, plantée d'arbres et entretenue avec beaucoup de soin. Jusqu'à présent, la vieille église de Saint-Alexandre, devant la ville, telle que nous la représentons sur notre gravure, est avec ses galeries, soutenues par une colonnade légère, et son élégant presbytère, le seul ornement de la petite ville, qui n'est en outre remarquable que par les divers objets d'antiquités romaines qui ont été trouvés dans son voisinage, près du village de Benningen, vers l'autre rive du Necker, il y a déjà des siècles. Dès l'année 1597, on trouva, en creusant, des restes considérables d'un camp, des aqueducs, des citernes, des retranchemens et d'autres ruines qui depuis ont été recouverts par le sol. Plusieurs autels ont été trouvés avant et après cette découverte. L'un est consacré à Vulcain par les habitans de Murr (*Vicani Murrenses*), nom que portent encore aujourd'hui un village et un ruisseau des environs de Marbach; l'autre est voué par les matelots à leur génie protecteur (*NAUTAE GENIO NAUTARUM*); un troisième l'est aux divinités champêtres (*campestribus*) par un soldat romain de la vingt-quatrième cohorte. Cette dernière pierre a donné lieu à une grossière erreur. Sur son témoignage Marbach a été long-temps considérée comme étant l'ancienne ville romaine de Sicca Veneria.

Un examen plus attentif a démontré que l'inscription signifie seulement que le fondateur était né dans la ville numide de Sicca Veneria, dont Salluste fait mention. D'autres savans ont voulu voir dans le nom actuel de la ville une allusion à l'ancien établissement romain, et ont cru y trouver tantôt un *ara Martis*, tantôt les limites de la frontière, Markbach. Le nom de cette ville, qui se présente fréquemment dans les pays allemands, est bien certainement d'origine purement germanique, et semble beaucoup plutôt désigner un abreuvoir et un haras des Alemans qu'une ville romaine.

LE MONASTÈRE DE MAULBRONN (1).

A quelques milles à l'ouest de Marbach, on arrive à travers des forêts, des prairies, des champs de blé et des jardins, dans le pays qui, d'après l'antique division de la Souabe en districts (Gau), formait la portion principale du Kreisgau (canton du cercle), et qui comprenait le Schmiechgau, l'Enzgau et le Salzgau, tous tirant leurs noms des petites rivières qui les traversent. Entre ces diverses subdivisions le Salzgau prenait son nom du petit courant de Salzach ou Salzbach, dont la source est à Maulbronn, et qui partage avec plusieurs autres l'honneur de se jeter dans le Rhin qu'il atteint auprès de la célèbre place de Philippsbourg.

L'endroit où sa source sort de la terre, était, avant la fondation du monastère, une solitude, dont les forêts se

---

(1) Pour cette gravure et les suivantes jusqu'à Neckarsteinach, nous avons principalement puisé dans le manuel de voyage de C. Jaeger.

sont retirées plus tard devant la hache des habitans civilisés, et qui ne couvrent plus à présent de leur épais feuillage que les hauteurs de la contrée. Au temps où le droit du plus fort était la seule loi, ce pays, raconte la légende, était fréquemment l'asile des bandes de brigands, et le voyageur paisible ne pénétrait qu'avec effroi sur ce territoire mal famé. Il n'y avait qu'un moyen à employer contre le mal, c'était l'édification d'une demeure de sainteté, d'un couvent, dans ce désert inhospitalier. Le son d'une cloche avait le pouvoir de faire rentrer le glaive dans le fourreau, et le cœur même du plus farouche bandit était touché par son mystérieux pouvoir. C'est pour cette raison que le seigneur Walther de Lomersheim prit la résolution de construire un monastère au milieu de la forêt, afin que l'on y pût dorénavant passer en toute sécurité, projet dont il avait du reste déjà entrepris la réalisation dans sa terre d'Eckenweiler, à la recommandation de l'évêque de Spire, Gonther, et qu'il avait abandonné depuis, parce que l'emplacement n'avait pas paru convenable à ce dernier. La place qu'il choisit alors avait été la propriété de l'évêque de Spire; mais elle était restée inculte et inhabitée à cause des forêts qui la couvraient et qui étaient l'asile de tous les bandits. Walther réunit les terrains qu'il y possédait et dont une partie avait déjà été cédée sous l'abbé Bruno de Wurtemberg par le couvent d'Hirschau, et il porta plusieurs nobles voisins à faire des donations à la nouvelle communauté; on trouve parmi ces derniers un Conrad de Lomersheim, un Werner de Rosswag et Berthe de Gruningen et ses trois fils.

Walther de Lomersheim choisit donc les sources de la Salzach, et il commença vers 1137 à construire son couvent de moines *cisterciens*. La forêt, continue le légendaire, était déjà coupée tout alentour, des routes étaient tracées dans toutes les directions, et de gros quartiers de pierre avaient été tirés des carrières voisines. Déjà de belles routes s'élevaient au dessus du sol affermi ; déjà des moines accouraient de toutes parts pour habiter les bâtimens achevés, et la première pierre de l'église était même posée, lorsque les brigands, furieux de se voir chasser d'une retraite aussi commode, se présentèrent, ordonnèrent aux ouvriers de s'arrêter et demandèrent à parler aux moines. Ils leur déclarèrent leur ferme résolution de ne pas laisser achever le couvent, et les menacèrent de détruire tout ce qui était déjà fait. Alors un moine rusé s'avança et leur dit avec douceur : Ne vous en donnez pas la peine ; nous allons vous promettre de ne pas finir les constructions. Les brigands se firent prêter serment que l'on tiendrait cette promesse ; puis ils s'en allèrent sans méfiance. Cependant les moines continuèrent à bâtir l'église, comme si de rien n'était, jusqu'à ce que la muraille de gauche qui restait seule à faire fût tellement avancée, qu'il n'y eût plus qu'à y mettre une pierre ; cette pierre, ils la laissèrent avec intention sur la terre au bas du mur. Alors la cloche du couvent fit entendre ses sons éclatans dans toute la forêt ; à ce signe du parjure, les brigands accoururent pour demander aux religieux un compte sévère de leur conduite. Ceux-ci ouvrirent leur belle église, et conduisirent leurs hôtes à la place où gisait la pierre et d'où l'on voyait l'ouverture. Vous voyez, dirent-ils, que l'église n'est pas encore terminée, et comme nous l'avons juré, elle ne le sera jamais. C'est ainsi que, par la finesse des moines, les brigands se virent déçus sans cependant pouvoir accuser leurs adversaires d'avoir manqué à leurs sermens. Comme ils eurent peur des protecteurs puissans qui couvraient de leur égide la jeune communauté, ils s'éloignèrent de la forêt à dater de ce jour.

On montre encore dans le bas-côté gauche de la vénérable église la pierre gisant sur le sol au dessous de sa place laissée vide par les sages religieux. Non loin de là on voit gravés dans le mur, un marteau, des pics et des pioches, et, au dessus, une main ayant trois doigts levés dans l'attitude de la prestation du serment, comme marque de la fidélité avec laquelle les moines avaient tenu le leur. On trouve en outre, dans une cellule voûtée qui contient la petite bibliothèque du couvent, l'histoire de sa fondation en hexamètres latins gravés sur des tables de bois encadrées par des volets; à l'extérieur du volet de droite l'artiste a représenté une forêt dans laquelle quelques voyageurs sont assassinés par des brigands; tandis que sur celui de gauche des moines de Citeaux, dans l'habit de leur ordre, sont occupés à fendre du bois, à tailler des pierres, à élever les murs d'une église. La face intérieure du volet droit représente l'évêque Gunther et Walther de Lomersheim, offrant l'église à la vierge Marie, avec cette légende : « Reçois avec bonté ce sacrifice! » et sur l'intérieur du volet gauche le premier abbé du monastère est agenouillé, et ces mots sortent de sa bouche : « O mère de Dieu, accueille cette offrande! » Ces tables furent établies en 1450 par l'abbé Berthold, et restaurées en 1516.

Peu de couvens ont autant possédé en terres et en tenanciers que le monastère de Maulbronn. De quatre-vingt-quatorze villages, qui étaient situés dans les environs, la plupart tombèrent peu à peu dans les mains des religieux, et leur apportèrent de beaux biens et de belles forêts; les familles nobles les plus considérables des environs leur firent des dotations et des ventes, et finirent par disparaître. Il y eut tant de suite dans l'exécution de leur système d'envahissement, qu'il semblerait que leur abbé, qui avait fait les premiers marchés, a vécu cent et quelques années. Ils étaient en relations suivies avec toute la contrée environnante, et dès qu'une fois ils réussissaient à obtenir une petite part dans la possession des villages ou des paysans, ils n'avaient plus de repos qu'ils n'eussent fait l'acquisition du tout.

Néanmoins l'évêque Gunther n'avait pas eu l'intention de travailler simplement à engraisser des paresseux, il avait voulu fonder un centre commun d'activité au travail; aussi est-ce avec raison qu'on lui a élevé dans le chœur de l'église le monument que l'on y voit encore. Si Hirschau s'est placé à côté de Saint-Gall pour l'érudition laborieuse des cénobites, Maulbronn s'est particulièrement distingué par ses frères lais, sorte de moines qui étaient particulièrement destinés aux travaux de la campagne. C'est à eux qu'après l'acquisition faite par le cloître de la terre d'Eilfingerhof, les anciens paysans de ce domaine durent faire place, et ce sont eux qui ont les premiers cultivé cet excellent vin au souvenir duquel l'eau vient à la bouche de tout bon Wurtembergeois, et qui, depuis que le couvent de Maulbronn est devenu bien seigneurial, remplit les caves des hauts employés de l'état et de l'église de son nectar délicieux, nommé *eilfinger*. Le florissant monastère occupait, outre ses laboureurs et ses artisans, une foule d'écrivains, de médecins, de peintres, d'ouvriers de toute espèce, de cuisiniers, de pêcheurs, de jardiniers, de sommeliers, etc; puis une armée de palefreniers, de fauconniers, de gardes-chasse, sans compter les hauts-officiers qui semblent souvent avoir cumulé des charges plus humbles; ainsi, en 1519, le prélat de Maulbronn avait un chancelier qui était en même temps son barbier. Sans l'emploi de tant de mains habiles et laborieuses, il n'eût pas été possible d'exécuter des travaux aussi difficiles et aussi beaux que ceux que l'on admire encore dans les constructions du cloître. C'est ainsi que les couvens ont été non seulement la pépinière des sciences, mais encore celle des travaux manuels.

Le bien-être dont on jouissait à Maulbronn finit par dégénérer en licence, et une grossière plaisanterie des moines est restée comme monument de leur mollesse. Entr'autres ornemens placés à l'entour du parvis de l'église, on voit dans un cintre une oie à la broche, entourée de saucisses, de bouteilles, avec cette devise: A. V. K. L. W. H. Le texte placé au dessous ne laisse aucun doute sur le sens de cette abréviation. « Tout plein, rien de vide. Apportez du vin ! (All voll. Kein leer. Wein her.) »

Originairement ce monastère était sous la protection immédiate de l'empire, mais les abbés, moitié de gré, moitié de force, se mirent bientôt dans la dépendance des barons de leur voisinage. Il en résulta des querelles et des discussions, que le duc Ulrich de Wurtemberg trancha dans la guerre de la succession bavaroise, en s'emparant du couvent, avec l'assentiment de l'empereur Maximilien I, après un siège de sept jours, et en forçant le Palatinat électoral à renoncer à ses prétentions. Cependant ni les abbés, ni les empereurs n'oublièrent l'antique liberté de Maulbronn. Lorsqu'Ulrich introduisit la réforme dans le pays, tout fut mis en œuvre des deux côtés pour ramener le riche monastère sous la tutelle de l'empereur et de l'Autriche. L'intérim s'établit. Cependant le duc Christophe s'empara du cloître pour la seconde fois et le rendit à sa véritable destination en en faisant, comme de beaucoup d'autres maisons religieuses, un séminaire évangélique, le seul qui soit resté jusqu'à nos jours, d'une manière ininterrompue, consacré à cet usage. Nous nous réservons de parler de l'institution de ces écoles préparatoires, quand nous visiterons Blaubeuren.

Aucun des abbés ni des moines catholiques de Maulbronn ne s'est fait un nom dans l'histoire. Jean Egelin fut installé, en 1558, en qualité de premier abbé évangélique; Valentin Vanicius lui succéda; il est le premier qui ait vu la liberté acquise au clergé réformé de se marier. Vers cette époque, le 10 avril 1564, en présence de l'électeur palatin Frédéric III et du duc Christophe de Wurtemberg, une controverse fut engagée entre les théologiens des croyances des deux souverains. Parmi les abbés qui vinrent ensuite, Félix Bridenbach et Lucas Osiander se sont distingués dans le monde littéraire. Jean-Henri Wieland, leur successeur, siégeant en 1630, fut forcé de prendre la fuite par l'invasion des catholiques, et le 9 novembre de la même année, en vertu de l'édit donné par Ferdinand, les commissaires impériaux installèrent Christophe Schaller comme abbé catholique de Maulbronn; Gustave Adolphe l'expulsa en 1633, et Ludwig Leipzig, nommé à sa place, fut forcé, l'année suivante, de céder le terrain aux catholiques qui entrèrent en possession du monastère jusqu'à la paix de Westphalie, où, en 1651, Henri Dauber recommença la succession ininterrompue des abbés évangéliques, comme président de l'école préparatoire, dignitaires ecclésiastiques, qui, de nos jours seulement, ont fait place à un éphore.

Un grand nombre d'hommes distingués ont reçu leur éducation dans ce lieu, et maint esprit élevé y a médité dans la solitude une des œuvres que le temps a vu éclore; des noms devenus célèbres ont été gravés çà et là par des mains d'enfans sur les murs du vieux cloître. Frédéric-Guillaume Joseph, père de Schelling, est mort prélat de cette église après avoir vu son fils parvenir au plus haut point de sa gloire. La première épouse de ce philosophe est enterrée dans le cimetière devant l'église.

Il y a soixante-seize ans que, dans ces sombres cellules, méditant sur Leibnitz, vivait le père de l'auteur de cette notice, Jean-Christophe Schwab, un des derniers défenseurs d'un système qui forme un développement essentiel de l'esprit philosophique; ici grandit Schelling, ce puissant propagateur de tant de choses élevées dans l'art et dans les sciences; ici a commencé J.-C. Pfister, l'historien de la Souabe et de l'Allemagne. Et, quant à ce que la science de nos jours prépare dans ces vastes salles, dans ces vallons silencieux, c'est ce qu'un jeune poète souabe (Hermann Kurtz) peut nous dire :

MAULBRONN.

« O cloître silencieux ! ma pensée si avide d'images joyeuses
» ou tristes vient souvent te présenter à mes yeux. Ta vieille
» église, sa petite cloche, appelant les cénobites des travaux
» des champs, m'apparaît encore sortant de l'abîme du temps.
» J'erre en pensée, plein des souvenirs d'autrefois, sous
» tes voûtes, où dans des boîtes de pierre reposent tes vieux
» moines et leurs trésors cachés; je m'assieds dans le chœur
» sur le bois richement sculpté de tes stalles, et je suis fier,
» après l'avoir lue, d'avoir su déchiffrer mainte inscription.
» Ah! que mes désirs ont souvent construit un pont aérien
» de tes murs aux fraîches forêts qui l'entourent! C'est là que
» souvent, plongé dans un demi sommeil, laissant passer le

» temps du retour, j'ai vu se dérouler les siècles devant moi,
» pareil à un des sept dormans. Souvent, sortant de mon
» étroite cellule pour une promenade solitaire, d'autres fois,
» avec un ami, je parcourais plaines, vallons, forêts et
» montagnes. Tes métairies m'ont souvent donné leur lait, et
» tes étangs paisibles et tes bois ont souvent rafraîchi dans
» leur onde l'ardeur de mon sang. Le soir, sous la feuillée,
» ma flûte faisait entendre ses sons; j'étais solitaire et non
» pas seul, car des troupes de lésards s'en venaient écouter
» mes chants! Ensuite que d'expéditions hasardeuses, que
» d'entreprises téméraires nous faisions réussir! Ne sont-
» elles pas un ornement héroïque pour tes sombres mu-
» railles? Il me souvient encore comme nous grimpions jus-
» qu'au réduit où le docteur Faust demeura jusqu'à sa mort,
» dont le signe sanglant s'est inscrit sur le mur (1)! Comme
» nous nous bâtissions des cabanes où nous demeurions
» joyeusement, et comme notre gaîté animait les échos de
» tes sept collines! Mais la nuit, lorsque tout reposait, je
» veillais à la clarté de ma lampe, cherchant dans les pro-
» fondeurs de la vie, car je ne connaissais pas le repos, et je
» voyais surgir à mes yeux l'ombre du pâle Anglais, et je
» suivais en frissonnant le douloureux pèlerinage de son
» Harold, à travers les lieux nombreux d'où il a enlevé les
» trésors qu'il étale ensuite comme des trophées ; je l'ai suivi
» mille fois dans toutes les angoisses de la mort; dans ces
» courses fantastiques mon âme a reçu des blessures qui ont

(1) Du dortoir du couvent, en passant par une fenêtre et en escaladant plusieurs toits, on arrive dans une chambre murée d'où la tradition veut que Faust ait été enlevé par le diable et où l'on montre encore une tache de son sang. On prétend que sa patrie était la petite ville voisine de Knittlingen.

» longtemps saigné. Cependant modérant la flamme qui cir-
» culait dans mes veines, arrêtant le souffle impétueux de
» la douleur, Sophocle m'a souvent captivé sous tes arceaux,
» ô monastère; alors, tranquillisé, je lisais doucement les
» pages admirables du Tasse, ou je m'endormais enivré dans
» le *Songe d'une nuit d'été*. Mais me rappelant de la terre
» étrangère, la voix du poète de mon pays me ramenait enfin
» dans la patrie. O nobles Nibelungen! vous m'avez ouvert
» ces antiques demeures allemandes que j'avais fuies si long-
» temps!
» C'est ainsi que s'écoula le printemps de ma vie; quel-
» quefois j'essayais moi-même un chant vague et court
» qui s'élevait timidement du fond d'un fourré retiré. L'Ar-
» cadie, le bonheur m'était ouvert; aucune heure pour moi
» n'était sombre et un double arc-en-ciel flottait sur mon
» horizon. Amour! amitié! vous répandiez votre douce lu-
» mière sur mon existence! Que ma pauvre vie était riche de
» joie et de mélancolie! Lorsque je pense aux doux momens
» que j'ai passés dans ce paisible asile, un nom, un nom seul,
» vient encore sur mes lèvres pour exprimer tout mon bon-
» heur détruit! Belle vallée, tu restes loin de moi, dans ta
» pieuse solitude; à peine ma voûte solitaire te montre-t-elle
» à moi de loin; mais, ô cloître silencieux, ma pensée si
» avide d'images joyeuses ou tristes, vient souvent te pré-
» senter à mes yeux. »

Maulbronn est situé entre des collines assez hautes, plantées de vignes et de bois, et au fond d'un vallon étroit. Les
nombreux étangs et marais que formait la Salzbach et qui
répandaient autrefois la fièvre intermittente, endémique dans
la petite colonie des séminaristes, ont été desséchés pour la
plupart. L'emplacement même du couvent était si maréca-

geux dans l'origine, qu'il a été construit sur pilotis. L'intérieur n'a presque point été changé ; seulement depuis dix ans environ on a fait disparaître une tour carrée sans toit, qui contenait ce qu'on appelait *le Signe* ; au dessus de l'entrée, on avait sculpté en demi relief l'image du mulet qui, suivant la tradition, chargé de l'argent nécessaire pour les constructions, s'arrêta enivré au bord de la fontaine, et marqua ainsi aux moines qui le suivaient le lieu où ils devaient bâtir leur couvent. C'est d'après cela, dit-on, qu'ils donnèrent le nom de Maulbronn (*Mulenbronnen*, fontaine du Mulet) à leur nouvelle demeure. La tour elle-même s'appelait *la tour de l'Ane*, en commémoration de cette innocente créature.

Les principaux bâtimens, l'école, les habitations des maîtres, l'église, sont toujours les mêmes. Entre tout ce que le couvent présente de magnificences, y compris l'ancienne église (1), il était difficile à l'artiste de choisir l'endroit convenable pour une œuvre isolée, car Maulbronn méritait bien un chef-d'œuvre d'un architecte instruit dans l'histoire de l'art.

Des points de vue extérieurs de l'église, celui qui nous paraît le plus avantageux est celui d'où l'on aperçoit la fontaine entourée de beaux tilleuls, une partie du monastère, plusieurs bâtimens accessoires, des clochers et des colonnades, et la façade de l'église. Cette façade et la nef sont entièrement dans le style byzantin. Ses portails élancés, à pleins cintres, chacun d'eux surmonté de deux flèches, ornent l'entrée, derrière les toits de laquelle s'élève la magnifique église, percée de deux fenêtres à pleins cintres sur son

---

(1) On la nomme l'église d'été par opposition à une salle de prières pour les séminaristes, que l'on nomme église d'hiver.

front, de six pareilles sur les côtés, et d'un fronton orné d'un simple encadrement et d'une petite rosace. Dans le fond on aperçoit le derrière du monument avec ses tours, dont le style présente tout-à-fait la manière gothique; on y admire une grande fenêtre en ogive que nous regrettons de n'avoir pu représenter sur notre gravure, qui en revanche nous montre, outre la tourelle du fronton où sont les cloches, la tour de derrière de l'église qui, quoique la principale, n'est pas remarquablement haute bien qu'élancée, et qui est assez mal couverte en plomb et en ardoises. Elle sort isolément du milieu de la croix que forme le bâtiment; car, d'après la règle de leur ordre, les moines de Cîteaux ne pouvaient poser les fondemens d'une tour. L'église, si l'on s'en rapporte à un plan que l'on a trouvé, n'est pas entièrement terminée; les pierres qui avaient été destinées à cet achèvement, sont bien taillées et d'une couleur gris sombre, que la terre a changée en noir. De hautes murailles, des bastions et des fontaines jadis remplies d'eau entourent de toutes parts la maison de Dieu.

Si nous avions pu représenter des objets isolés préférablement à une vue générale, la gigantesque galerie de l'intérieur eût offert un aspect admirable. On y trouve les plus belles arcades, la plus grande profusion d'ornemens. Entr'autres, dans un des passages, du côté du verger, on trouve une salle assez grande, au milieu de laquelle, supportée sur un piédestal de pierre, on voit une coupe énorme de la même matière, dans laquelle les moines, dit-on, mettaient l'été leur vin rafraîchir. On remarque encore à une des colonnes de la galerie, comme chapiteau, un petit moine tout nu, reconnaissable à sa tonsure, qui, mordant dans une grappe, est à cheval sur une autre.

Le corps de l'église, avec ses arceaux élevés, ses sveltes colonnettes, et ses belles fenêtres ogives sur les côtés, eût été également très digne d'être représenté, et l'artiste nous en montre une partie dans un dessin soigneusement exécuté. Enfin, pour terminer, la chapelle nommée Flagellarium, à laquelle on arrive de la salle de musique par un bel escalier, serait extrêmement intéressante à décrire, si cela ne sortait pas du cadre imposé à notre rapide esquisse; c'est une salle très élevée, vaste et écartée, soutenue par une forêt d'élégans piliers, de hauteurs et d'épaisseurs diverses ; on assure qu'elle servait de réfectoire aux moines, et elle est encore ornée de brillantes peintures.

Le milieu de la nef est orné d'un crucifix monolithe de douze pieds de haut, qui imite le bois à s'y méprendre. Dans les bas côtés il y a beaucoup de tombeaux ; le chœur nous reporte tout-à-fait au XIIe siècle ; dans les stalles, on peut voir encore l'empreinte du pied des moines, et les statues de l'évêque Gunther et du noble Walther de Lomersheim semblent suivre les visiteurs de leurs regards. Les vitraux peints jettent en ce lieu une lumière magique.

HEILBRONN

ET LA TOUR DE GOETZ.

Heilbronn, située sur la rive droite du Necker, qui se répand large et majestueux dans une belle plaine, adossée à de hautes collines, dans une position plutôt riante que majestueuse, est une florissante ville de commerce entée sur la souche d'une antique cité impériale. De là vient que non loin du pont nous apercevons le canal du Necker et le vaste port garni de blocs de pierres nouvellement rassemblés, brillant de tout l'éclat de leur travail d'hier, et encadrant une flotille nombreuse de barques marchandes, tandis que de l'enceinte des anciens murs nous voyons s'élever de distance en distance de grosses tours massives, noircies par les siècles qui ont passé au dessus d'elles. Le même contraste se retrouve dans l'intérieur de la ville, et sur la place du marché qui a été agrandi, vis-à-vis le logis bâti en forme de carré régulier d'un riche et respectable négociant, on admire un bâtiment qui fut la demeure d'un de ces anciens bourgeois de la ville impériale, peut-être même celle du prévôt, sur les murs duquel l'antiquaire prétend trouver les traces d'un palais carlovingien, et que la tradition présente comme la première maison construite au milieu de l'épaisse forêt qui couvrait jadis ce lieu.

Suivant une chronique manuscrite, la source depuis longtemps renfermée dans un carré de maçonnerie, et qui se trouve au milieu de la ville, ayant été découverte par Charlemagne, qui propagea le christianisme dans le pays d'alentour, une colonie fut fondée dans ce lieu. On ne rencontre réellement le nom de Heilicobrunn comme résidence royale qu'en 841. En 1013, fut posée la première pierre de la belle cathédrale de Saint-Kilian, vénérable monument de l'antiquité, qui à l'extérieur et à l'intérieur offre une foule de belles productions de l'art, et dont la grande tour, destinée jadis à être plus élevée encore qu'elle ne l'est, domine toute la ville et la campagne. L'époque des Saliens et celle des Hohenstaufen n'a cependant laissé que peu de traces sur l'édifice ; tel qu'il est aujourd'hui, il ne remonte pas plus haut que le XV° siècle, et la dernière pierre revêtue d'une inscription qu'on y trouve porte la date de 1510. On voit dans le chœur un os gigantesque, probablement trouvé lors des premiers travaux de la fondation, et que la science moderne a rabaissé à ne plus être qu'un ossement de mammouth. Ce chœur, commencé en 1475, est un des restes les plus beaux de l'époque gothique; l'intérieur de l'église est admirable; la voûte est fort élancée, et les colonnes et les piliers sculptés avec une grande délicatesse. La grosse cloche qui est dans la tour a été fondue en 1479, par Bernard Bachmann, père du célèbre théologien, qui fut le réformateur de la ville d'Heilbronn. On prétend entendre sous le maître-autel le murmure de la source aux sept tuyaux; mais ce n'est certainement qu'une illusion d'acoustique, car le bruit que l'on entend sortir d'une excavation existant sous le sol de l'église dure toujours, bien que depuis des siècles la fontaine soit desséchée, peut-être pour indiquer que la ville n'attend plus sa prospérité d'une fontaine consacrée, mais simplement du grand développement de ses machines à vapeur et de ses fabriques de sucre. Notre siècle prosaïque a même enlevé sans nécessité à la source son plus grand ornement, sa toiture gothique.

Nous pourrions encore mentionner beaucoup de choses et de monumens remarquables qu'offre la vieille ville; entre autres, l'hôtel-de-ville, bâti en 1550, et son horloge merveilleuse; l'église allemande de Saint-Joseph; l'hôtel allemand; l'église des Franciscains qui, brûlée en 1688 par les Français, montre encore sous ses ruines toute la beauté de style dont son architecte l'avait revêtue; nous pourrions parler encore du nouveau bâtiment des archives, du nouveau collège, des beaux jardins de plaisance qui entourent la cité, et surtout du joyeux Wartberg, d'où le bruit des danses se fait toujours entendre, et où afflue sans cesse la population d'Heilbronn ; enfin de la maison de chasse située d'une manière si pittoresque dans la forêt auprès de Weinsberg. Mais, sans nous laisser retenir par la description de toutes ces belles choses, nous arrivons de suite au monument le plus digne d'attention, que notre artiste a placé à dessein sur le premier plan de sa gravure.

Une rue étroite et tortueuse, la rue de Tous-les-Saints, nous mène de la ville à une porte de sortie donnant sur le Necker, puis à la tour carrée enchâssée dans le mur de la ville, et à laquelle les habitants ont donné le nom de *Tour de Gœtz*, d'après la tradition qui assure que le chevalier Gœtz de Berlichingen, prisonnier des bourgeois d'Heilbronn, y passa tout le temps de sa captivité. Il eût été impossible de donner une plus horrible prison au plus noble des chevaliers. Construite de blocs de pierres d'énormes dimensions, cette tour a environ cent pieds de haut sur dix de largeur pour chaque côté. Elle est crénelée au sommet, et paraît avoir conservé tout-à-fait sa première disposition. Sur la face qui regarde le nord, on n'aperçoit pour toute ouverture que deux petites lucarnes, encore fort éloignées l'une de l'autre ; sur le milieu du côté oriental, s'ouvre une large ouverture voûtée, maintenant remplie de bois ; les anciens cachots de ce bâtiment, maintenant complètement inhabités, étaient vraisemblablement de ce côté, et recevaient quelques lueurs de cette fenêtre. Sans cela, il faudrait croire que Gœtz de Berlichingen a passé tout le temps de son emprisonnement dans d'épaisses ténèbres ; quelque pénible que soit pour l'esprit cette supposition, elle n'est pas sans quelque vraisemblance. Une inscription gravée sur la face septentrionale du bâtiment, à une hauteur de dix à douze pieds, porte la date précise de 1392 ; la tour avait donc déjà plus de cent ans d'existence, lorsque Gœtz y fut enfermé.

Laissons maintenant notre imagination remonter à ces temps anciens! Ouvre Gœthe (1), voyageur! Vois Gœtz assis dans cette tour sombre; écoute-le dire à sa fidèle épouse Elisabeth : « dans cette désolante obscurité, je ne te reconnais plus! » Puis un instant après il s'adresse à son geôlier, et lui « demande de le laisser un instant descendre dans son petit jardin, pour qu'il puisse jouir de la vue du soleil, du ciel pur, et respirer un peu l'air frais du dehors. »

Dans la réalité, il n'y a pas de place pour un jardin au pied de la tour; notre imagination est forcée, pour le créer, d'enlever une palissade qui défend l'étroite poterne et de renverser quelques pans de muraille. Mais bientôt elle retourne avec une pieuse douleur aux paroles du poëte : « O mon ame, envole-toi, dit le noble chevalier! Pauvre femme! Je te laisse dans un monde corrompu. Lerze, ne l'abandonne jamais! Tenez vos cœurs plus soigneusement fermés encore que vos portes. Voici les temps du triomphe de l'imposture qui approchent; toute liberté lui est désormais acquise, à cette infâme. Les méchans vont régner par la ruse, et l'homme d'honneur tombera dans leurs filets. — Donnez-moi un peu d'eau! de l'air! liberté! liberté! »

Ici la vérité historique qui regarde par-dessus notre épaule vient nous interrompre, et troubler notre ravissement poétique avec ce sourire d'ironie qui ne quitte pas les livres de la critique actuelle. Gœtz n'a pas terminé ses jours dans ce lieu; il a survécu de trente-sept ans à la scène touchante que

---

(1) Voyez le drame de Gœthe, tome 1er de ses œuvres complètes, édition de Tétot frères, Paris.

nous venons d'esquisser et dont l'existence, que nous prenons sous notre responsabilité, a dû tomber vers l'année 1525 ; il est mort à son château d'Hornberg, sur le Necker, âgé de plus de quatre-vingts ans, dans une paix et dans une liberté entières, et son corps, porté au couvent de Schœnthal, y repose sous un mausolée de métal dans une des galeries du monastère. La captivité de Gœtz à Heilbronn a aussi une date plus ancienne de six ans que celle que lui assigne Gœthe, qui l'a fait concorder avec la guerre des paysans, et elle fut occasionnée en 1519 par son dévouement à la cause du duc exilé, Ulrich de Wurtemberg. En outre, quand bien même, ce qui est très possible, la tour dont nous nous occupons aurait été sa prison, il n'y aurait été enfermé qu'une seule nuit dans toute la durée de sa détention de trois ans et demi. Pour dédommager un peu notre lecteur de la perte d'une illusion aussi poétique, nous allons donner ici la relation de cet événement si naïvement rapporté par le chevalier lui-même, relation dont Gœthe a tiré tant de parti.

« Gœtz était tombé à Mœckmuhl dans le piége tendu par l'Union souabe, et il avait été conduit à Heilbronn pour être mis entre les mains du conseil. Après donc, continue-t-il dans son autobiographie, être resté quelques semaines en prison dans une auberge, l'Union m'envoya un homme, qui était de Constance, et secrétaire de la ville ou quelque chose de semblable, et qui apportait avec lui un acte d'adhésion. Il me fit la lecture de cette pièce, dans la salle où je me trouvais, en présence de beaucoup de gens d'Heilbronn, de telle sorte que la chambre était toute pleine de monde : il m'engagea ensuite à prêter serment et à agréer le contenu de cet acte ; ajoutant que si je n'y consentais pas, l'Union avait écrit qu'il me fallait prendre et enfermer dans la tour. — Gœtz protesta qu'étant engagé dans une querelle loyale, il devait compter sur une captivité honorable et telle qu'un gentilhomme croyait pouvoir l'exiger. Mais ses ennemis envoyèrent les encaveurs, partisans zélés des tonneliers; ils vinrent, continue le chevalier, et voulurent me saisir dans l'auberge de Diez; mais je tirai mon épée et fis mine de me défendre: voyant cela ils décampèrent, et les bourgeois du conseil me prièrent instamment de remettre mon arme au fourreau et de me tenir en paix, disant qu'ils ne voulaient pas me mener ailleurs qu'à l'hôtel-de-ville. Je les crus, et comme ils me faisaient sortir de l'auberge, je vis ma femme qui montait l'escalier et qui jusqu'à ce moment était restée dans l'église. Je me dégageai des mains de mes gardiens, et allant à elle, je lui dis: ne t'effraie pas; ils veulent m'imposer un acte d'adhésion que je ne veux pas accepter; je me laisserais plutôt enfermer dans la tour. Pour toi, fais ce que je vais te dire: rends-toi en hâte auprès de François de Sickingen et du seigneur Georges de Fronsperg (c'étaient les chefs de l'Union), et dis-leur que la détention chevaleresque qui m'a été promise ne m'est pas accordée, je pense qu'ils sauront se conduire comme des gens de race noble et des guerriers doivent le faire. Ma femme agit comme je le lui avais ordonné. Les unionistes me menèrent à l'hôtel-de-ville et de là dans la tour, et je fus obligé d'y passer la nuit; mais m'y ayant mis la veille de la Pentecôte, force leur fut de me faire sortir le jour de la fête, et ils me conduisirent de nouveau au conseil, où se trouvaient plusieurs bourgeois.

Cependant la fidèle épouse du chevalier était revenue du camp de l'Union. Toute l'armée des unionistes, infanterie et cavalerie, venait au secours d'un ennemi prisonnier et menaçait les parjures habitans d'Heilbronn. Ceux-ci commencèrent à trembler, et ils supplièrent Gœtz d'envoyer sa femme aux chefs et de l'engager à intercéder pour eux. Mais le gentilhomme irrité s'approcha d'elle et lui dit à l'oreille : « Dis à mon beau-frère François de Sickingen et à Georges de Fronsperg qu'ils m'ont prié d'intercéder pour eux ; mais ajoute aussi qu'ils doivent, eux, exécuter ce qu'ils ont résolu, et que je suis tout prêt à mourir, pourvu que ces misérables meurent en même temps. » La dame de Berlichingen remplit cette commission, et les seigneurs donnèrent à Gœtz une prison honorable, d'où il sortit quatre ans après, en 1522, moyennant une rançon de 2,000 florins d'or qu'il emprunta à ses amis. »

La famille de Berlichingen jouit encore de nos jours de tout son éclat, et elle se partage dans les deux branches de Berlichingen-Rossach, qui descend directement de Gœtz à la main de fer, et de Berlichingen-Jaxthausen, qui tire son origine d'un frère de ce vaillant chevalier. A cette dernière branche appartenait le noble comte Joseph de Berlichingen, conseiller et grand bailli du royaume de Wurtemberg, homme d'un esprit aussi cultivé que vraiment grand, et qui dans un âge très avancé a composé une élégante traduction en hexamètres latins de *Hermann et Dorothée*, qu'il a dédiée comme un hommage de gratitude au grand poète qui a célébré son glorieux ancêtre. Il mourut dans sa terre de Jaxthausen, où se trouve encore la main de fer de Gœtz, qui, portée par mariage à la comtesse Hadick de Vienne, a été acquise par la famille, et dont maintenant le jeune Gœtz de Berlichingen-Jaxthausen se trouve possesseur. Le baron Gustave de Berlichingen-Rossach est membre élu de la représentation de la noblesse aux états de Wurtemberg.

Heilbronn, de même qu'Esslingen, possède une fabrique considérable de vins mousseux qui, exploitée par les propriétaires eux-mêmes, rivalise avec les produits de sa voisine. La culture des vignes est fort en honneur dans le pays, et les vendanges d'Heilbronn sont les fêtes les plus joyeuses de toute la Souabe. Cette solennité est célébrée avec un tumulte vraiment bachique par les nombreux propriétaires de vignobles, et dans leurs vignes, et dans les prairies qui longent le Necker; les feux d'artifice viennent encore ajouter au bruit et à l'éclat des réunions, et tout voyageur qui traverse la route est invité de la manière la plus hospitalière à prendre part à la satisfaction et à la joie générale.

« Le brillant soleil de l'automne enveloppe les raisins de ses rayons dorés, et le chœur bigarré des vendangeurs se découvre à travers les pampres; le cep dépasse hardiment la tête des porteurs; à peine voit-on ceux qui foulent les grappes, tant le jus ruisselant jaillit autour d'eux; les rires et les chants retentissent de tous côtés; on se pousse, on se renverse, et dès que le soleil se couche, des gerbes de feu d'artifice s'élancent dans les airs et vont porter au firmament de nouvelles étoiles! »

WEINSBERG

ET LA WEIBERTREUE (FIDÉLITÉ DES FEMMES).

« A Weinsberg, la ville célèbre, qui tire son nom de l'excellent vin qu'elle produit, où l'on entend les chansons retentir gaies et toujours nouvelles, et dont le château s'appelle Weibertreue! entre les femmes et le vin, Luther lui-même ne se serait pas ennuyé, et il y aurait trouvé de quoi loger le diable et son encrier, car tous les esprits s'y donnent rendez-vous. »

Ces derniers vers d'Uhland comprennent tout ce que Weinsberg a de remarquable ; ses excellens vignobles, cultivés de telle sorte qu'ils donnent une liqueur que les meilleurs vins du Rhin ne surpassent qu'à peine ; la renommée de ses femmes, enfin les chants et la croyance aux esprits, par laquelle le médecin de Weinsberg, Justinius Kerner, s'est acquis deux genres de réputation si différens, tout s'y trouve dépeint.

Il est vraisemblable qu'avant toute autre chose le lecteur attend de nous quelques détails sur le point important de l'histoire tant discutée de la fidélité des femmes de Weinsberg, et nous ne le tromperons pas dans son attente. Raumer, dans son histoire des Hohenstaufen, nous déclare positivement que l'action qui fera la gloire de ces dames dans tous les temps, est bien fondée et incontestable, et qu'elle n'a pu être révoquée en doute que par un esprit d'un scepticisme outré. Il invoque quatre témoignages pour soutenir son dire ; mais le dernier de tous appartient au XVIIe siècle, il a visiblement puisé dans le premier ce qu'il avance ; les deux autres parlent, il est vrai, du siège de Weinsberg, mais ne disent pas un mot de l'action des femmes de cette ville.

Il ne reste donc qu'une voix dont on puisse invoquer le secours, et c'est, à la vérité, une voix contemporaine. C'est celle de la *Chronique latine de Cologne*, composée par les bénédictins de Saint-Pantaléon, ouvrage qui se termine à l'année 1162, et qui, par conséquent, rapporte comme fait connu et moderne ce qui s'est passé en 1140.

En cette année-là donc, le roi Conrad III, de Hohenstaufen, assiégeait la ville du duc Guelfe de Bavière, appelée Weinsberg, et il la força de se rendre à composition. Dans sa clémence, il accorda aux femmes qui s'y trouvaient la permission de se retirer avec tout ce qu'elles pourraient emporter sur leurs épaules. Mais celles-ci, songeant plus à la fidélité qu'elles devaient à leurs maris qu'au salut de ce qu'elles possédaient, abandonnèrent tous leurs joyaux et parurent aux yeux des vainqueurs avec leurs époux sur leurs épaules. Le duc Frédéric, frère du roi, ayant réclamé auprès du monarque pour qu'il empêchât ses ennemis de profiter de cette voie de salut, Conrad lui repartit : « Il ne sied pas à un roi de fausser sa parole (*regium verbum non decere immutari*). »

Tel est le récit de cette tradition qui ne porte en elle-même aucun caractère d'invraisemblance, et qui ne peut paraître suspecte que parce que le célèbre Othon de Freisingen, l'historien de cette époque, à laquelle il vivait lui-même, et dont la *Chronique* ne se termine que six ans après la date de notre histoire, raconte le siége de Weinsberg en gardant un silence aussi profond sur ce fait que tous les autres écrivains de son temps.

Les quelques lignes des Bénédictins ont fourni, dans le XVIIe siècle, à l'auteur des *Annales Boïennes*, le savant Adlzreiter, l'occasion de déployer toute l'éloquence d'un Tite-Live dans la relation de ce fait, et c'est de son ouvrage que cette preuve de la fidélité des femmes de Weinsberg passa dans les idées du peuple et de là sur la lyre du poëte. On s'attendait, dit-il, à voir les dames emporter leurs bijoux, leurs pierreries et tout ce qu'elles pourraient trouver pour en former ces précieux fardeaux. Mais elles se souvinrent qu'elles n'avaient pas de joyaux plus précieux que leurs époux, et elles sortirent du fort portant leurs maris sur leurs épaules, aspect douloureux, il est vrai, mais en même temps admirable et touchant. Une si merveilleuse preuve d'amour conjugal fit verser des larmes d'attendrissement au roi Conrad. Il ne trouva personne qui n'en eût éprouvé une vive émotion, excepté Frédéric, frère du roi, qui, irrité de cette pieuse fraude, déclara que le monarque n'avait pas eu en pensée qu'on emploierait une telle ruse, et qu'il ne pouvait, en la laissant réussir, étendre sa faveur sur ses ennemis ; il exigea en même temps que les vaincus fussent traînés au lieu de leur supplice. Mais ce furieux reçut de Conrad une réponse vraiment royale : « Mon frère, lui dit le souverain, un roi dans aucun cas ne doit manquer à sa parole ; il ne peut fausser son serment. L'approbation et la miséricorde de Dieu, à laquelle j'acquiers quelques droits par ma clémence, m'est plus chère que la destruction et la mort de mes ennemis. Si le prince ne garde plus sa foi, qui donc pourra faire cas de la sienne? Être appelé menteur est la plus grave insulte pour un homme libre ; qu'est-ce donc pour un souverain? »

En admettant la vérité de cette histoire, on ne sait si c'est la ville ou le château qui a été le lieu de la scène. Le premier chroniqueur nomme Weinsberg un bourg ; Othon de Freisingen et les autres l'appellent *castrum*, ce qui signifie tout aussi bien un fort qu'une ville fortifiée. Cependant, comme le moine dit expressément que les femmes sont descendues avec leurs maris sur leurs épaules, on ne saurait appliquer cette phrase qu'à un lieu situé sur une hauteur, par conséquent au château, car la ville elle-même est bâtie dans un fond, et n'aurait pu sans un fort offrir aucune résistance à un ennemi. En outre, le castel porte le nom de Weibertreue (fidélité des femmes), nom dont on ignore l'origine, et dont on ne saurait dire s'il appartient à la tradition populaire ou à l'érudition. Quoi qu'il en soit, la supposition la plus vraisemblable est qu'à cette époque le *castrum* de Weinsberg ne se composait que de la citadelle et de quelques maisons, et que c'est de ce noyau que se forma plus tard la ville actuelle.

Plus l'anecdote dont nous venons de discuter l'authenticité est suspecte à la critique historique, plus elle doit être sacrée pour la poésie et pour l'art. Si Burger, ce poète si plein de vie et de verve, avait trouvé la légende et la ballade placées de son temps sur le siège élevé où nous les voyons du nôtre, il n'eût certes pas fait de ce sujet touchant une chanson grivoise, et n'eût pas débuté dans son récit de ce ton délibéré :

« Qui peut me dire où est Weinsberg? Cela doit faire une bonne petite ville? Elle a sans doute bercé bon nombre de jolies petites femmes et d'attrayantes filles ? »

Il n'eût pas enfin continué de ce ton trivial, ni raconté la manière dont Conrad avait fait *trompetter* son avis; il n'eût pas fait venir près du vainqueur une ambassade de femmes, et tout au moins il eût épargné à la dignité royale le doute offensant qu'elle manifesta sur la fidélité de son épouse : enfin il ne l'eût pas compromise dans une danse avec la femme du bourgmestre et avec sa servante. Quoi qu'il en soit, revenant sur l'amertume de notre critique, qui nous est inspirée par notre enthousiasme contrarié pour les héroïnes de Weinsberg, nous nous empressons de reconnaître que cette erreur est plus le produit de son époque que de son génie, souvent si élevé.

L'art a mieux utilisé cette légende. Dans l'église de la ville il y a un tableau qui, même sous le rapport de l'intérêt historique, mériterait d'être plus remarqué des critiques. Au haut du tableau on voyait autrefois ces mots écrits

« Le cœur de vos maris peut s'en remettre à vous. » L'inscription qui est au bas raconte brièvement l'histoire. Le château, placé dans le fond, est représenté tel qu'il était avant sa destruction. Les femmes sortent par longues lignes et ont à leur tête la plus petite d'entre elles qui porte sur ses épaules l'homme le plus vigoureux, et qui, ployée sous son fardeau, semble près de succomber. Sur le devant on aperçoit Conrad, monté sur un cheval richement harnaché, et regardant paisiblement cette scène sans se laisser émouvoir par les pressantes représentations de Frédéric. Les yeux de toute l'armée sont attachés sur ce spectacle si nouveau. Un tableau du dernier siècle représente aussi ce fait, et on en voit de bonnes copies en plusieurs endroits. De nos jours un jeune artiste, plein de talent, Alexandre Bruckmann, d'Heilbronn, a traité le même sujet d'une manière toute particulière. Le lieu de la scène est la porte de la ville qui apparaît avec ses maisons et son église telle qu'elle fut dans les temps postérieurs ; sur le dernier plan est le château ; le peintre a su mettre dans sa toile quantité de groupes qui se mêlent sans désordre et sans confusion ; il a évité avec beaucoup de bonheur la ridicule position où la légende met les femmes; quelques unes seulement ont leurs maris sur leurs épaules ; la plupart des guerriers sont portés par leurs épouses, leurs filles ou leurs sœurs, plusieurs même, blessés, sont soutenus par de très jeunes filles qui sont quelquefois deux auprès d'un seul guerrier. Vis-à-vis de l'empereur, dont la haute stature se dessine sur le premier plan, est représentée une amazone aux cheveux blonds flottans, aux yeux impérieux et fiers, qui soutient son époux blessé, suivant toute apparence un des principaux prisonniers, dont le regard sombre ne s'est pas adouci devant la grace offerte par le prince.

Les costumes sont fort brillans, et cependant fidèles; les figures sont traitées dans l'ancien style allemand, mais sans raideur; le coloris est plein de fraîcheur et de lumière. Cette œuvre remarquable a été acquise par l'école royale des Beaux-Arts de Stuttgart. Primitivement l'exécution de cette idée était destinée à une fresque peinte sous le nom d'une tour du château de Weibertreue.

Les temps historiques commencent, pour Weinsberg, à l'année 1193, où les seigneurs du lieu apparaissent pour la première fois comme maîtres du château. Cette noble famille tenait par des liens de toute espèce à l'empire et aux plus hautes maisons de la Souabe, de la Franconie et des pays du Rhin. Le plus puissant de tous ses membres fut Conrad, chambellan héréditaire de l'empire, qui, en 1429, défendit sa forteresse avec autant de courage que de bonheur contre les attaques des comtes palatins. Il mit en avant, mais en vain, ses prétentions sur la ville qui appartenait à l'empire. Elle tomba, avec le temps, au pouvoir du Palatinat, et à la mort du duc Ulrich de Wurtemberg, elle échut à ce duché par suite de la guerre de la succession bavaroise. Ce fut alors que l'ancienne famille seigneuriale fut expulsée, dans la même année où l'on démolit une ancienne tour appelée *le Manteau noir*. La fatalité voulut qu'en 1525 les révoltés de l'Oderwald, Jean Wenderer à leur tête, s'avancèrent comme un ouragan vers Weinsberg. A cette nouvelle, l'Union souabe fit occuper la ville et le fort par soixante-dix chevaliers, nobles et soldats, sous le commandement du comte Louis d'Helfenstein. Les rebelles choisirent la solennité de Pâques pour donner l'assaut à la citadelle; les bourgeois s'unirent à eux, et toute la garnison tomba prisonnière entre leurs mains, à l'exception de trois chevaliers qui s'échappèrent déguisés en femmes. Ce fut en vain que la comtesse d'Helfenstein présenta son fils âgé de deux ans pour émouvoir les bourreaux que ses pleurs n'avaient pu toucher. Les paysans formèrent un cercle devant la porte; un ménétrier se mit à jouer des airs de danse et tous les captifs furent égorgés en dansant; puis le château fut démoli pierre par pierre. Quelque temps après le chef de l'Union souabe, Georges-Comte de Waldbourg, tira une vengeance éclatante de tous ces crimes. Le musicien qui avait joué pendant qu'on tuait les gentilshommes, fut brûlé à petit feu, tandis qu'attaché à un arbre on le forçait de danser. Les murs de la ville furent rasés, et ce ne fut que longtemps après que les bourgeois obtinrent la permission de les relever. En 1546 les Espagnols exercèrent encore leur fureur sur les débris de ce château. Après la bataille de Nordling, la ville et la forteresse furent données, en présent, par l'empereur, à son favori Maximilien de Trautmannsdorf.

Depuis environ douze ans l'assemblée des femmes de Weinsberg et les soins de Julius Kerner ont non seulement empêché la destruction totale de ce qui reste du château, mais ont même changé un monceau de décombres, qui était tout ce qu'on apercevait, en un des lieux les plus pittoresques à imaginer, dans lequel les pans de murs et les tours, transformés en élégans belvédères, s'élèvent joyeusement du milieu des touffes de fleurs et des buissons soigneusement entretenus. Des harpes éoliennes charment de leurs sons l'oreille du visiteur. Du sommet de la plus haute tour il peut voir s'étendre au loin, vers l'orient, un vallon large et fertile qui, tout semé de villages, est borné au nord par une chaîne de montagnes, tandis qu'au midi les ruines du château des comtes de Lœvenstein terminent la perspective, et qu'au nord-ouest la vue se prolonge jusque dans la vallée du Necker. Au pied de la montagne, et comme placée sous la protection des forts, on trouve la vieille église de Weinsberg autour de laquelle se groupent çà et là les maisons, dont la plus moderne et la plus remarquable est celle que le lecteur aperçoit sur la gravure dont notre texte est accompagné; c'est la demeure de Justinius Kerner, qui a choisi pour son asile une vieille tour de la ville, dans laquelle, chimiste, il travaille, poète, il chante, magicien, il conjure les esprits. Qu'il vienne à Weinsberg celui qui veut apprendre à connaître l'âme de cet homme sans cesse ballotté entre les peines et les joies de la vie; il pourra se rendre compte de ce sentiment si expansif, de cette plaisanterie douce et grave à la fois, de ce talent médical si vrai et si zélé qui laisse tout-à-fait de côté l'exorciste. La Souabe et ses habitans vus de près sont tout autre chose que ce que l'on a l'habitude de se figurer dans le Nord.

Un poète que nous aimons, va, pour finir cette notice, nous peindre l'habitation et la tour de Kerner que l'on aperçoit sur le premier plan de notre gravure avec leur propriétaire.

« Ce que d'autres n'ont fait que chanter, tu t'en empares; c'est un palais magique. Le gibier court se perdre dans tes vallées; le coursier attaché dans ton écurie ne sent pas le poids des années, et les pèlerins de tous les pays te rendent en brûlantes actions de graces ta bonne hospitalité.

» J'ai vu la tour d'où tu fis flotter jadis la bannière des Hellènes (1).

(1) Pour faire honneur à Wilhelm Muller, qui lui rendit visite vers la fin de l'automne de 1827, le poète avait arboré sur sa tour les couleurs natio-

les vives couleurs furent effacées par la pluie; augure effrayant et terrible. Aussi le noble fils des Muses, le chantre des Grecs, se sépara-t-il de toi, portant déjà la mort dans son sein.

» J'ai appris auprès de toi comment les anges peuvent demeurer en paix sous le même toit avec le démon; la sombre puissance de l'enfer cesse au seuil de ta porte; car l'enfer tremble devant l'innocence; la troupe des esprits fuit l'atmosphère tranquille et fraîche où flottent les ailes du génie.

» Cependant, je te l'avoue, un soupçon est toujours resté au fond de mon ame; mon cœur croit que la maison n'est que l'œuvre d'un enchantement, il lui semble que des nains l'ont bâtie, et je verrai un jour sans m'étonner et tours et jardins s'envoler dans les nuages pendant un orage nocturne. »

WIMPFEN

SUR LA MONTAGNE (WIMPFEN-AM-BERG),

ET

WIMPFEN

DANS LA VALLÉE (WIMPFEN-AM-THAL).

Parmi les vues les plus charmantes qui, unissant à des restes d'antiquités remarquables les beautés de la nature, commencent un peu plus bas à parer la vallée du Necker, entre Heilbronn et Heidelberg, on remarque surtout la ville de Wimpfen-am-Berg, située à trois lieues au dessous d'Heilbronn, sur une colline délicieusement couverte de bois ; cette

---

nales de la Grèce, mais un orage survenu pendant la nuit fit déteindre l'étoffe du drapeau, et le matin venu il n'y avait plus que du noir et du blanc

ville enclavée dans les possessions badoises et wurtembergeoises, était autrefois cité impériale, et elle appartient aujourd'hui à l'état de Hesse-Darmstadt. Des groupes d'arbres d'espèces différentes couvrent les plantes de montagne et cachent aux voyageurs les masses noircies de la ville antique, maintenant écroulée, jusqu'au moment où il arrive sur elles, et le chant du rossignol, sortant du sein des bosquets, vient souvent interrompre le sommeil de celui qui a eu le bon esprit de s'arrêter dans une jolie auberge, à la porte de la ville, plutôt que d'aller passer la nuit tristement au milieu des décombres.

L'aspect extérieur de la ville trahit son antiquité; comme beaucoup d'autres villes des bords du Necker, une colonie romaine fut vraisemblablement son origine. Beaucoup de géographies et de descriptions de voyages ont copié l'une sur l'autre, conte ridicule, qu'elle avait été nommée Cornélia en l'honneur de Cornélie, fille de Cinna, épouse de Jules César, sans songer au grossier anachronisme qui résulte de cette ridicule assertion. Du reste, si une seule pierre réclamait pour le Wimpfen romain le nom de Cornélia, il faudrait plutôt le rapporter à l'épouse de l'empereur Gallien, qui fut le fondateur des derniers établissemens que firent les Romains dans ce pays, avant d'en avoir été chassés par les Alemans. Cette impératrice Cornélia s'appelait Salonina, mais elle ne tirait sa noblesse que d'un serviteur de la famille Cornélia, Chrysogonus, affranchi de Sylla. Les Romains ont laissé ici des traces incontestables de leur séjour, et l'occupation de cette colline, qui domine le Necker, leur était sans nul doute d'une très haute importance pour leur servir de base dans leurs opérations soit offensives soit défensives contre les Alemans. Lors de l'établissement des salines, que l'on trouve dans les environs de la ville, le sol ayant été creusé en plusieurs endroits, au pied du bourg de Wimpfen-am-Thal situé au pied de la montagne, on trouva non seulement des monnaies de toute espèce, surtout de celles d'Antonin-le-Pieux, mais aussi des canaux, des tables de *terra sigillata*, telles qu'on en a trouvé en beaucoup d'endroits, des vases et des restes de constructions évidemment d'origine romaine. Dans un bâtiment de la ville, qui date des temps les plus reculés du moyen-âge, l'auteur de cette notice a découvert une pierre tranchant par sa couleur jaunâtre avec celles du mur dans lequel elle était enchâssée, et sur laquelle on pouvait encore reconnaître avec assez de facilité deux sphinx et un lion sculptés en relief. Mais le monument le plus imposant que l'on rencontre dans le pays, c'est cette haute tour construite en grès rouge que l'on découvre de fort loin, et qui, avec quelques restes des murs insignifians qui l'entourent, faisait vraisemblablement partie de cette ligne de fortifications que l'empereur Probus fit construire, et qui allait depuis Neustadt jusqu'à Ratisbonne, en passant par des montagnes et des marais presque impraticables. La bâtisse de ce monument assigne évidemment trois époques à sa construction. La partie inférieure construite en pierre de taille est certainement romaine; puis vient le milieu qui appartient, par la manière grossière dont il est fait, à cette période qui s'étend du Xe au XIIIe siècle; enfin, la partie supérieure bâtie en mauvaises pierres bleuâtres peut provenir d'une restauration du XVe siècle. La rue qui passe au pied de cette tour s'appelle la rue du Fort, et le quartier de la ville dans lequel elle se trouve porte aussi son nom. Tout l'ensemble de fortifications dans lequel elle s'est trouvée comprise, et qui paraît avoir été assis sur les ruines des constructions romaines, servait sans aucun doute à assurer la navigation du Necker; aussi occupait-il tout le sommet de la colline du côté du nord-est, et du haut de son donjon les regards pouvaient suivre au loin le fleuve.

La ville subsista ainsi dans sa forme à demi-romaine jusqu'au temps de sa destruction par le peuple, que la chronique appelle les Huns, soit qu'il faille comprendre sous ce nom les farouches soldats d'Attila, soit que l'invasion des Hongrois dans le Xe siècle soit plus véritablement la cause de sa ruine. Tout le peuple des environs s'était réfugié dans l'enceinte de la cité. La ville et le château étaient bien défendus, et long-temps les assiégeans firent de vains efforts pour renverser les murs et enfoncer la porte. Mais enfin un des battans sauta, et la population chrétienne succomba écrasée par le nombre de ses ennemis. Ceux-ci prirent possession de leur conquête en barbares féroces; ils coupèrent les seins des femmes, afin qu'elles ne pussent plus allaiter leurs enfans. On fait dériver fort invraisemblablement du souvenir de cette atrocité le nom actuel de Wimpfen auquel aurait donné lieu le mot de wibpin (tourment des femmes). Nous croyons, pour nous, que le nom romain de la forteresse, qui peut-être se terminait par *finis*, est déguisé dans l'appellation moderne. Dans le VIIe siècle, Wimpfen et une grande partie du Palatinat du Rhin et du Necker avaient été donnés en présent, par le roi frank Sigebert, à l'évêque de Worms, et il paraît que sous cette domination sacerdotale elle était parvenue à un degré d'importance dont elle est déchue depuis long-temps. L'empereur Othon avait accordé aux évêques même le droit de mettre hors la loi. L'église à pleins cintres des capucins, qui est, avec la tour antique, ce que Wimpfen possède de plus ancien, nous paraît remonter à cette époque. L'empereur Frédéric II ne semble pas avoir approuvé la libéralité de ses prédécesseurs, et sous son fils Henri la ville fut déclarée fief de l'empire. Ceci eut lieu en 1227. Le roi Henri y fit de longs séjours, et c'est lui qui fit construire sur les bords du Necker le château dont on voit encore quelques vestiges. Peu de temps après Wimpfen devint le siège florissant du tribunal impérial de Franconie, puis elle retomba au pouvoir des évêques de Worms, et enfin, après l'extinction de la dynastie des ducs de Souabe, elle réussit peu à peu à acquérir le rang et les libertés de ville impériale, et elle partagea dès lors les destinées de tout l'empire.

L'intérieur a tout l'aspect d'un labyrinthe ; les rues sont irrégulières et tortueuses, et on voit s'élever çà et là de vieux restes de portes, ce qui rend évident que la construction de la ville appartient à différens temps. Quoi qu'il en soit, sous cette difformité apparente on trouve encore quelque beauté digne d'être remarquée. L'église évangélique actuelle est une œuvre admirable de l'art gothique; la première pierre en fut placée en 1492. Les stalles du chœur sont ornées de la représentation des douze apôtres, d'un travail en demi relief exquis ; la chaire est fort ancienne et tout d'une seule pierre; les niches contiennent d'assez bonnes statues; l'ornement principal du maître-autel est un morceau de sculpture représentant une descente de croix; sur les côtés on voit saint Christophe et saint Jean l'évangéliste; on montre dans une chapelle latérale un calice d'un travail précieux. La statue en pierre d'un seigneur de Fleckenstein, mort dans la bataille qui fut livrée à Wimpfen contre Tilly, est encore une des choses qui fixent les regards. Les deux tours de l'église sont surmontées par des toits pointus. Au bout opposé de la ville se trouve l'église des Dominicains; c'est du haut d'une tourelle située sur le mur de la ville, d'où la vue s'étend sur le Necker, et que l'on nomme la *Nurembergeoise*, que les vieux bourgeois de Wimpfen jetaient souvent les yeux dans l'attente des marchandises que leur expédiait Nuremberg.

La *Tour bleue*, construction du moyen-âge, restaurée de nos jours et que l'on aperçoit de loin, dominant tous les autres points culminans de la ville, est le lieu d'où l'on peut le mieux jouir de la vue ravissante que présentent les environs. Le regard de l'observateur, placé sur son sommet, découvre d'abord au pied de la montagne le joli bourg de Wimpfen-im-Thal, sa belle église chapitrale entourée d'une place ombragée de tilleuls, et son cloître fondé jadis par l'évêque Crotold de Worms sur l'emplacement d'un ancien couvent détruit par les Huns. L'église fut fondée en 1278; son portail est digne d'exciter l'admiration. Une fois par an une foire vient porter de la vie et du mouvement dans Wimpfen-im-Thal; ce marché, tenu le jour de la fête de saint Pierre et saint Paul, et connu dans le pays sous le nom de *Kirchenspeter*, est visité annuellement par une foule immense venue des environs. Entre Obereisisheim, dans la plaine et dans une forêt qui se trouve à quelque distance du bourg, s'étend le célèbre champ de bataille de Wimpfen où le margrave Georges Frédéric de Bade était campé le 5 mai 1622, avec 2,000 cavaliers et 10,000 hommes d'infanterie. Tilly et le général espagnol don Corduba étaient en embuscade dans la forêt et derrière une hauteur. Attaqué le matin, le margrave fut surpris par la cavalerie de la ligne. Des prodiges de valeur ne purent le sauver d'une défaite complète; son camp fut cerné; cinq caissons qui sautèrent jetèrent le désordre et une terreur panique dans les rangs de ses soldats. Le régiment blanc, les quatre cents immortels bourgeois de Pforzheim, commandés par leur bourgmestre Deimling, se sacrifièrent pour sauver leur prince bien-aimé. A huit heures du soir l'action était terminée; plus de 5,000 cadavres, dont la moitié au moins appartenait aux ennemis, couvraient la plaine. Lorsque le regard du spectateur s'est arrêté un instant sur cette campagne jadis couverte de sang et de débris, maintenant disparaissant sous la verdure de ses riches pâturages, il s'avance plus au loin vers quatre riches salines dont le Wurtemberg, la Hesse et Bade se partagent la possession. Près de Jaxtfeld de nouveaux bains d'eau salée semblent inviter le voyageur à le visiter. Du côté de Neckarsulm et d'Heilbronn, la vue remontant le fleuve, le suit assez loin dans sa course; du côté opposé l'horizon est terminé par le beau château d'Ehrenberg situé sur le bord du fleuve, près du joli village d'Heinsheim, par les créneaux couverts de lierre des ruines d'Horneck, le manoir tout-à-fait moderne de Gundelsheim, et enfin par le domaine de Gœtz de Berlichingen, Hornberg et ses nombreuses tours.

Wimpfen-am-Berg possède aussi depuis peu de nouveaux bains, qui tirent leurs eaux de Ludwigshall, et dont la charmante situation ne peut manquer d'attirer beaucoup de visiteurs. C'est un grand bâtiment à deux étages, flanqué de deux ailes, et la façade tournée presque en plein vers l'est: de beaux jardins s'étendront, d'après le projet, depuis la maison jusqu'au Necker. Du côté de la ville les malades trouvent un second jardin et la vieille église gothique entourée d'arbres dont nous avons déjà parlé. Chaque chambre, ainsi que le salon de réunion, présente à peu près aux habitans de cette charmante demeure la vue que nous avons décrite. A ses pieds coule le Necker sillonné par des barques en grand nombre; à droite Jaxtfeld, Kochendorf, la saline bruyante de Friedrichshall, la belle terre de Lautenbach, son château qui s'étend jusqu'aux tours du castel de Waldenbourg sur le territoire de la principauté d'Hohenlohe, tout juste en face d'Offenau; enfin, en descendant le fleuve, Heinsheim et l'Ehrenberg sur une rive, Gundelsheim et Horneck sur l'autre. Tel est le tableau magique qui se déroule en ce lieu aux yeux du spectateur.

Notre gravure montre Wimpfen-am-Berg, sa tour romaine, sa tour bleue et son église. Sur le premier plan on aperçoit Wimpfen-am-Thal; au-delà du Necker, Jaxtfeld; sur le plan le plus éloigné l'Ehrenberg (la montagne de l'honneur) et Gundelsheim.

GUNDELSHEIM, HORNECK ET GUTTENBERG.

Nous ne passons qu'à regret, sans en faire plus de mention, devant l'antique manoir d'Ehrenberg qui s'élève sur la rive gauche du Necker, peut-être sur des fondations romaines, auprès du village d'Heinsheim, et dont les lambris ont abrité une famille depuis long-temps éteinte, qui dès le XII° siècle était déjà connue. Aux jours sanglans de la guerre de trente ans un des membres de cette race poursuivait avec une égale vigueur les sorciers et les luthériens; mais quel que soit le regret que nous éprouvions d'être obligés de nous borner à ce peu de mots, voici trois noms qui vont nous dédommager; notre peintre, heureux dans le choix du point d'où il a pris cette vue, a su réunir ces trois châteaux dans sa gravure.

GUNDELSHEIM.

Dépouillé il y a trois cents ans de sa forme extérieure par les suites de la guerre des paysans, ce fort, qui avait cependant conservé ses murs d'enceinte et plusieurs de ses vieilles tours, était devenu un bourg florissant sous la domination de l'ordre Teutonique, et on peut en voir quelques maisons qui se montrent derrière la colline à la droite de notre gravure. Dans la vingt-deuxième année du règne de Charlemagne, un seigneur nommé Siegfried (Sigefroi) et son épouse, Wonchild, firent don au couvent de Lorsch de la maison de Gundolfesheim, qui nous apparaît plus tard sous le nom de Gundolnesheim. Une famille puissante semble en avoir été propriétaire de bonne heure; plus tard, l'ordre Teutonique fit l'acquisition de la ville, et l'empereur Wenzel lui en ratifia la possession en 1398; cette association demi militaire, demi monacale, la garda jusqu'à son extinction, époque à laquelle, avec tout le pays, Gundelsheim passa entre les mains du grand duc de Bade. Dans l'église assez bizarrement ornée de cette petite ville, outre quelques tombeaux appartenant à des chevaliers de l'ordre, on remarque celui du bourgeois Balthasar Fuchs, qui se distingua dans la guerre des paysans. La culture de la vigne est ici très favorisée par la situation des montagnes, et les rives du Necker offrent un aspect vraiment enchanteur. Cependant nos regards sont bientôt attirés plus loin par l'antique ruine couronnée de lierre d'

HORNECK.

dont les tours et les créneaux déchirés ressemblent aux dents à demi brisées du cadavre d'un siècle barbare, qui du fond du gouffre du passé semble encore s'ouvrir avec menace. Pour que nous puissions jouir également de la vue du château de Guttenberg, notre gravure nous place dans l'intérieur de la ruine, et ne nous en montre à notre droite que la tour la mieux conservée, avec quelques pans de murailles, et à gauche, assez heureusement masquée, l'habitation moderne du propriétaire d'Horneck qui, vue de face, produit, par l'aspect de sa longue et régulière ligne de fenêtres, un contraste peu agréable avec les débris mutilés de l'ancienne tour.

Le fondateur du vieux castel fut vraisemblablement, vers 1250, Conrad d'Horneck, qui est enterré avec son fils dans la chapelle du château. Cette famille, déjà puissante dès avant cette époque, était la bienfaitrice du chapitre de Wimpfen, et Werner, frère de Conrad, qui était revêtu de la dignité de prieur de Wimpfen et de Spire, jouissait dans la première de ces villes de toute l'estime que méritaient sa piété et sa libéralité. Dès 1274, le château et la petite ville de Gundelsheim, situés au bas de la colline sur laquelle il est bâti, passèrent dans les mains de l'ordre Teutonique, et jadis un vieux tableau à l'huile placé dans la chapelle du manoir, représentait la prise d'habit de Werner d'Horneck (peut-être celui dont il vient d'être question), et la donation de sa terre à l'ordre dont il allait faire partie. La tradition populaire rapporte que ce pieux présent fut fait au départ du chevalier et de ses fils pour la croisade, et que par là sa fille fut obligée de se faire religieuse à Belligheim, et un fils naturel qu'il avait se vit plongé dans la plus affreuse misère. Le tableau a disparu totalement lors de la prise de possession du château par la couronne de Wurtemberg, et avec lui les armoiries qui le surmontaient, et qui seules auraient pu donner quelque chose de certain sur cette famille d'Horneck, dont cinq maisons allemandes portent le nom.

A dater de l'époque de sa donation à l'ordre, Horneck fut de temps à autre le séjour des grands maîtres, et les dépouilles mortelles de quelques-uns reposent même dans sa chapelle, entre autres celles du célèbre Jost de Venningen, adroit négociateur, dont le palatin Frédéric le Victorieux se servait dans tous ses traités. Pendant sa maîtrise, Horneck devint un des chefs-lieux de l'ordre en Allemagne. Son tombeau et ceux de ses successeurs sont exécutés avec un grand soin; ils sont placés debout contre la muraille, et donnent à la chapelle un aspect fort majestueux.

Le château subsista dans tout son éclat jusqu'à la guerre des paysans; mais les hordes dévastatrices des rebelles avaient aussi résolu la destruction des possessions de l'ordre; elles prirent des provisions fraîches à Neckarsulm, et campèrent devant Gundelsheim pour assiéger le grand-maître; celui-ci, qui n'avait pas même soupçonné l'entrée des révoltés sur son territoire, s'était par hasard rendu à Heidelberg, avec la meilleure partie de son trésor, et une grande troupe des siens; son absence exalta encore davantage la rage des paysans; la ville et la forteresse furent emportées en quelques instans, et ces misérables, gorgés de vin, mirent le feu au château, et la plus grande partie en fut réduite en un monceau de cendres. Ce ne fut que long-temps après que les révoltés se furent éloignés du théâtre de leurs crimes, que le manoir fut remis en état d'être habité, et c'est de l'enceinte ruinée de cette construction que l'on voit surgir le château moderne dont nous avons déjà parlé, et qui, plus vaste que maints palais de roi, contient en outre, dit-on, les blasons de tous les grands maîtres et de tous les chevaliers de l'ordre Teutonique. Cette belle demeure est maintenant la propriété d'un riche négociant, M. Sandel de Gall.

Derrière Horneck, on voit s'élever un rideau de forêts très étendu. Le chemin passant à travers un petit bois épais, nous conduit à la petite église de Saint-Michel, qui est tout proche du château, vers le penchant d'une colline couverte de vignes, et où l'on va fréquemment en pèlerinage. C'est dans le lieu même où le vainqueur du démon voit s'élever sa chapelle, qu'il y a seize cents ans, les soldats romains sacrifiaient dans l'épais hallier au grand Jupiter, et à la puissante Junon, adorée sur le mont Aventin, et que l'on implorait encore en ce lieu comme maîtresse et souveraine du pays. Une niche placée à l'entrée du temple chrétien, renferme un autel romain, dans lequel un renfoncement en forme de coupe semble avoir eu la destination de recevoir le sang des victimes. A droite de ce monument, sont sculptés un coq et un couteau de sacrifice ; à gauche une cruche, un plat et un glaive à deux tranchans. Une inscription latine de huit lignes nous apprend que cet autel votif a été consacré aux dieux que nous venons de nommer, par Caïus Fabius Germanus, affranchi du consul, pour qu'ils veillassent sur lui et sur les siens. La demeure du Dieu des chrétiens remplaça de bonne heure l'édifice consacré au culte de ces idoles. Une charmante légende se rattache à sa fondation. Au temps où les rives du Necker étaient encore couvertes d'épaisses forêts, vivaient dans les environs un jeune homme qui était païen et sa fiancée qui était chrétienne. Celle-ci, après avoir fait long-temps de vains efforts pour convertir son amant, s'enfuit dans la solitude du bois, vécut parmi les animaux sauvages, qui paraissaient adoucis par sa douleur, et qui ne lui faisaient aucun mal, grava sur les arbres et sur les rochers l'histoire de ses derniers jours, et mourut enfin au bout de quelques années. Un jour le jeune homme s'étant égaré à la poursuite d'une bête fauve qu'il n'avait pu atteindre, arriva dans ce lieu où, à côté d'un monticule de gazon, il trouva écrit sur un arbre le récit touchant du sort de sa bien-aimée. Aussitôt il jeta loin de lui ses faux dieux, et s'étant rendu auprès de l'évêque de Worms, il se fit baptiser. Ensuite il alla se fixer sur la montagne où s'était opérée sa conversion, s'y bâtit un ermitage, et y vécut long-temps servant Dieu et recueillant les pauvres voyageurs égarés. De tous les environs on venait en foule visiter le saint homme et lui demander les secours de ses prières. Enfin, étant devenu bien vieux et bien cassé, une nuit d'orage on frappa avec violence à sa porte. Il ouvrit : un pèlerin d'une taille gigantesque entra dans sa cellule. Le vieillard alluma en hâte un grand feu pour sécher les vêtemens mouillés du voyageur, lui présenta de la nourriture, et ayant rempli ces devoirs de l'hospitalité, se mit à genoux pour dire la prière du soir. Soudain le pèlerin dévoilant son visage, lui fit voir les traits adoucis et rians de l'ange de la mort, qui, lui apportant l'assurance de la satisfaction de Dieu, le baisa sur le front ; aussitôt les paroles moururent sur ses lèvres, et il s'endormit paisiblement dans le Seigneur. A la place où avait été sa cellule, on éleva, en mémoire de sa conversion, une chapelle consacrée à l'archange Saint-Michel, le vainqueur de Satan.

GUTTENBERG.

Revenons maintenant à notre gravure, et en nous plaçant comme auparavant dans les ruines d'Horneck, entre l'aucien et le nouveau château, jetons un regard sur le Necker, le village de Neckarmuehlbach et le manoir de Guttenberg, dont les tours s'élancent dans les airs du plateau de la petite colline sur laquelle il est bâti, et se détachent sur le fond sombre des montagnes couvertes de bois qui l'entourent. Dans le joli village de Neckarmuelbach, l'église même mérite d'être citée par l'élévation de sa voûte, et la clarté limpide qui y pénètre. Sur une plaque de pierre placée sur un des côtés, on voit un bas-relief représentant toute une famille à genoux, c'est celle d'un seigneur de Weinsberg, appelé Conrad, qui, devenu archevêque de Mayence, bâtit au pied de son château une chapelle dédiée à saint Eucharius, dont l'extérieur est peu remarquable, mais dans l'intérieur de laquelle on admire deux autels fort anciens et d'un très bon style ; au dessus de l'un s'élance une arcade en ogive ; au dessus de l'autre un cintre mauresque ; les sculptures qui ornent ce dernier sont d'un beau travail ; mais ce que cette chapelle contient de plus important, ce sont des tableaux de l'ancienne école allemande, placés à l'intérieur et à l'extérieur des quatre portes des deux autels ; tableaux qui malheureusement se dégradent tous les jours. Sur un tabernacle peint, on lit la date de 1492. Un cimetière entoure la maison divine.

La route qui mène au sommet de la colline, d'où le castel de Guttenberg semble regarder ses deux frères, le manoir d'Horneck et celui de Hornberg, antique domaine de Gœtz de Berlichingen, est un peu raide et difficile, mais la hauteur elle-même est plantée d'arbres fruitiers et couverte d'un épais gazon. Le sentier vous mène par de longs détours jusqu'à la porte du château. Ce n'est qu'après avoir franchi cinq entrées à travers des masses énormes de débris, qu'on arrive dans l'intérieur du domaine où l'on a bâti l'habitation moderne, qui jouit d'une vue fort étendue sur toute la campagne. La citadelle est extrêmement forte, garnie d'une ceinture de tourelles, les unes bien conservées, les autres, surtout du côté de la forêt, revêtues d'un épais manteau de lierre; une haute tour qui domine toutes les autres s'élève encore du milieu du fort; nous l'avons placée dans notre gravure. Le bâtiment moderne est, du côté du bois, déjà tellement couvert de lierre, qu'à peine aperçoit-on encore les fenêtres. On a de ce lieu une vue charmante, sur Horneck, Hornberg et l'ossuaire de la petite chapelle de Saint-Michel, ainsi que sur la contrée pittoresque qui renferme la vallée du Necker.

L'âge et l'origine du nom de Guttenberg sont couverts d'un voile épais; il serait difficile d'établir que ce manoir ait dû sa construction à une famille de Guttenberg. Son aspect seul prouve, qu'il est plus ancien que les documens les plus éloignés que l'on possède sur son histoire. Domaine impérial, il fut engagé en 1330 par l'empereur Louis à son neveu, le comte palatin Rodolphe; il nous apparaît ensuite comme fief de Worms inféodé, en 1393, avec plusieurs villages, aux seigneurs de Weinsberg. Il appartenait aussi en partie, à la même époque, à l'indigne membre de l'association des Maillotins, Wolf de Wunnenstein, le terrible ennemi d'Eberhard de Wurtemberg, surnommé le Querelleur, le même qu'Uhland a chanté dans *l'attaque de Wildbad*.

« Voici que vient un pauvre berger hors d'haleine: Seigneur comte, s'écrie-t-il, une troupe formidable traverse la vallée; son chef est armé de trois haches; ses armes brillent et jettent des éclairs, il me semblait en le voyant que les feux de la foudre me passaient devant les yeux. »

Et le comte Eberhard répond :

« C'est Wunnenstein, que l'on appelle le Loup (Wolf). Donne-moi mon manteau, écuyer. Je connais les reflets de son armure ; j'ai peu de plaisir à espérer de lui ; ses haches coupent bien ; ceins-moi mon épée ; le loup aime à lécher du sang. »

Vers 1427, Konrad de Weinsberg reçut à fief de Frédéric, évêque de Worms, le château de Gudenburg (Guttenberg) et plusieurs villages. Mais les énormes dépenses de cet orgueilleux chambellan héréditaire de l'empire dévorèrent tout son bien ; sa sœur vendit toute la propriété, pour 6,000 florins du Rhin, au riche Jean de Gemmingen, qui avait épousé une landgrave de Steinach, et à dater de cette époque cette famille posséda le château à titre de fief de l'évêque de Worms. Le riche Jean de Gemmingen était d'une telle vigueur, qu'étant allé dans une seule journée d'Amberg, dans le haut Palatinat, à Neuenfal, il prit part encore dans la soirée à une chasse et à une course.

Dans la cour de justice que Frédéric le Victorieux tint à Heidelberg en 1462, Jean de Gudenberg parut comme un docteur dans l'un et l'autre droit, comme un homme, suivant l'expression de son parent Reinhard de Gemmingen, qui savait chevaucher sur toutes les selles ; qui savait parler et se battre ; qui recevait bien ses amis ; qui, plein d'adresse et de force, était aussi bon archer que bon chevalier, et qui, malgré son immense richesse, vécut jusqu'à quatre-vingts ans dans une excellente santé, qu'il devait à la simplicité de ses mœurs.

Dans le partage qui eut lieu en 1518, entre les enfans de Pleickard de Gemmingen, Guttenberg échut à Dietrich, noble émule des Sickingen et des Berlichingen, en grandeur et en noblesse d'ame. Son dévouement à la cause de la réformation l'a immortalisé. A une époque où faire profession publique de la nouvelle doctrine était s'exposer à tous les dangers, surtout dans le voisinage des possessions de Mayence ou de l'ordre Teutonique, il tint sur les fonts de baptême le fils d'un ami de Luther, Erhard Schnepf, pasteur de Weinsberg, et lorsque celui-ci eut été expulsé de sa paroisse, il trouva un asile sûr auprès de Dietrich de Gemmingen, qui lui donna l'emploi de prédicateur de la saine doctrine de l'Evangile dans sa chapelle de Mulbach. Ce fut le premier gentilhomme du canton de Kreichgau qui embrassa ouvertement le parti de Luther. Il mourut dans son manoir en 1526, et y fut enterré; Schnepf, appelé à cette époque à Wimpfen, lui fit une touchante oraison funèbre.

Le frère de Dietrich, Wolf de Gemmingen, ne fut pas moins courageux comme confesseur de sa foi. Pendant la guerre de Schmalkalden, Charles-Quint l'ayant mandé à Heilbronn avec plusieurs autres gentilshommes, et les ayant personnellement sollicités de renoncer à la nouvelle doctrine, Wolf s'avança et lui dit : « Je serais fâché d'affliger mon » empereur, qui après Dieu est mon souverain maître; ce-» pendant je le préférerais encore plutôt que d'irriter Dieu. » Le proverbe disait de lui : « Le cou de Wolf est tortu, mais son esprit est droit et poli. » Le fils de Dietrich, Philippe, demeura après son père à Guttemberg. C'était un bon mathématicien, riche en instrumens et en livres, qui après sa mort passèrent aux Landschaden de Steinach, et de là peut-être dans la bibliothèque de Heidelberg. Après avoir long-temps servi le comte palatin, il se retira dans son château, pour se livrer tout entier aux sciences et aux jeux chevaleresques, tint un état de maison convenable à son rang et à sa fortune, et donna même une fois dans son manoir un tournois solennel. Après la mort de son fils, décédé sans enfans, le château passa à des collatéraux du côté de son père, qui pour la plupart ont leurs tombeaux dans la chapelle de Muhlbach. Jusqu'à ce jour cette noble famille est restée en possession de son domaine, et l'histoire de ses faits d'armes tout protestans fait un contraste bien marqué avec les annales des seigneurs catholiques auxquels appartenait le vieux donjon en ruine de Horneck, qui fait face à leur castel.

En descendant le Necker, le voyageur rencontre encore maints endroits remarquables, que notre burin n'a pas représentés, mais dont notre plume ne peut passer sous silence et les beautés et l'historique. Le joli village d'Hasmersheim, souvent inquiété et même bouleversé par les inondations du fleuve, envoie ses hardis bateliers jusqu'en Hollande par le Rhin, dont ils descendent le cours. Le mont Hunemberg, qui en est peu éloigné, est aussi remarquable pour l'antiquaire que pour le minéralogiste; car si son gypse est renommé partout, le château de Hornberg avec ses nombreuses tourelles, acheté en 1516 par Gœtz de Berlichingen, n'est pas moins célèbre. C'est dans ce séjour que l'homme à la main de fer passa les dernières années d'une vie orageuse; c'est là qu'il écrivit ses mémoires; c'est là encore qu'il mourut dans l'âge le plus avancé, comme il le raconte lui-même. Après avoir passé par un grand nombre de mains, cette terre est arrivée aux Gemmingen. Le manoir est construit en pierre calcaire, mais les dessus de porte, les gracieux entablemens qui surmontent les entrées et les fenêtres, ont été sculptés dans du quartz.

La délicieuse position du hameau de Hockhausen révèle,

outre sa beauté naturelle, un vénérable monument des temps anciens; c'est la chapelle de sainte Notburge, ornée de tableaux tirés de sa vie, et la plupart d'une grande valeur. A quelque distance, l'on trouve la grotte de la sainte, qu'anime un écho mélancolique. Suivant la tradition, Notburge était fille du roi des Franks, Dagobert, qui, campé sur le Hornberg, défendait ses états contre les attaques des Wendes. Donnée pour femme à un traître qui commandait les bandes ennemies, elle refusa sa main à ce païen, et comme il la menaçait de son épée, tandis qu'elle était en prières, elle s'enfuit sur la rive opposée du Necker, où elle fut suivie par une biche qu'elle avait apprivoisée il y avait long-temps. Cet animal fidèle nourrit sa maîtresse de tout ce qu'elle allait chercher dans la cuisine du château de son père, jusqu'à ce qu'enfin le cuisinier, l'ayant épiée et suivie, découvrit à son maître le refuge de sa fille. Le roi voulut lui persuader de revenir et de retourner avec celui qu'il lui avait donné pour mari, mais voyant que le raisonnement ne pouvait la convaincre, il tenta d'employer la force et la tira par le bras pour l'entraîner; mais le bras lui resta dans la main. Dagobert effrayé s'enfuit. Une herbe apportée par une couleuvre guérit la blessure de la sainte. Son père, poursuivi par ses remords, quitta le pays, et le peuple accouru en foule fut converti par elle. Elle apprit aussi à ces hommes, à demi sauvages, les arts des Franks, et entre autres la culture de la vigne et le labourage. Un jour voyant la moisson mûre, elle dit : « Et moi aussi, mon temps est venu! » Peu après elle mourut. Suivant sa dernière volonté, son corps fut placé sur un chariot traîné par des bœufs et enterré à l'endroit où ils s'arrêtèrent. Ce fut sur cet emplacement que s'éleva la chapelle de Hockhausen, et l'on voit encore dans la grotte sa statue, œuvre naïve des temps anciens.

Après avoir passé la charmante ville de Neckarelz et plusieurs villages, nous voyons apparaître les ruines de Dauchstein et celles de Minneberg. Ces dernières sont célébrées par une touchante légende. Minna, fille unique du comte de Hornberg, secrètement fiancée au chevalier Edelmut, forcée de fuir pour éviter une union détestée, traversa le Necker dans une nacelle par une nuit bien sombre, et vécut sept ans cachée dans une caverne, nourrie par une fidèle suivante qui, au bout de ce temps, l'ensevelit, morte de douleur à la fleur de son âge. Vers ce temps, Edelmut revint de la Palestine, où il avait combattu sous les drapeaux de Godefroi de Bouillon, et chercha en vain son amante. Conduit par le hasard et les aboiemens de ses chiens dans la caverne, la suivante lui apprit le sort de Minna. Ce fut lui qui éleva sur le sommet majestueux de la montagne le château dont le voyageur admire encore les magnifiques débris.

LE NID D'HIRONDELLES (SCHWALBENNEST)

PRÈS DE NECKARSTEINACH.

Mais voici que le tortueux Necker se rapproche de la droite de l'Odenwald, près de Neckargerach, et voit ainsi sa rive gauche bordée de hautes montagnes. C'est ici que commencent les parties les plus romantiques de ces délicieuses vallées, et dans ces gorges de montagnes à travers lesquelles le fleuve s'ouvre un passage, on n'est pour ainsi dire point étonné de rencontrer les innombrables ruines des châteaux, qui tantôt s'élèvent sur les cimes, tantôt se cachent dans les vallons de ce pays si bien fait pour elles. Les voyageurs qui traversent ce pays par eau, trouvent une telle variété dans les points de vue que les bords du Rhin seuls peuvent rivaliser avec eux. Vis-à-vis de la charmante ville de Neckargerach, derrière le village de Guttembach, on aperçoit encore sur la pente abrupte d'un mont voilé par une forêt de hêtres, les murs rougeâtres du château de Minneburg. A une lieue de là, on voit sur la rive gauche du fleuve, au sommet d'une roche qui semble constamment menacer de rouler sur les huttes éparses du pauvre village qu'on dirait accroupi sous elle, le manoir de Zwingenberg, type parfait d'une habitation noble du XVe siècle, avec ses murs épais, hauts de soixante pieds, ses cinq énormes tours et sa cour entourée de bâtimens d'habitation. C'est dans ce lieu que la famille des Twingenberg s'abandonnait dans le XIVe siècle à toute la licence d'une vie hasardeuse. Leur forteresse, rasée par l'ordre de l'empereur et des états de l'Empire, fut reconstruite en 1384, et sert maintenant de maison de chasse au grand duc de Bade. Le cours du Necker prend ici un caractère plus sombre ; des montagnes qui s'élèvent brusquement, revêtues du plus épais fourré, emprisonnent le fleuve dans un lit tellement étroit, qu'il semble à peine possible qu'il puisse passer. Sur la rive gauche, les débris du château de Stolzeneck s'élèvent avec majesté ; après un détour assez brusque, le Necker nous amène au petit village de Neckarwimmersbach, assis sur la rive gauche, et ensuite à l'extrémité d'un demi cercle formé par les montagnes, à la jolie ville d'Ebersbach, située dans une contrée florissante, dont les vallées pénètrent très avant dans l'Odenwald, et dont le ruisseau appelé Gamelsbach entraîne dans le Necker des truites renommées. C'est de là que les Romains ont pu pénétrer dans l'Odenwald. Bientôt le vallon se resserre de nouveau et prend un aspect plus sombre encore; les forêts qui la tapissent sont entièrement inhabitées, jusqu'à ce qu'enfin, après une navigation de deux heures, l'horizon s'élargit; on aperçoit la chapelle d'Ersheimer, avec sa tourelle élégante, et les tombeaux des seigneurs de Hirschhorn ; et la ville de ce nom apparaît au voyageur avec son magnifique château dont les possesseurs, renommés dès l'année 1232, ont vu leur race s'éteindre dans le XVe siècle.

A l'endroit où les montagnes cessent d'être ainsi resserrées, la Lax et le poissonneux Finkenbach sortent d'un vallon de l'Odenwald, et se jettent réunis dans le Necker. Le pays est plus plat et a moins de caractère, jusqu'à ce qu'on atteigne le fort de Dilsberg, qui jusqu'à nos jours a servi de prison d'état. A l'endroit où le Necker se tourne vers le nord, et forme un grand hémicycle, la petite ville de Neckarsteinach, située au pied d'énormes falaises grises, se mire dans ses eaux transparentes, et sur les hauteurs, quatre puissans châteaux, sièges des Landschaden de Steinach, semblent se tenir tous les uns auprès des autres. Nous avons choisi pour le sujet de notre gravure le plus étrange et le plus ancien des quatre, auquel nous avons conservé son vrai nom de Schadeck, en dépit de l'appellation populaire de *Nid d'hirondelles* qui lui est acquise.

Par le bas, ce vieux repaire de brigands était inaccessible, car c'est le plus haut situé des quatre châteaux, sur le sommet à pic d'une roche, et il semble être une excroissance du rocher même. Celui qui regarde de ses remparts, craint de tomber droit dans le fleuve ; à celui qui les voit d'en bas, il semble que toute la masse de pierre va s'écrouler sur sa tête. L'ensemble paraît plutôt faire partie du roc qu'être bâti dessus, et, d'après la situation et le peu d'espace qu'il occupe, avoir servi plutôt de tour de garde que de résidence à un baron. Pour gagner un peu de place sur l'étroite plateforme que présentait le col primitif, il fallut creuser le roc; c'est ainsi que formant un parallélogramme oblique pour s'adapter aux formes de la montagne, la poterne tourne ses coins obtus vers le Necker, et lui présente une double ceinture de murailles. Au sud et au nord elle a deux entrées, dont celle du nord est la principale. Sur les deux murs de derrière, qui sont les plus épais, s'élancent deux tours rondes semblables à des huniers; la cour intérieure a à peine trente pieds de long; on ne trouve aucune trace de fontaine, de chapelle, pas même de date; les mille habitans de cette étroite solitude, derrière laquelle la montagne s'élève à pic, sont des salamandres, des vipères, des oiseaux de proie et un vieillard fou.

Le vieux Kaur, qui prétend voir des esprits dans ce lieu, est né une nuit de Noël, et se dit issu d'une ancienne famille royale saxonne. Un soir, dans les ruines de la forteresse, la jeune comtesse palatine, que le vieux Landschaden enleva il y a cinquante ans du château d'Heidelberg, et qui fut la cause de la destruction de son manoir, lui est apparue avec ses deux sœurs, toutes trois richement habillées de satin. Il déploie, dans la description qu'il en fait, beaucoup d'imagination et une grande connaissance des costumes du temps. Il a vu les fantômes assis sur un des murs du château, et quand il a voulu s'avancer, ils ont subitement disparu; il ne resta de cette apparition qu'une bague d'or qui brillait sur le gazon. Le pauvre homme la ramassa, et plus tard la vendit. On lui permet de cultiver dans ce lieu son petit jardin, à la charge de tenir les ruines propres. Ce gouverneur, à tête renversée, a une figure si intéressante, une tête si remplie d'histoires de revenans, que notre dessinateur s'est donné la peine de faire son portrait, et n'a pas manqué non plus de le placer sur la gravure qui représente son domaine actuel.

La construction en appartient à une époque plus reculée que ce qu'on raconte de plus ancien de la race qui l'a possédé. Toute la contrée environnante fut donnée par les rois francs à l'évêché de Worms; c'est de lui que, vers la moitié du XIIe siècle, les chevaliers de Steinach venus de la Saxe la reçurent du fief, et bientôt ils en furent maîtres absolus. Schadeck semble avoir été leur première possession, et le premier maître de ce fort fut, dit-on, Bligger de Steinach, qui d'après un document de l'évêque Burkhard de Worms, daté de l'année 1142, avait reçu à hommage du comte Boppo de Lauffen la place sur laquelle le cloître de Schonau a été bâti dans l'Odenwald. Cette famille s'éleva rapidement, et elle compte parmi les plus puissantes et les plus considérables de la vieille Allemagne. Conrad de Steinach, élu en 1150 à l'épiscopat de Worms, fut toujours en grande faveur auprès des empereurs Conrad et Frédéric. Il reçut même une mission de son maître pour la cour de Grèce, mais il mourut devant Tyr, où il fut enterré. Bientôt cette famille se partagea en une troisième branche qui prit le nom distinctif d'Harfenberg. Le ménestrel Bligger de Steinach ne serait-il pas la souche de cette race, et la harpe qu'elle porte dans ses armes ne viendrait-elle pas de lui, harpe usurpée avec le nom de Bligger par les Landschaden de Steinach, dont les premiers ancêtres sont Bligger et Hartwig (1286-1300), établis vraisemblablement sur les débris de l'ancienne race éteinte?

Quoi qu'il en soit, ce ménestrel Bligger de Steinach parle

beaucoup des charmes d'une dame qui habitait les bords du Rhin ; une allusion à Saladin donne à penser qu'il avait visité l'Orient en qualité de croisé.

Au commencement du XIV° siècle, apparaît une famille remuante et turbulente, décorée du surnom caractéristique de Landschaden (ruine du pays), de Neckarsteinach, qui porte dans ses armes une harpe à la tête couronnée. Sous Conrad de Landschaden, cette famille acquit de riches possessions, mais elle vendit Schadek pour 400 livres aux évêchés de Mayence et de Worms en 1335. En 1350, devenu une maison ouverte, ce fort fut mis en gage en 1428, et il passa ainsi comme fief de main en main.

Un étroit sentier mène de ce Nid d'hirondelles à un autre des quatre châteaux des Landschaden, l'Hinterburg, situé de la manière la plus pittoresque sur le Riegelsberg, et jouissant d'une vue délicieuse, non seulement sur le Necker, mais encore sur le vallon solitaire de Thonau, dont le contour resserré glisse à travers les rochers, avec la petite rivière de Steinach qui va se jeter dans le fleuve. Resserrée à l'intérieur, et bien fortifiée, cette forteresse était, en outre, protégée par derrière par un fossé profond taillé dans le roc, avait du côté du Necker un pont-levis, de doubles murs flanqués de tourelles, et dans le milieu un fort donjon qui est maintenant la partie la plus apparente des débris. On ne trouve non plus ici aucun souvenir. Dès 1311, ce manoir était en ruines; en 1341 et 1348, il tomba aux Landschaden de Steinach comme fief relevant de Spire; l'évêque de cette ville le reprit en 1750, et il l'a conservé jusqu'en 1803.

Après quelques minutes de marche, on arrive, en prenant par un bois, au Mittelburg, qui est le plus vaste des quatre châteaux, et qui a été mis en état d'être habité par ses possesseurs modernes. Sur sa charmante terrasse, on jouit de la plus belle vue à droite et à gauche, sur les autres forts, sur le village, sur le cours tortueux du fleuve et sur le pic abrupte du Dilsberg. L'intérieur de cette habitation est convenablement distribué, et servait en 1700 de demeure au prince évêque de Spire. Les pièces relatives à la famille de Steinach parlent de ce château comme étant très ancien. A l'extinction de la première race de ses possesseurs, ce fief tomba en quenouille, et dans le XVIe siècle il était au pouvoir des Landschaden. Après la mort du dernier de cette race, qui en avait fait sa résidence principale et qui avait laissé tomber en ruines ses autres demeures, il devint le siège des Metternich (non pas la famille actuelle), qui le tenait à hommage de Worms et de Spire; après leur extinction, arrivée en 1753, il fit retour à son suzerain, et Hesse-Darmstadt en 1803 en prit possession comme succédant aux droits de Worms et de Spire.

Un large chemin nous conduit maintenant, à travers deux jardins, au Vonderburg, le plus sauvage des quatre forts. Au dessus de la porte, on voit les armes de celui qui a restauré le château, la harpe et le millésime de 1568. Des débris de murs, couverts de lierre, entourent toutes les constructions, et à une jolie tour carrée s'adosse un bâtiment d'habitation d'une forme irrégulière et dont le toit est maintenant tout délabré. La plus ancienne partie du château était déjà en ruines dans le XIVe siècle; dans le XVe, le manoir devint un fief des Landschaden. Maintenant un particulier la défend d'une ruine totale.

Au pied de la montagne qui porte ces quatre châteaux, le joli village de Neckersteinach s'étend le long du fleuve avec ses nombreuses habitations de pêcheurs et ses barques. L'église contient beaucoup de tombeaux des Landschaden. Le plus ancien et le plus beau porte cette simple inscription : 1369 IN DIE. SANCTI MICHAEL! O! (OBIIT) ULRICUS LANTSCHAD. MILES. Sur le tombeau, l'on voit une statue représentant un chevalier, ayant son épée étendue devant lui. Deux anges lui soutiennent un coussin sous la tête, symbole du repos ; pour signe de la fidélité un chien est couché à ses pieds ; à sa droite, est une harpe ; à sa gauche, une tête de Maure couronnée. C'est à cet Ulrich que la tradition populaire fait remonter l'origine de la puissance des Landschaden. Son père, Bligger de Steinach, était sauvage comme la contrée qu'il habitait, ou comme son rocher. L'empereur Rodolphe de Hapsbourg avait défendu que personne possédât une forteresse, ou du moins que l'on s'en servît pour le dommage du pays (Landschaden). Mais Bligger qui vivait de meurtre et de rapines, était la ruine, le Landschaden de tout le pays. Sommé par l'empereur de comparaître devant lui, il resta dans son aire inaccessible jusqu'à ce que, mis au ban de l'empire, il ne put plus sortir de son repaire en sûreté. Le repos lui devint insupportable, et un matin il fut trouvé mort dans la cour de son château. Son fils Ulrich Landschaden de Steinach, en héritant du surnom de mauvais augure qu'avait porté son père, n'avait pas son caractère insociable. Pour expier les crimes de l'auteur de ses jours et se réconcilier avec l'empereur et avec l'empire, il prit la croix et s'en alla combattre les Sarrasins. Il prit part au siège et à la prise de Smyrne, anéantit une troupe d'ennemis trois fois supérieure en nombre à la sienne, et enfin s'étant glissé sous un déguisement dans le camp du sultan, il lui coupa la tête et la rapporta à son armée ivre de joie. Alors l'empereur lui confirma le titre de chevalier, lui permit de porter le surnom jusqu'alors injurieux de Landschaden, comme nom honorable et chevaleresque, et lui accorda en outre de porter pour cimier de ses armes la tête de l'ennemi qu'il avait tué.

Au bout d'une petite heure de marche, on arrive du village de Steinach à la petite ville de Neckargmund, qui, entourée de la plus belle végétation, est à l'entrée de cette vallée profonde et délicieuse qui, soit par une route ombragée d'arbres, soit sur le fleuve doré par le soleil, nous conduit à la couronne de cette ravissante contrée, à la ville et aux ruines d'Heidelberg.

HEIDELBERG.

Heidelberga deleta, Heidelberg détruite, telle fut, sur la proposition de Boileau, la légende que reçut le revers d'une médaille par laquelle Louis XIV voulut, en 1693, célébrer comme un fait historique l'œuvre d'une barbarie inouïe. De quels sentimens d'indignation et de haine le cœur allemand ne devait-il pas se remplir, il y a bientôt un siècle et demi, en contemplant ces tristes débris! Aucune exigence stratégique n'avait forcé de prendre cette mesure; la vengeance seule avait présidé au pillage de la ville, à la destruction du château qui, à cette époque, n'était plus un point militaire important. Ce sentiment vindicatif prenait sa source dans le fait suivant : « L'électeur Frédéric III avait jadis, dans son château, témoigné au duc d'Anjou, depuis Henri III, son mécontentement des horreurs commises pendant la Saint-Barthélemy, et avait conduit son hôte royal devant un tableau qui représentait le massacre de l'amiral de Coligny.

Un siècle entier n'avait pu éteindre le ressentiment des rois de France pour cette insulte, et Louis XIV ne trouva d'autre instrument que la torche incendiaire pour satisfaire son orgueil humilié. Il ne prévoyait pas que le souvenir de cette infamie serait bientôt effacé par la magnificence des ruines qu'il entassait, et que l'éclat de ces débris survivrait à celui de sa propre race. Quel est celui qui en contemplant des magnificences à moitié écroulées pense encore à la cause de leur désastre ! Quel est celui qui voyant pour la première fois ces gigantesques ruines s'élever à ses yeux, du sein de la plus riante vallée de l'Allemagne, pourrait s'écrier avec un autre accent que celui de l'admiration : *Heidelberga deleta !*

Le ciel lui-même intervint pour que les ruines continuassent à subsister comme telles dans leur simple et majestueuse beauté. Après la double dévastation des Français (1689 et 1693) elles restèrent trente ans sans que personne s'occupât d'elles. Mais dans le temps que Charles Philippe tenait sa cour à Heidelberg (1718-1722), on tenta de rendre le bâtiment habitable ; cependant ce ne fut que dans la vingt-deuxième année de son règne que Charles Théodore visita le château. Les plus vieux habitans de Heidelberg se souviennent encore des fêtes qui eurent lieu à cette époque (1764) pendant lesquelles on perça le tonneau monstrueux qui avait été rempli de nouveau vers 1750. La construction d'un nouveau palais était déjà commencée, lorsque, dans la nuit qui suivit la visite de l'électeur, la foudre tomba et détruisit tout ce qui avait échappé à la dévastation du général français, comte de Mélac ; tout fut réduit en cendres, à l'exception de quelques bâtimens de l'intérieur.

C'est ainsi que depuis soixante-douze ans les ruines s'élèvent entourées de la magnifique végétation que la nature et l'art ont fait naître autour d'elles. Mais, au lieu de nous perdre dans les descriptions, laissons parler un de nos plus grands poètes, qui va nous rendre l'impression que produisent ces débris uniques dans leur genre sur l'ame de ceux qui les contemplent. Au premier aspect de constructions aussi étendues les yeux hésitent encore et ne savent s'ils voient réellement des ruines, ou si ce ne sont pas des palais encore florissans.

« Ces ruines superbes offrent l'image d'un palais. On le voit entouré des rayons du soleil s'élever orgueilleusement sur la haute montagne ; on le voit s'élancer jusqu'aux nues avec ses tours et ses coupoles ; un profond fossé l'environne ; les statues des héros le remplissent ; deux lions de marbre veillent à sa porte .. Et, cependant, à l'intérieur tout est silencieux et désert ; un gazon épais tapisse la cour ; l'eau ne coule plus dans les douves ; escaliers et chambres ont disparu ; le lierre rampe sur les murailles ; les oiseaux se poursuivent de fenêtre en fenêtre. C'est là qu'autrefois les souverains ont siégé sur le trône ; c'est de là que jadis sont partis les héros dont les histoires ont gardé le souvenir. Les souverains reposent dans les caveaux funéraires ; les héros sont tombés dans la bataille ; les clameurs dont retentissait le château se sont dissipées ; un éclair est parti du ciel. Le riche trésor a péri dans les flammes. Le palais fut ravagé à l'intérieur ; mais à l'extérieur il resta intact. Aussitôt que la race des nobles s'est éteinte, leur demeure s'est abîmée de même ; et aussi, comme les histoires montrent encore les noms des princes et des héros, les tours et les murailles restent encore ornées de leurs statues colossales. Maint siècle viendra encore admirer le noble monument, et le voir sur la montagne briller enveloppé du rayon du soleil. (1) »

La ville et le château de Heidelberg sont situés dans l'étroit vallon dans lequel, quelques lieues avant son embouchure, le Necker, semblable à un torrent énorme, se préci-

---

(1) Uhland, les *Trois Châteaux*. Le lecteur remarquera que les principaux traits de cette description sont seuls empruntés au *Château de Heidelberg*.

pite entre de hautes falaises de granit et de grès, ayant à gauche le grand Oderwald et à droite le petit. La ville est tellement enfoncée dans le vallon qu'elle ne peut voir le soleil se lever; le château est situé au pied du Konigstuhl, la plus haute montagne des environs qui, composée de blocs granitiques, s'élève de cent treize pieds au dessus du niveau de la mer et de trois cent treize pieds au dessus de celui du fleuve. Le terrain, composé de fragmens de granit brisés et dissous, y est particulièrement favorable à la végétation; de là, les magnifiques groupes d'arbres vigoureux et le mélange charmant d'ombrages épais formés d'arbustes à feuilles larges et de pins que l'on y admire. Le lierre réussit d'une manière admirable dans le château; de grandes masses de pierres de l'ancienne forteresse en sont entourées et chargées, et comme soutenues. Au dessus des ruines flottent de vertes forêts de châtaigners, et, dans toute la vallée, les plantes du Nord se mêlent d'une manière enchanteresse aux plantes du Midi.

Reportons-nous, maintenant, à une époque où la civilisation n'avait encore opéré en ce lieu aucune de ses merveilles, et où la ville et le château n'existaient pas encore. En ce temps, la colline, où est maintenant situé ce dernier, n'était qu'une hauteur tapissée de myrtiles (Heidelbeeren) qui depuis ont donné leur nom à la cité. De pauvres pâtres et des pêcheurs vivaient, les uns sur la montagne, les autres dans le vallon. Les Romains arrivèrent; ils apportèrent avec eux l'agriculture et le vin; ils continrent le fleuve par des digues; ils le rendirent navigable, et, vers le IIIe siècle de l'ère chrétienne, ils défendirent, par des forts et des retranchemens, l'entrée et la vallée contre les incursions des Alémans. Il est à croire qu'ils élevèrent, sur la rive gauche du Necker, un château supérieur et un autre inférieur, à la place desquels furent construits depuis l'ancien castel, dont jusqu'au nom même a disparu, et le nouveau château, qui est la ruine actuelle, sur la rive droite du fleuve; et sur une des ramifications d'Heiligenberg, il y avait une autre forteresse ; ces différentes fortifications étaient réunies les unes aux autres par des murs; dans l'intérieur de ces travaux de défense, à l'endroit où est actuellement la ville, il y avait un château plus grand que tous les autres, sur les fondations duquel a été construit l'antique bâtiment des écuries que baignent les vagues du fleuve. Des routes militaires sortaient de l'enceinte pour gravir le Konigstuhl, et le chemin appelé Plathnurg en montre encore les restes.

Après que les Romains eurent disparu du pays, les huttes de colons allemands se réunirent peu à peu et formèrent un bourg, qui devint peut-être une ville carlovingienne. Vers le milieu du XIIe siècle, Conrad de Hohenstaufen, en qualité de premier comte palatin du Rhin, établit sa résidence dans ce lieu qu'il avait embelli, et plus tard le duc Louis de Bavière, fils d'Othon de Wittelsbach, reçut à hommage *le Manoir et la petite ville d'Heidelberg*, lorsqu'il obtint l'investiture du Palatinat. A dater de cette époque Heidelberg en devint la capitale, et maintint sa supériorité comme telle pendant cinq cents ans, renaissant toujours comme le phénix des cendres dans lesquelles l'ensevelirent souvent les incendies et les pillages. Ce fut aussi pendant la durée de cette longue période que le château d'Heidelberg arriva à la magnificence qui est encore si admirable sous ses débris.

La forme première de la forteresse, ainsi qu'on peut le voir par le reste des anciennes murailles, était un carré assez régulier, ce qui donnerait à penser que son origine est romaine. Il est vraisemblable que Conrad de Hohenstaufen ne se trouva pas trop à l'étroit dans cet espace d'une étendue assez médiocre. L'histoire nous apprend que les électeurs Robert Ier et Robert III (morts en 1390 et 1401) firent élever des parties isolées du château. Le premier posa en 1346 les fondemens d'une des plus anciennes parties du palais, la chapelle qui, restaurée en 1470 sous Frédéric Ier, fut dans le XVIIe siècle, sous Frédéric V, transformée en salle du trône, dont le toit était supporté par quatre énormes colonnes, et qui, depuis le pillage des Français, a été couverte de nouveau. Le bâtiment nommé *Rupertusbau* (édifice de Robert), que l'on aperçoit à l'entrée à gauche et qui, restauré plusieurs fois, est également en ruines depuis 1689, appartient au temps de Robert III, le roi des Romains. *L'ancienne construction*, dont le fondateur est inconnu, mais qui appartient incontestablement au XVe siècle, s'unit à celle de Robert III. *La tour fendue*, qui comprend une des parties les plus élevées du château, et dont les murs ont une épaisseur de vingt pieds, est également du XVe siècle, et date de Frédéric Ier. Ses galeries et ses voûtes ne remontent qu'à 1603. En 1689, cette tour, comme si elle eût été bâtie pour l'éternité, résista avec vigueur à la destruction ; on ne put en faire sauter qu'un pan de mur, qui est maintenant couché au bas de la colline de la manière la plus pittoresque. Les endroits où la dévastation s'est le plus étendue appartiennent au XVIe siècle ; ce sont : *la tour octogone*, achevée en 1550, incendiée par la foudre en 1703 ; le bâtiment de Louis V, construit en 1524, restauré plusieurs fois, et également en ruine depuis 1764 ; le palais d'Othon-Henri, élevé en 1556 ; demeure telle qu'aucun empereur de cette époque n'en avait une semblable ; déjà fortement endommagée par le feu, dans la guerre de trente ans, puis rétablie, elle fut enfin dévastée par les Français ; puis après de nouvelles restaurations, complètement détruite par la foudre en 1764. La façade est exécutée avec toute la magnificence de l'époque et tout le soin consciencieux qu'y ont apporté les artistes des différens pays qui y ont travaillé ; elle est ornée de statues historiques et de figures allégoriques singulièrement mêlées; on y voit David auprès de Vénus, Tibère à côté de Brutus. Au XVIe siècle, appartient encore *la Grosse Tour*, dont les murs d'enceinte avaient seize pieds d'épaisseur ; fondée par le palatin Louis, en 1533, démolie jusqu'à l'arc, puis reconstruite et élevée par Frédéric V en 1619; Mélac la fit sauter en 1689, et la moitié en roula sur la ville. Ses gigantesques débris, couverts d'un lierre épais, au milieu desquels on aperçoit deux statues des princes encore debout, s'élèvent tout-à-coup au dessus de l'abîme, et arrêtent par une ligne brusque le regard que l'on jette en bas dans le vallon, tandis que devant le spectateur se déploie la vue la plus magnifique et la plus étendue.

Le XVIIe siècle a produit pour sa part dans cette splendide agglomération de monumens, *la tour de la bibliothèque*, qui date de 1610, et dont le toit en forme de bombe a complètement disparu ; *le palais de Frédéric*, commencé en 1601, achevé en 1607, orné des statues de grandeur naturelle des ancêtres de la maison palatine, séparés en quatre divisions, depuis Charlemagne, jusqu'à Frédéric IV, le fondateur du bâtiment ; plusieurs ont été mutilées par les balles des Suédois; une, entre autres, a été renversée et gît dans l'herbe comme si elle était morte ; à cette époque, on doit ajouter encore *le palais anglais* de Frédéric V, qui s'unit à la grosse tour. Cette construction, d'un style simple et noble, était la demeure de la petite-fille de Marie Stuart, la fille de Jacques Ier, l'épouse du malheureux *roi d'Hiver*. Elle a été brûlée par les Français. Le voyageur admire encore dans la cour du château les colonnes de marbre qui faisaient partie du sujet creusé dès 1508 dans le granit ; ces colonnes sont sœurs de celles de l'Odenwald, et comme elles, vraisemblablement d'origine romaine ; l'attention est encore attirée par des ponts, des douves, les batteries et les souterrains. Sur la belle terrasse, nommée *la Grande* par excellence, on voit l'arbre le plus vieux des nouveaux jardins, la colossale *Thuja occidentalis*, qui, plantée en 1618, atteint déjà son troisième siècle de vie, et s'élève à une hauteur extraordinaire.

L'endroit le plus favorable pour jouir de la vue de la ville et de l'immense plaine du Rhin, jusqu'au-delà de Mannheim, vers la chaîne bleuâtre des Vosges, c'est dans les environs de la grosse tour, le lieu appelé le Grand Rempart, que l'on a nommé depuis le *Stuckgarten*, et qu'en se retirant, les soldats de Mélac avaient également essayé de faire sauter. Nous allons nous arrêter sur son parapet pour jeter aussi un regard sur la ville.

Parmi les bâtimens publics, nos yeux démêlent d'abord avec un intérêt plus particulier la plus ancienne église de la ville, Saint-Pierre, où Jérôme de Prague, le compagnon fidèle du célèbre Jean Hus, proposa ses thèses en 1406, et les soutint devant le peuple assemblé, et tout près du lieu de son supplice. Devant ce temple, et au milieu d'autres tombeaux ombragés de saules pleureurs, dorment aussi du sommeil éternel le célèbre philologue Frédéric Sylburgius, mort en 1596, et le premier recteur de l'université Marsilius ab Zeghen, décédé en 1396. L'église du Saint-Esprit, l'église paroissiale de la ville, à la construction de laquelle trois princes ont contribué, est aussi célèbre historiquement. Des races entières de comtes palatins sont ensevelis sous ses sombres voûtes; et les Français, en la violant, s'y sont conduits comme des assassins et des sacriléges. Ce monument fut dans la suite le sujet de grandes querelles religieuses. Dans l'église de la Providence, on voit le tombeau de la femme poète Rudolphi, et dans l'église neuve des Jésuites sont conservés les ossemens de Frédéric le Victorieux, échappé dans l'ombre du cloître aux mains profanatrices de la soldatesque française.

Parmi les entrées de la ville, on distingue la colossale porte appelée Karlsthor, qui mène à la rue de Neckargmund; nous l'avons représentée dans notre gravure; la ville l'éleva à grands frais en 1775; le beau pont du Necker est moderne, les derniers piliers de l'ancien, rompu par les Français, fut emporté par les flots en 1784. Construit de 1786 à 1788, le nouveau pont a sept cents pieds de longueur et trente de largeur; le 16 octobre 1799, les Français échouèrent dans les sept assauts qu'ils donnèrent pour le prendre. On a de ce lieu une superbe vue sur la ville, surtout lorsqu'au soleil couchant, la chaîne des plus basses collines est déjà voilée dans la vapeur, que les hauteurs reflètent une vive clarté, que le fleuve semble rouler des flammes, que les lointaines montagnes de Haardt semblent revêtues d'un voile d'or, et qu'au milieu du paysage les ruines du château s'élèvent sombres et solennelles.

La petite ville elle-même, dont les rues longues, animées, garnies de boutiques sales et étroites, rappellent le grand Paris, ne manque pas de choses remarquables sous le rapport scientifique et sous d'autres encore. L'université, fondée par

Robert Ier en 1386, rétablie en 1803 par Charles-Frédéric de Bade, un peu déchue en ce moment par suite des circonstances, réunit dans son sein une partie des professeurs et des savans les plus illustres de l'Allemagne. Un beau muséum invite à s'y réunir. Beaucoup d'étrangers, particulièrement des Anglais, se sont établis pour un temps plus ou moins long dans la jolie ville de Neckarstadt, et l'excellente institution particulière du docteur Kaiser est surtout fréquentée par ces derniers.

Le poète allemand ne reporte jamais sans émotion ses souvenirs vers le beau temps de 1806 à 1811, époque à laquelle Heidelberg était le rendez-vous des plus riches esprits, où une école jeune, inspirée, aimable même dans sa hardiesse téméraire, y avait son centre d'action, et où les presses de Mohr et de Zimmer dotaient la patrie des plus belles créations de la poésie et de la critique. Peu de temps auparavant, Frédéric Hœlderlin, le plus profond des lyriques allemands, avait fait une ode que nous ne pouvons nous empêcher de reproduire ici.

« Depuis long-temps je t'aime ; depuis long-temps je serais heureux de te saluer du nom de mère, et de te donner un de mes chants inhabiles, à toi qui es la plus agreste des villes de ma patrie ; autant que j'ai pu le voir.

» De même que l'oiseau de la forêt vole au dessus des cimes verdoyantes, de même ton pont léger et vigoureux traverse ton fleuve étincelant, qui retentit du bruit des chars et de la voix des hommes

» Un charme tout divin, un jour que je passais, m'arrêta sur ce pont ; et mes regards avides coururent chercher dans les montagnes éloignées un lointain confus ;

» Et le jeune fleuve continuait à couler dans la plaine ; joyeux et cependant triste, comme leur cœur, lorsque trop orné, et aimant à descendre il se plonge dans les flots du temps.

» O ville! tu avais donné des ruisseaux, de frais ombrages au fuyard ; et les rives regardaient après lui et leur image charmante tremblait dans ses ondes.

» Cependant le gigantesque et fatal château se montrait suspendu sur la vallée, mordu jusqu'aux fondemens par les orages; l'éternel soleil.

» Sa clarté vivifiante sur le vieux colosse, et un lierre vivace l'entourait de sa verte ceinture ; des forêts amies faisaient entendre leurs bruissemens au dessus de lui.

» Et des bouquets de plantes descendaient joyeusement jusqu'à l'endroit de la vallée où, appuyées à la colline, où, coulant le long du rivage, tes rues serpentaient gaiement entre des jardins tout en fleurs. »

Les environs de Heidelberg ne sont pas moins connus et dignes de l'être que la ville et le château. Quel voyageur ne connaît pas les noms d'*Heiligenberg*, de *Konigstuhl*, de *Neuenheim*, d'*Handschusheim*, de *Riesenstein*, du *courent de Neuenburg*, de *Ziegelhausen* et de *Wolfsbrunnen*, et quel est celui qui ayant passé quelque temps à Heidelberg, ne rattache pas à ces lieux charmans quelque délicieux souvenir?

Voyant Heidelberg tout plein des monumens de l'histoire, la légende s'est retirée avec son charme tout poétique au Wolfsbrunnen, vallon romantique à l'étang clair et limpide, aux auberges construites à la manière suisse, et auquel, avec les forêts qui l'entourent, il ne manque que deux ou trois glaciers dominant ses montagnes, pour qu'on se croie tout-à-fait transporté dans l'Helvétie. La tradition raconte que l'enchanteresse païenne Jetta, qui demeurait sur le Jettenbuhl, où est maintenant le château, et qui, seconde Velléda, prédisait l'avenir, étant venue un jour se promener au bord de la fontaine, y fut déchirée par une louve furieuse. Amélie Helvig a choisi cette légende pour sujet d'une de ses poésies. Le père de la poésie allemande moderne, Martin Opitz, a consacré aussi à cette place solitaire un beau sonnet qui chante *sa noble fontaine, entourée de repos et de charmes, ceinte des montagnes comme d'un fort; dont l'eau est plus douce que le lait, plus agréable que le vin.* Ce n'est pas pour rien, ajoute-t-il, que cette verte vallée est enfermée de tous côtés par des rochers ;

« L'adroite nature t'a renfermée ainsi dans les roches et les buissons, afin que l'on sache que tout plaisir est difficile à obtenir, et qu'il n'y a rien de beau qu'on puisse avoir sans peine. »

M. L. Mayer exprime ici sa reconnaissance à M. le conseiller intime R. C. de Leonhard, qui a bien voulu mettre à sa disposition avec la bienveillance qui le caractérise, ses magnifiques jardins situés sur la hauteur, et d'où il a pu prendre les vues du château, de la ville et de ses parties les plus remarquables; du pont, du fleuve et des montagnes. Notre notice est redevable non seulement des faits les plus importans qui y sont rapportés, mais encore des couleurs les plus brillantes de sa description, à l'œuvre si remarquable et si spirituellement écrite intitulée : *Livre pour les étrangers qui visitent Heidelberg et ses environs* (Heidelb. 1834), que ce savant conseiller a publiée. Le château, tel qu'il était dans toutes ses parties avant sa destruction, est parfaitement représenté, aux yeux de l'antiquaire, dans le magnifique ouvrage de M. l'inspecteur des jardins de l'université, Mutzger, livre orné de vingt-quatre gravures à l'aquatinta, faites par Rosdorf.

Nous ne terminerons pas ces pages par une notice ; mais par ces simples paroles du poëte : « Il y a des pays, dit Tieck, » qui nous font l'effet de nous avoir attendus avec amour de- » puis des années, ou d'avoir été la véritable patrie de notre » cœur, tant tout nous y est connu et nous y est cher ; ce » lieu ravissant, ses ruines, ses bains, ses vallées où circule » le Necker, surtout les environs du Hornberg ; c'est, avec » les rives du Rhin, ce que j'ai vu de plus délicieux en Alle- » magne. »

Deuxième Voyage.

L'ALB ET LA SOUABE MOYENNE.

Bronnen dans la vallée du Danube. — Blaubeuren. — Hohenstaufen et Rechberg. — Le Reisenstein. — Urach. — Le château de Lichtenstein. — La grotte des Nuages. — Le château d'Hohenzollern. — Heidenloch. — Tubingen. — Esslingen.

Nous remettons à une autre partie de notre ouvrage et aux soins d'un autre rédacteur la description du Danube, tel qu'il se montre, lorsqu'à la sortie d'Ulm, large et navigable, il entreprend son long et majestueux voyage à travers tant de contrées différentes; mais tant que, simple ruisseau, il reste dans une des plus agrestes vallées que l'imagination puisse se figurer, il appartient sans contredit à notre Souabe, et c'est en qualité de représentant de ce pays si peu visité, et cependant si riche de beautés naturelles, que notre dessinateur, revendiquant ce droit de propriété, a choisi pour sujet de notre gravure le petit château si romantique de Bronnen, dont nous allons vous donner la description.

Le Danube a son cours de l'ouest à l'est, et sort de trois sources. La plus petite des trois, qui jaillit d'un bassin de pierre, devant le château de Donauœschingen, propriété des princes de Furstenberg, est considérée comme la source principale, et l'on connaît la saillie de cet Autrichien qui, bouchant avec sa main le trou de la source, s'écriait en riant : « Que les Viennois seraient étonnés, si le Danube allait leur manquer ! » Plus considérable que celui-ci, mais non décoré du nom de Danube, deux autres ruisseaux, la Breg et la Brigach, se réunissent au premier, dans la Forêt-Noire, non loin de Donauœschingen, la première à Furtwangen, non loin de Triberg, la seconde à Saint-Georges. Chacune de ces sources a eu ses partisans, qui soutenaient pour elles l'honneur d'être la véritable origine du grand fleuve. Le vieux Pegnitzschœfer Sigismond de Birken voulait, dès son apparition, l'adjuger aux Autrichiens, et d'accord en cela avec le général Marsigli, il considérait la source de la Breg, située derrière la ville de Furtwangen, alors à l'Autriche, comme étant la véritable source du Danube. Le célèbre géographe Jean Maïer croyait au contraire la trouver dans celle de la Brigach, près de Saint-Georges. D'autres encore concluaient du nom celtique *Dona*, qui signifie deux fleuves, que la réunion des eaux de la Breg et de la Brigach formait seule le Danube. Enfin les anciens en voyaient l'origine dans l'étang jadis considérable, maintenant desséché, qui se trouvait entre Donauœschingen, Asenheim et Pfohren, et qui, recevant dans son sein tous les cours d'eau du versant oriental de la Forêt-Noire, formait une masse d'eau considérable. On ignore quelle est celle de toutes ces sources que Tibère César visita lors de son expédition contre les Vendelici, et partant, celle à laquelle la sanction de l'antiquité a été acquise comme source véritable du fleuve; car le géographe Strabon, qui raconte ce voyage, dit seulement au commencement de son septième livre, que Tibère s'était éloigné d'un jour de marche du lac de Constance, pour aller dans le voisinage de la forêt Hercynienne visiter *les sources* de l'Ister; le pluriel est expressément employé par le savant Romain. Le but le plus proche que l'on puisse atteindre dans une journée de marche, Tibère ne pouvant se servir de voitures de poste, est sans contredit l'étang de Pfohrheim, ou la source de Donauœschingen.

Cette dernière se rend utile dès le commencement de son cours, et enlace de ses gracieux contours les jardins simples et élégans du prince de Furstenberg. Les différens cours d'eau réunis à Pfohrheim, et portant dès-lors indistinctement le nom de Danube, font un coude vers le sud jusqu'au village de Geisingen, puis reviennent vers le nord-est et traversent la petite ville wurtembergeoise de Tuttlingen, brûlée il a trente-trois ans, et maintenant rebâtie de manière à présenter l'aspect le plus gracieux. Le fleuve, qui n'est encore qu'un ruisseau, s'y élargit bientôt par le tribut que lui apporte l'Elta ou Eltach, et ses rives sont dès-lors bordées de montagnes, dont celles de droite appartiennent au versant oriental de l'Alb souabe. Au dessous de Tuttlingen, la contrée, jusque là nue et stérile, prend tout-à-coup l'aspect le plus attrayant ; le Danube est même déjà assez fort à

Ludwigsthal pour faire aller une fonderie. Au bourg de Muhlheim, qui mire dans ses eaux ses deux châteaux et son église, but de fréquens pèlerinages, il prend son cours vers l'est, puis après s'être dirigé vers le sud auprès de Friedingen, il semble enfin se résoudre à couler entièrement vers l'ouest.

C'est ici que commencent, à proprement parler, les parties vraiment romantiques de la vallée du Danube. Bientôt, sur la rive droite, dans un de ses détours les plus sauvages, au sommet d'un pic abrupt de trois côtés, on aperçoit la ruine du château de Kallenberg, situé dans les états de la principauté de Sigmaringen. C'était autrefois le chef-lieu d'une petite seigneurie qui faisait partie du canton d'Hegaü. D'énormes tours et des murs d'enceinte d'une construction gigantesque invitent le voyageur à escalader la pente rapide de la montagne, et à visiter le roc avancé sur lequel s'élèvent ces magnifiques débris, et d'où la vue plonge au loin sur les ondes bleues du fleuve et sur les falaises qui les contiennent.

Redescendu dans le vallon, on ne suit pas long-temps le rivage boisé sans rencontrer un large sentier passant à travers des roches énormes, qui vous conduit au haut de la montagne, d'où le petit château de Bronnen, posé hardiment sur la crête d'un roc, et uni seulement par un pont à la terre ferme, semble planer au milieu du cercle d'oiseaux de proie qui s'élèvent de ce vallon, dont notre gravure rend si bien l'aspect admirable, et les joyeux pâturages et les taillis solitaires.

La position magnifique de cette maison de chasse, à laquelle sont joints une métairie, un pavillon et un moulin, nous a seule décidé à l'admettre au nombre des vues remarquables que nous présentons au lecteur. Nous ne voyons aucun fait historique important se rattacher à son existence; le nom de la famille qui l'habitait a même échappé à nos recherches. Bronnen a jadis été un enclave du comté enzbergeois de Muhlheim, c'est maintenant un domaine du Wurtemberg, et il appartient au district de Freidingen.

De l'autre côté de la montagne, une forêt de hêtres nous ramène sur le bord du Danube, et nous arrivons ainsi à l'antique monastère de Beuron. On fait remonter l'établissement des cénobites dans ce lieu au règne de Charlemagne; l'année 777 est la date consacrée par cette tradition, et un duc en aurait été l'auteur. Deux rochers et la place où était bâti l'ancien cloître portent encore les noms d'Altenburren et de Bussenburren; ce dernier nom tire, dit-on, son origine de l'habitation du fondateur, située sur le Bussenberg, près de Riedlingen, cette première défense du côté des Alpes. Le vieux couvent exista jusqu'au commencement du XVIe siècle. Dès l'an 707, un prince souabe, que la chronique appelle Peregrinus, fonda le monastère dont on voit encore les bâtimens dans la vallée, et qui, occupé par un collège de chanoines réguliers de l'ordre de saint Augustin, florit comme fief immédiat de l'empire, jusqu'à la sécularisation de toutes les maisons religieuses, et qui formait une seigneurie avec le village solitaire de Bœrenthal et d'Ensisheim. Il fut célèbre jusqu'à sa désorganisation, par le zèle de ses moines, car l'on voyait annuellement affluer dans l'église de son chapitre environ vingt mille communians. Plusieurs écrits et dissertations livrés à la presse ont témoigné de l'érudition de ces savans solitaires.

L'église, avec les bâtimens du cloître et ses grands murs, forme encore un des ornemens de cette contrée déserte. On admire aussi dans ce lieu un pont élégant jeté sur le Danube.

A l'orient, non loin du couvent, s'élève une chaîne de collines au pied desquelles coule le fleuve. A leur sommet, s'étend une large et vaste plaine qui va jusqu'à la petite ville de Pfüllendorf. Cette plaine a conservé le nom d'Altstatt, c'est-à-dire ancienne demeure (Alte Wohnstaette); nom qui est resté fréquemment à un emplacement d'anciens établissemens romains maintenant disparus; on a aussi trouvé dans ses environs beaucoup d'antiquités, et les savans y cherchent les traces d'un ancien château, Pragodurum.

Auprès de la chaîne de collines dont nous venons de parler, s'élève en forme de cône tronqué un rocher à pic haut de quatre-vingts pieds, qui sort du sein du Danube. Sur son sommet, pour ainsi dire creusé dans la pierre, on aperçoit avec étonnement la forteresse de Wildenstein, qui n'a aucune communication avec la terre ferme. Les parties des constructions dont le roc n'a pas seul fait les frais, remplacent cet avantage par des murs de vingt-quatre pieds d'épaisseur. Les toits sont attachés avec des vis de fer, de telle manière qu'en cas d'incendie, on pourrait aisément s'en débarrasser et les rejeter de dessus les bâtimens comme on ôte un chapeau de dessus sa tête. Pour parvenir jusqu'au château, il fallut construire un espèce de môle sur un rocher voisin, et y placer un pont-levis qui servit de communication entre la terre ferme et Wildenstein. Lorsque ce pont était levé, il était de toute impossibilité de prendre le château : il était aussi fort difficile de l'affamer ; car dans l'intérieur il y avait un puits, un moulin mu par un cheval, un grenier toujours bien rempli, un arsenal, des étables, une forge et des casemates. Autrefois, un chemin souterrain conduisait de la forteresse dans la vallée du Danube, et l'on en voit encore la sortie au pied de la montagne.

On n'a aucun document à l'appui de la tradition qui s'est conservée, que ce château était, originairement, la demeure des Wilden de Wildenstein. C'est de leurs mains, prétend-on, que ce domaine passa aux Gundelfingen, qui le possédèrent avant qu'il échût aux barons de Zimmern. C'est un fait historique, que vers la fin du XIVe siècle, les comtes palatins du Rhin étaient souverains du fort, et que, dans l'année 1487, Jean Werner de Zimmern obtint de l'empereur Frédéric III l'autorisation de porter le titre de seigneur de Wildenstein, et d'accoler à son blason celui de cette race venant de s'éteindre avec la maison de Wildenstein de Wartenberg. Sauf une courte interruption, cette famille posséda le château jusqu'à la mort du dernier rejeton mâle, arrivée en 1594, époque à laquelle il passa aux comtes de Helfenstein, puis aux Furstenberg, qui l'ont conservé jusqu'à présent, où ils en jouissent sous la suzeraineté du grand-duc de Bade.

Pendant les troubles qui s'élevèrent dans le cours du XVIIe siècle, Wildenstein était occupée par une garnison. Une ruse de guerre la livra à un petit corps de troupes, détaché de la garnison suédoise d'Hohentwiel, le 10 août 1642; mais il le rendit par capitulation le 4 septembre suivant. Les Autrichiens et les Bavarois l'occupèrent jusqu'à ce qu'enfin elle fut échangée contre le château de Langenargue, sur le lac de Constance, que tenaient les Suédois. Wildenstein jouissait, à cette époque, d'une telle renommée militaire, que le célèbre typographe du XVIIe siècle, Merian, l'a fait graver et insérer dans la géographie de la Souabe, par Zeiler. Dans les temps qui suivirent, elle servit de prison d'état. Elle a encore un territoire particulier, et sa paroisse est le village voisin de Leibertingen.

Au-delà du Danube, on aperçoit sur une haute montagne, ayant la forme d'un plat, les murs d'un autre vieux castel, appelé par le peuple Pfannenstiel. Vis-à-vis de cette ruine il y avait encore un vieux donjon dont on ne voit plus que les fossés, et auquel les habitans du pays donnent le nom de Kreidenstein.

En suivant toujours, ainsi, la rive gauche du Danube, on arrive au pied d'un rocher que couronne l'antique château de Werrenwag, autre ornement de cette vallée, et dont le nom primitif, tel que nous le donnons ici, méritait d'être rétabli dans sa forme véritable, altérée dans l'appellation actuelle de Werbenwag. Au pied de la montagne, on voit le hameau de Langenbronnen, éparpillé de la manière la plus pittoresque, son moulin et ses quelques maisons. Le château est assis sur une avancée de rochers, d'où l'on découvre à la fois et le vallon, et la forêt, et les prairies, et le fleuve, puis plus au loin Wildenstein et les hautes falaises qui bordent la vallée. On ne peut regarder l'abîme ouvert à ses pieds sans éprouver une sorte de vertige. Le bâtiment, qui est passé depuis peu de la possession d'Ulm aux mains de la maison de Furstenberg, a toutes ses salles antiques et ses passages tortueux en bon état.

C'est dans ce manoir qu'habitait le minnesænger Hugues de Werbenwag, qui florit de 1260 à 1275, ainsi que M. le conseiller des archives, Mone, à Karlsruhe, l'a prouvé pour lui, et pour son frère Albert de Werbenwag, d'après un document de la soixante-dixième année du XIIIe siècle. Ses chants, contenus dans le manuscrit de *Maness*, au nombre de six, sont des plus vivans et des plus animés de la collection, et on y trouve autant de sensibilité vraie que de puissance dans le rhythme. La première de ces pièces chante l'amoureuse rougeur qui colore les joues de la bien-aimée du poëte, et déplore sa rigueur; mais lassé de souffrir, il va la quitter; il va aller se plaindre au roi de ce qu'elle a accueilli ses services, et de ce que cependant elle ne lui accorde ni consolation ni faveur. Si, par hasard, le roi ne veut rien décider, eh bien! il ira trouver l'empereur; cependant, il lui vient une crainte; si l'empereur allait ordonner entre lui et celle qu'il aime le jugement par combat; oh! alors:

« Il me faudrait combattre; quelle horrible extrémité! Je n'oserai jamais frapper ces joues si fraîches, cette bouche si rose; et d'un autre côté quelle honte si une femme me tuait sans que je fisse résistance! »

Si l'empereur et le roi Conrad, considérant l'offense comme trop minime, ne veulent pas décider, il ira s'adresser au prince roi de Thuringe, et enfin au pape lui-même qui est bien l'autorité la plus compétente pour juger une telle affaire. Mais voilà que la dame tranche elle-même la difficulté; son cœur est devenu moins farouche. « *L'amour vaut mieux que le droit*, dit-elle, et elle supplie son ami, qui était si fort irrité, de vivre encore long-temps à son service.

Si l'on considère de plus près cette simple romance d'amour, on trouve dans le rapport qu'elle a avec la situation de l'époque un profond sentiment d'ironie. Le roi auquel le sire Hugues de Werbenwag veut s'adresser d'abord, pour qu'il le mette en possession de sa bien-aimée, est Conrad, c'est-à-dire l'infortuné Conradin, qui, de droit, était depuis

1255 roi des Romains; mais ce malheureux prince avait dès long-temps perdu l'empire, et ce n'était même que très difficilement qu'il pouvait se maintenir en possession d'une partie de ses états héréditaires. L'empereur auquel le poète veut en appeler, était encore inconnu à cette époque où pendant l'interrègne qui dura si long-temps personne ne savait qui aurait l'empire d'Allemagne. L'amant, dans son incertitude, ira-t-il implorer Alphonse de Castille ou Richard de Cornouailles? C'est ce que le railleur laisse indécis ; mais enfin, si cet empereur si problématique ne peut rien pour lui, il s'adressera au jeune roi de Thuringe. Or, on n'aurait pu trouver dans ce pays un seul souverain, si ce n'est le pauvre duc, fils de Sophie de Brabant, qui venait de renoncer à toutes ses possessions, et qui ne commandait plus à rien. Enfin, rebuté partout, il s'adressera au pape; mais hélas! Urbain IV est mort, et le Saint-Siège est vacant; nulle part il ne peut trouver un juge; le spirituel comme le temporel est sans chef, et il s'estime fort heureux que sa dame se soit du moins laissé effrayer par sa menace. Si notre idée est juste, l'époque de la composition de ce petit ouvrage doit tomber entre le 2 octobre 1264 et le 4 février 1265.

Dans le quatrième morceau le seigneur Hugues se plaint que la langue dans laquelle il composa ses chants, soit inconnue à la femme qu'il aime; il déplore aussi sa malheureuse destinée, qu'il faille que tout ce qu'il célèbre en Souabe, elle, elle le donne à un autre, en France. Dans les cinquième et sixième séries, le langage du poète s'élève pour louer le mois de mai avec toute la grandeur qu'exige un tel sujet. Mainte forêt, s'écrie le poète de la vallée du Danube, se couvre de feuillage; les fleurs fleurissent la plaine; la verdure verdit la vallée; etc.

Puisse chacun voir le beau pays du minnesænger avec la même fraîcheur d'imagination ! puisse celui qui se donne la peine de s'enfoncer dans ces parties si peu visitées de la Souabe, admirer avec autant de bonne foi tout ce qu'elles présentent de ravissant !

Au dessous de Werbenwag, la route, suivant toujours la rive gauche du fleuve, passe enfin, après maintes sinuosités, au pied du rocher que couronnent les ruines du château de Falkenstein. Les premiers maîtres du domaine furent les sires de Magenbuch. Après avoir passé par nombre de mains différentes, il tomba avec Moss, à l'extinction de la famille de Zimman, à la maison d'Helfestein, puis de là, en 1627, à celle de Furstenberg. A la forge de Thiergarten, la route traversant un pont passe sur la rive droite, et entrant à l'Inzikofen sur les belles possessions du prince de Sigmaringen, elle quitte pour toujours, en suivant le fleuve, les gorges pittoresques qu'elle vient de traverser, et court entre des collines plus basses et moins boisées au milieu desquelles Sigmaringen, capitale de la principauté de ce nom, se montre bientôt avec le ravissant pays qui l'entoure.

BLAUBEUREN.

Nous nous trouvons ici dans une vallée qui fait entièrement partie du versant oriental de l'Alb-Souabe, au pied de laquelle nous avons déjà visité le château de Bronnen et la vallée du Danube. Cette partie de l'Alb est généralement beaucoup plus âpre et d'un caractère plus monotone que ne le sont les pentes du nord-ouest avec lesquelles notre lecteur fera bientôt connaissance. Les arbres à fruits ne s'y rencontrent presque pas, et ces campagnes couvertes de pierres sont de peu de rapport. Celui qui, des hauteurs de l'Alb, considérerait cette contrée désolée, ne s'imaginerait jamais que nous ayons à glaner ici quelque chose qui pût tenir sa place dans notre description des parties pittoresques de l'Allemagne, et cependant comme il se tromperait! car, quel aspect remarquable l'eau et des rochers ne peuvent-ils pas donner à un pays!

La ville et le couvent de Blaubeuren sont situés dans une vallée étroite, profonde, et de l'aspect le plus romantique; de hautes montagnes couronnées de roches centenaires et de débris de vieux manoirs, bornent de tous côtés l'horizon, et les falaises et les mânes des rois descendant jusque dans la plaine, viennent même se mêler aux maisons de la ville. Le sol de toute cette chaîne de collines est composé de pierres calcaires et de marbre d'un jaune pâle; c'est du milieu de roches de cette nature que jaillit la source mystérieuse et, suivant le peuple, sans fond du ruisseau qui a donné nom à la ville, et auquel la couleur de ses ondes a fait donner avec raison celui de *Blau* (bleu). Ce courant reçoit dans la ville même l'Aach; un peu plus loin, à Herrlingen, la Lauter vient mêler ses eaux aux siennes; il traverse, dans une longueur de quatre lieues, le vallon si ravissant appelé d'après lui Blauthal, et après avoir arrosé une partie de la ville d'Ulm, il se jette dans le Danube. La source que l'on trouve derrière le couvent de Blaubeuren, au pied duquel il coule d'abord, se nomme le Blautopf (le pot de la Blau). C'est un bassin naturel de cent vingt-cinq à cent trente pieds de diamètre d'où coulent les eaux de la rivière; la couleur bleue-verdâtre qu'elles affectent est une particularité que l'on ne sait à quoi attribuer, si c'est à la qualité de l'eau elle-même, ou à la nature du sol sur lequel elle roule. Depuis long-temps déjà, on a fait mentir l'histoire populaire en en trouvant le fond. Georg-Bernhard Bilfingen, conseiller intime, qui de son temps explora avec tant de bonheur les abîmes de la philosophie, fit, en 1718, tomber la sonde dans cette source ; une nouvelle expérience faite de nos jours a constaté une profondeur de soixante-onze pieds. Ce bassin donne tant d'eau, et la fait sortir avec une telle violence, qu'à trente pas de là le ruisseau est déjà assez fort pour faire aller deux moulins, et à quelque distance il en met en mouvement encore un troisième ; les plus grandes sécheresses n'influent jamais tellement sur son cours que, par les temps les moins propices, une roue au moins est toujours en mouvement dans ces établissemens. Lors de la fonte des neiges, ou après de grandes pluies, le bassin se remplit, l'eau écume et jaillit en murmurant avec un tel bruit qu'on l'entend de fort loin. Cette circonstance pourrait faire supposer qu'une partie des eaux, descendant de l'Alb, dans l'hiver, s'infiltre jusqu'à cette source. Quelle que soit la masse d'eau que produise le Blautopf, on n'y aperçoit aucun mouvement dans les temps tranquilles, et son miroir brillant et poli n'est ridé que vers le milieu par des ronds que forment les ondes souterraines qui y affluent. Des oiseaux aquatiques, en quantité, visitent cet endroit. Lors de la plus grande crue dont on ait gardé la mémoire dans le pays, et qui eut lieu en 1784, on ne pouvait découvrir que d'une hauteur le choc des vagues. Cependant, la tradition rapporte qu'en 1641 l'inondation fut si terrible, que la ville et le monastère furent menacés d'une ruine totale, et que l'offrande de deux coupes dorées eut seule le pouvoir d'apaiser la colère de la nymphe de la Blau. A l'ouest du bassin, on a construit une digue en pierre de taille, percée d'écluses que l'on ouvre lorsqu'il en est besoin. A côté de cette écluse il y a un réservoir qui fournit toutes les fontaines de Blauberen et celles du couvent. Quelquefois, dans les rigueurs de l'hiver, la rivière gèle ; mais on n'a pas de souvenir qu'il en ait jamais été de même pour la source.

Les ruines de deux châteaux célèbres, Ruck et Gerhausen, couronnent les montagnes qui dominent la ville. Ruck ou Rugge fut sans nul doute le berceau des comtes palatins de Tubingen ; mais il est incertain si cette maison a pris naissance dans la Haute-Rhétie, pour venir fonder son illustration en ce lieu, ou si une branche se détachant de la souche établie à Rugge, est allée fonder dans ce dernier pays la famille de Ruchas-Fremont. Quoi qu'il en soit, la première hypothèse nous paraît la plus vraisemblable ; car les familles Rucinati et Ruguski étaient connues des Romains comme étant des races habitant les Alpes. Sigibotho, un des membres de cette famille, portait le titre de comte de Rugge ; c'est lui qui, avec ses deux frères Huge et Anselme, comtes palatins de Tubingen, transporta à Blaubeuren la communauté des bénédictins qu'ils avaient d'abord établie dans un désert, et qui leur fit don, en 1085, de l'église de Saint-Jean. Son fils se nommait Siegfried, son petit-fils Hermann. Après la mort de ce dernier, les comtes palatins semblent s'être définitivement établis à Tubingen et avoir renoncé au nom patronymique de Rugge. Ils n'occupaient plus ces châteaux que par leurs baillis ; ceux-ci, suivant l'usage des écuyers et des courtisans de cette époque, prirent le nom du domaine qu'ils étaient chargés de régir. Parmi les descendans de ces nouveaux Rugge, on remarque le minnesænger sire Henri de Rugge, dont les œuvres font partie des manuscrits de Manness, et qui a contribué pour une assez bonne part à la collection de Rüdiger. Ce poète, plein de grace et de charme, trouva les plus doux accens pour chanter sa bien-aimée. Dans ses chants variés, il se plaint du triste aspect de la campagne qui se déroule à sa vue, du haut de son manoir! « Ah! dit-il, comme la plaine est pâle! la neige qui la couvre la rend semblable à une seule fleur. Les oiseaux sont tristes! » Mais si une femme vient troubler sa mélancolie, il lui semble que le printemps renaît; sa plainte est plus douce; il a entendu le chant du rossignol; la forêt a désormais repris son feuillage. Qu'on ne pense pas cependant que ce gai chanteur, tout aux accens de ses compagnons ailés, et qu'attriste un succès un peu rude, n'a pas une oreille qui entende la douleur de ses semblables et des paroles pour la déplorer avec énergie. Le monde va périr enragé, s'écrie-t-il dans un de ses chants; si deux se réjouissent, quatre se moquent d'eux! Il n'y a plus de bonheur ici-bas; juifs, chrétiens, païens, n'ont plus qu'une pensée, c'est l'or! qu'un vœu, c'est de le posséder! » Quelquefois le ménestrel se laisse aller à railler les femmes avec ironie; car, à ce qu'il prétend, si une d'entre elles n'est pas tout-à-fait de bonne humeur, il peut à peine en trouver trois ou quatre qui soient en tout temps belles et bonnes.

Il reste peu de choses du château de Rugg ou Ruck. On sait qu'autrefois il formait un carré renfermant deux cours et trois donjons. Des comtes palatins de Tubingen il passa aux comtes d'Helfeinstein qui étaient peut-être de la même famille; ceux-ci le vendirent au Wurtemberg avec la ville et d'autres forts, en 1442. La guerre des paysans, et plus tard celle de trente ans, accélérèrent sa ruine; en 1825, on a commencé à veiller à la conservation de ce qui reste de ce monument du moyen âge.

Ce qui reste du château de Hohengerhausen est plus considérable ; le voyageur admire de loin ces ruines placées comme un nid d'aigle, sur le sommet d'un rocher du Frauenberg. Au dessous des débris on aperçoit l'ouverture d'une caverne qui, ombragée par d'épais bosquets de hêtres, ne contribue pas peu à augmenter l'effet pittoresque de ce tableau. Le lieu où était la porte du manoir est encore fort reconnaissable. Il reste en outre un grand pan de muraille construit solidement en pierre de tuf. Le peuple appelle ce puissant débris du moyen âge le Riesenschloss (le château des Géans). Le nom du fondateur du château est inconnu ; la famille qui l'habitait, et à laquelle appartenait un Hartmann de Gerhausen, qui vivait vers la fin du XIe siècle, et qui portait le titre de comte, paraît avoir été alliée aux Rugge. Plus tard, lorsque les comtes de Helfenstein séjournèrent à Ruck, les seigneurs de Gerhausen avaient sans cesse des démêlés avec eux. La tradition, qui nous a conservé ce souvenir de leurs divisions, nous en a aussi transmis la preuve dans un vieux dicton souabe. « Prends garde, Ruck, que Gerhausen ne te détruise à la fin. » Cependant le château rival tomba au pouvoir de Helfenstein, et le Wurtemberg le posséda après eux, ainsi que Ruck et la forteresse maintenant disparue de Blauenstein. Un garde forestier wurtembergeois habita Gerhausen jusqu'à 1751, que ce castel, tombé totalement en ruines, fut abandonné et des pierres en furent tirées pour la construction de la misérable chapelle du village qui porte son nom. En 1768 un bourgeois de Blaubeuren acheta tout l'emplacement pour soixante florins ; lui et ses successeurs en tirèrent des pierres, jusqu'à ce que, par les efforts dignes de louanges de l'employé Teichman, les ruines furent rachetées et sauvées pour quarante-quatre florins.

Nous avons parlé plus haut de la fondation du couvent de Blaubeuren. Saint Jean-Baptiste fut donné pour patron à ce monastère, que la suite des temps a agrandi de plusieurs bâtimens que n'assombrit pas un air de prison commun à la plupart des autres cloîtres de la même époque. Les constructions principales entourent même une grande place plantée d'arbres et couverte de verdure. L'église est bâtie en croix ; sa voûte est élancée ; deux chapelles latérales et un chœur forment toute son étendue, et au point de jonction de ces différentes parties s'élève le clocher. Au dessous de la tour était jadis un orgue magnifique garni de tuyaux d'argent ; il fut, dit-on, la proie des Français dans leur invasion de 1688. Le chœur contient non seulement des morceaux de sculpture admirables, œuvres de l'artiste d'Ulm, Georges Surlin, tels que les images des bienfaiteurs du couvent, les comtes de Helfestein, que l'on voit sur les stalles ; mais il possède encore un tableau fort remarquable dont la réputation mériterait de s'étendre. Comme l'église était consacrée de tout temps à saint Jean-Baptiste, Georges Surlin exécuta, en 1496, un maître-autel qui lui est dédié et qui est orné de bas-reliefs dorés du travail le plus précieux. Les tableaux ne sont pas du même artiste, comme le voudrait la tradition : le créateur de ces chefs-d'œuvre de l'école allemande, qui ne sont pas aussi connus qu'ils le mériteraient, n'a pas même laissé son nom à l'admiration de la postérité ; les uns le nomment Stocklin, les autres Grun ou Grien. Il est vraisemblable que ce peintre était aussi de la ville d'Ulm, et qu'il travaillait avec Surlin. Ces tableaux, comme tous ceux du même genre que l'on connaît, sont placés à l'intérieur et à l'extérieur des battans des portes, ainsi que sur les côtés de l'autel. Ils représentent la vie tout entière de saint Jean-Baptiste, patron de l'église. Les sujets qui ornent l'intérieur des portes sont les suivans :

La Naissance de saint Jean annoncée dans le temple, à Zacharie; —Salutation de la sainte Vierge, par sainte Élisabeth; —Élisabeth se lave les pieds et enfante saint Jean; —Saint Jean; —Circoncision des saints; —Prédication dans le désert; —Administration du baptême; —Déni de la dignité du Messie; —sa Prophétie de l'Agneau de Dieu; —Baptême de Jésus; —Punition de l'adultère du roi Hérode; —Prison de saint Jean; — sa Décollation; —Présentation de sa tête; —sa Sépulture; —ses Disciples allant chercher sa tête.

Sur la face intérieure du maître-autel on voit les bustes, de grandeur naturelle, du Christ et des Apôtres : en haut, la sainte Vierge et l'enfant Jésus; —les deux saint Jean; —sainte Scholastique et saint Benoît, en pied et de grandeur naturelle, comme les bustes; puis, sur deux autres parties, à gauche, la Naissance du Christ et les Mages, en demi relief.

Le côté postérieur de l'autel est orné de peintures représentant saint Urbain, saint Silvestre, saint Gall, saint Oftmar, saint Conrad et saint Ulrich, de grandeur naturelle, comme ceux dont nous avons déjà parlé. Derrière les portes on a placé les bustes de deux saintes et de six évêques.

Les plus beaux tableaux de tous ceux qui ornent cet autel sont ceux qui se trouvent à l'intérieur des portes : ils représentent la prière au mont des Oliviers; —le Christ bafoué; —le Christ portant sa croix; —le Crucifiement. Ce dernier morceau est particulièrement remarquable par l'expression admirable des têtes des saintes femmes.

Comme cet autel magnifique, que ni le temps ni l'indifférence grossière des hommes n'ont épargné, n'a encore été décrit nulle part, nous espérons que cette notice, bien que trop brève, à laquelle il faut nous borner, sera bien accueillie des artistes étrangers. Dans le voisinage de ce beau monument, sur la porte de la sacristie, on voit le portrait de Georges Surlin, sculpté en bois par lui-même, et accompagné d'un éloge. C'est ce qui a donné naissance à la tradition populaire, qui assure que ce maître est l'auteur des peintures aussi bien que des bas-reliefs qui ornent l'autel. Les moines, dit la naïve chronique, ayant demandé à l'artiste, lorsqu'il eut fini son ouvrage, s'il serait capable de faire quelque chose de plus beau, celui-ci, plein du sentiment de ses forces, répondit affirmativement; alors les religieux, pleins de crainte de voir un autre chef-d'œuvre éclipser celui dont ils étaient si fiers, crevèrent les yeux de Georges, et l'empêchèrent ainsi de rien créer par la suite.

« La magnificence de ce qu'il a fait ne se mire plus dans ses regards; son esprit seul, environné d'une sombre nuit, en a conservé la vue; c'est ainsi que semblable aux victimes immolées sur l'autel, il est là sans forme et sans puissance, surveillé, forcé au silence par la horde de ses bourreaux.

» Et le monde le croit mort: cependant le pauvre aveugle reste assis dans le coin le plus sombre de l'église, et il taille en silence le bois du siège où il est comme attaché. Au lieu des pinceaux il tient son couteau; il le dirige doucement sans bruit, et sa main ingénieuse orne le bord de sa chaise.

» Aussitôt que des pas retentissent dans l'église, il cache son instrument dans son sein; il s'arrête aussi pour prier lui-même; car des rayons lumineux traversent et brûlent son pauvre cœur, et le désespoir et le désir agitent également sa main et ses paupières impuissantes.

» Aussitôt qu'emporté par la mort prématurée qu'amène le chagrin, il fut décédé et sa sépulture close, les moines se crurent en sûreté et oublièrent la crainte et la honte. Cependant le signe accusateur reste gravé sur le dos du siège : c'est un homme aveugle et courbé, qui semble plier sous le poids des maux qui l'accablent.

» Mais leurs yeux étaient frappés d'aveuglement, ils ne le reconnurent pas. Cependant le voyageur, le pèlerin salue cette image avec les yeux pleins de larmes. Un siècle raconta à celui qui le suivait cette horrible aventure, et le spectateur irrité se détourne des magnifiques chefs-d'œuvre qui ornent ce lieu saint, pour considérer l'épaisseur de la nuit. »

La petite ville de Blaubeuren s'est élevée et agrandie autour du monastère ; elle appartenait aux comtes de Helfenstein et non aux comtes palatins de Tubingen ; passant fréquemment d'une main dans une autre, elle fut engagée, vers la fin du XIVᵉ siècle, dans une guerre contre la ville impériale d'Ulm, et vendue, en 1447, au comte Louis de Wurtemberg, avec les forteresses voisines qui étaient aussi au pouvoir des Helfenberg.

Blaubeuren, devenue Wurtembergeoise, partagea le sort de son nouveau pays dans les temps malheureux du duc Ulrich ; la malheureuse bataille de Noerdlingen la fit devenir autrichienne. Dans la guerre de trente ans, et par suite de la paix de Westphalie, elle retourna sous la domination du Wurtemberg. Pendant l'occupation autrichienne le couvent fut visité d'une manière inattendue par Wiederbold.

Ambroise Blaurer avait déjà, dès 1537, fait luire sur la ville la lumière de l'Évangile ; mais le monastère, qui comptait parmi ses patrons catholiques le savant Azelm ou Azolin, qui en fut le premier abbé en 1101, et Henri Faber qui avait contribué à la fondation de l'Université, le monastère, disons-nous, était resté catholique, et la perte de Tubingen y avait fait transporter une partie de l'Université. Le dernier abbé catholique, Christian Tubinger, qui siégea de 1548 à 1562, était aussi un savant, et il a laissé une histoire de son couvent. Dans cette année, 1562, la réforme pénétra aussi dans le cloître, et Mathieu Aulber en fut le premier pasteur évangélique revêtu de la dignité abbatiale. Cependant le duc Christophe avait désigné quelques uns des monastères réformés pour fournir des ecclésiastiques qui pussent se consacrer à l'enseignement et à la prédication, et avait voulu que les candidats au ministère sacré y pussent trouver le moyen de faire leurs études universitaires. Dans ce but le prince fit préparer, par le célèbre Jean Brenz, pour ces séminaires, une règle qui fut mise en vigueur le 9 janvier 1556. Tous furent placés sous la surveillance de Brenz, et du nombre était aussi Blaubeuren. Dans le principe, l'institution de ces séminaires se ressentait assez de l'ancienne règle cléricale, particulièrement en ce qui concernait le genre de vie des jeunes moines évangéliques; et si nous les appelons ainsi, c'est qu'ils n'étaient pas autre chose. Les mœurs étaient déjà parvenues à sortir un peu des ténèbres grossières du moyen âge, grace aux études approfondies des humanistes, et, cependant, sans la permission du prélat ou supérieur, ou de deux précepteurs appelés depuis professeurs, les élèves ne pouvaient, pendant la récréation, sortir du couvent; ils étaient tenus de porter *un costume convenable*, c'est-à-dire des frocs noirs, tels que l'école leur en fournissait par grace pour l'été et pour l'hiver. On crut nécessaire, en outre, de détourner par des admonestations sévères ces enfans de quatorze à seize ans du honteux péché de boire et de trinquer, du jeu et d'autres scandales de la même nature.

Du reste, le fondateur de cette discipline primitive avait

exprimé sa volonté d'assurer l'existence de ces séminaires, par toutes les améliorations que le temps et les circonstances permettraient d'apporter au premier projet ; c'est ainsi qu'il s'exprime à la fin de son réglement : cependant si le cours des temps, si les vicissitudes des choses commandent un changement ou une augmentation aux règles que nous venons de prescrire, nous nous reposons pour les introduire sur nos successeurs à qui ce droit appartiendra toujours pleinement.

Le vice principal de la constitution de ces maisons était la rigueur anti-naturelle avec laquelle on traitait les jeunes gens, qui, pour les fautes les plus légères, étaient frappés et fouettés. Les continuels exercices religieux dont on les accablait, servaient moins à les édifier qu'à les fatiguer, et la lecture de *la Bible*, à laquelle ils étaient pour ainsi dire attachés, leur faisait connaître et non aimer le livre divin. Ces vices de forme se développèrent davantage à mesure qu'on abandonna la voie des études classiques, vers laquelle la réforme avait cependant poussé ses partisans. Démosthène et Xénophon furent abandonnés ; Cicéron, Virgile et Ovide ne durent d'être conservés encore dans les études que par le besoin que l'on avait de lire, d'écrire et de parler la langue latine. Des écrivains grecs, on ne conserva que *le Nouveau Testament*, et *le Traité de saint Jean Chrysostôme sur le Sacerdoce*, et ce ne fut qu'en 1777 que les classiques grecs vinrent à rentrer pour ainsi dire par une porte dérobée dans les études légales, au moyen de la Chrestomathie grecque de Gessner. Les pauvres *alumni* (ainsi l'on nommait les séminaristes) furent protégés avec soin contre les séductions de la mode. En 1720, on reçut à Blaubeuren l'injonction de laisser croître les cheveux, en accordant toutefois que, si quelqu'un avait indispensablement besoin d'une perruque, il devait en présenter humblement la demande au consistoire ; car, observait l'instruction, on a malheureusement acquis la preuve que les perruques sont beaucoup trop portées par les *alumni* (élèves). On s'occupa aussi avec une grande sollicitude des distractions et des jeux des élèves; on prit soin qu'ils restassent toujours dans les bornes d'un enjouement honnête et digne de chrétiens ; on permit la musique; quelquefois même, mais rarement, la promenade ; et non seulement les cartes et les dés furent prohibés, mais encore les dames et les échecs furent sévèrement défendus. Tous les jeux, que cette grave instruction qualifie de *ludi pueriles*, qui ne pouvaient s'accomplir sans faire du bruit, sans courir et sans se fatiguer, furent également interdits.

Quelque ridicules que paraissent ces règles, il ne faut pas pour cela condamner l'institution en elle-même : nous devons au contraire tenir compte de l'esprit du temps et de l'influence des circonstances. Il est certain que les chefs immédiats de l'école apportaient beaucoup de discrétion et d'indulgence dans l'application de ces prescriptions, et que toutes les études fondamentales d'un théologien étaient terminées en deux ans, dans ce séminaire où l'on partageait l'instruction en quatre cours.

Dès le commencement du XVIIIe siècle, le célèbre J. A. Bengel, alors principal de l'école de Denkendorf, avait donné l'exemple en modérant singulièrement la rigueur des ordonnances de ses prédécesseurs. Notre époque a achevé l'œuvre, en reconstruisant tout-à-fait, sur nouveaux frais, cet édifice scolastique, et ce serait l'œuvre d'une coupable légèreté que de penser à la dissolution des nouveaux séminaires, maintenant surtout qu'on s'empresse de les prendre pour modèles à l'étranger. En 1785 et 1794, le cercle des lectures fut changé et considérablement élargi ; les deux écoles supérieures furent réunies en une seule, et trois ans après, les deux inférieures eurent le même sort. Ce fut alors que Blaubeuren, qui à l'époque de la guerre de trente ans était retourné quelque temps entre les mains des catholiques, fut abandonné quelque temps, puis occupé de nouveau en 1817, où l'on rétablit les quatre séminaires.

L'ancienne discipline claustrale de ces séminaires disparut au milieu de ces transformations que notre époque leur fit subir, et les études classiques cessèrent d'être soumises à de ridicules entraves. En entrant dans ces écoles, on aperçoit maintenant de joyeux jeunes gens, guidés et suivis par un surveillant à peu près de même âge qu'eux, qui est compagnon de leurs jeux comme il l'est presque de leurs études ; heureux et contens, on ne les retient dans l'enceinte de l'établissement qu'autant que cela est nécessaire à leurs travaux, et la paresse et la licence sont les deux seules tendances dont on cherche à les garder. A la tête des établissemens, on ne voit plus comme autrefois des prélats chargés d'années, mais des éphores, tous hommes dans la force de l'âge, élevés dans les idées de l'époque, qu'ils connaissent parfaitement. Les professeurs sont des jeunes gens pleins de science et de savoir, propres à inspirer aux élèves et confiance et estime par leur érudition et leurs sentimens religieux. L'étude de la géographie, des mathématiques, de la physique et de la philosophie marchent de front avec la religion et les connaissances classiques. Tous les maîtres doivent, suivant les nouveaux réglemens, chercher à se lier étroitement aux élèves, apprendre à les connaître tous, et les persuader de leur affection et de leur intérêt.

Nous sommes persuadés que cette digression que nous ne répèterons plus lorsque nous parlerons des autres séminaires, augmentera plutôt qu'elle ne diminuera l'intérêt de nos lecteurs pour Blaubeuren; nous terminerons donc ici notre notice, en ajoutant que cette ville a donné le jour à deux hommes illustres, le noble chancelier et prédicateur André Osiander, né en 1562, et au philosophe Christophe Gottfried Bardili, né en 1761.

HOHENSTAUFEN ET RECHBERG.

HOHENSTAUFEN.

« O pense à cette montagne qui s'élève haute et svelte, la plus belle des montagnes de la Souabe, et qui porte sur sa cime royale le vieux castel des Hohenstaufen! A ses pieds, dorés par le soleil, s'étendent un pays fertile, de tortueuses vallées, où, entre de gras pâturages peuplés de nombreux troupeaux, coulent des fleuves onduleux, tandis que du fond des vallons on entend retentir la cloche du monastère. Au loin, dans les châteaux, dans les villes, habite une race noble, des hommes au cœur ferme, des femmes chastes et charmantes, en tout semblables aux anges comme l'a chanté Walther. »

C'est ainsi qu'Uhland, dans un fragment intitulé Conradin, fait parler un ami du dernier Hohenstaufen, qui veut, en éveillant ses souvenirs, ramener son malheureux maître à son beau manoir abandonné par sa race. Dans le peu de mots que contiennent les vers que nous venons de citer, la montagne et le pays qui l'entoure sont mieux décrits que nous n'aurions pu le faire en bien des phrases prosaïques. Rien n'est oublié dans ce charmant tableau, si ce n'est le château, dont le front chauve du rocher n'a même gardé d'autres traces qu'un fragment de murailles à peine visible et tombant en poussière. Lorsque le noble Maximilien de Schenkendorff, escaladait la hauteur en avril 1813, et appelait le feu du ciel pour lui montrer le chemin :

« Vents, éclairs, sillonnez la mer ; montrez-moi la porte du donjon de Hohenstaufen ! »

Le poëte était le jouet d'un rêve, et il n'appuyait pas ses paroles d'un serment bien fort, quand il assurait que la nouvelle confédération germanique durerait moins que ces pierres..... qui ont disparu depuis long-temps.

Malgré notre observation critique, il faut convenir que cette nudité totale de la montagne favorise les jeux de l'imagination, et il lui est plus facile de reconstruire le manoir que si les yeux lui en montraient les maigres et informes débris. Nous voyons maintenant la place où il existait, telle qu'elle apparut aux premiers fondateurs il y a plus de huit cents ans, lorsque dans le XIe siècle, un noble souabe, Frédéric de Buren, sortant de la vallée voisine vint bâtir sa demeure sur cette rive élevée, alors appelée Stwipfen ; il en prit le nom de Staufen (degrés) ; l'empereur Henri IV le fit duc de Souabe, et lui donna sa fille en mariage : telle fut la souche de la famille qui devait posséder l'empire avec tant d'éclat. Six des descendans de ce Frédéric ceignirent le diadème, la tête du septième tomba au moment où sa main voulait saisir à son tour le bandeau impérial. Dans l'espace de ces cent seize ans, le château prit un rapide accroissement. Le premier empereur que donna la maison de Hohenstaufen, Conrad III, défendit son patrimoine contre les moines de Saint-Denis ; son fils, Barberousse, honora et aima la demeure de ses ancêtres ; cependant il ne paraît pas qu'à cette époque elle fût encore très vaste, car il n'y avait pas même de chapelle dans son enceinte. Un chemin particulier conduisait l'empereur à la petite église de pierre que la société de Hohenstaufen se propose d'entretenir, comme étant le seul reste qu'on ait laissé en cet endroit du Staufen, car le village de leur nom est à quelques minutes de distance du sommet de la montagne. Une inscription, qui d'après la forme des caractères, paraît appartenir au XVIe siècle, et qui est placée sur une porte murée, nous informe de ce fait en ces mots :

« HIC TRANSIBAT CÆSAR.

« Le puissant empereur que chacun connaît, et qu'on nommait Barberousse, qui, malgré le noble sang dont il était issu, n'a jamais connu l'orgueil, a tenu sa cour sur cette montagne, comme nos ancêtres l'ont fait avant et après lui ; il s'est rendu à pied dans cette église, sans faste et sans pompe, et il a passé par cette porte. Tout ce que j'ai dit est la vérité et non un mensonge.

« *Amor bonorum, terror malorum.* »

Lorsque le roi Philippe, fils cadet de Frédéric Barberousse, qui avait succédé à son frère Henri VI, eut été assassiné à Bamberg, par Othon de Wittelsbach, en 1208, son épouse, Irène, la fille de l'empereur grec, se réfugia au château de son mari et y mourut d'une fausse couche. Elle fut enterrée dans les environs au couvent de Lorch.

Les derniers empereurs de cette famille ne prirent jamais le temps de s'occuper du domaine de leurs pères ; ils le considérèrent comme château impérial, et il resta comme tel annexé à l'empire jusqu'en 1347, où Eberhard le Batailleur, de Wurtemberg, le reçut en gage de Charles VI. Les successeurs de ce nouveau maître en jouirent sans interruption pendant deux siècles, jusqu'à ce que les paysans révoltés descendirent dans la vallée, en 1652, et assiégèrent le manoir. L'assaut fut donné la nuit même de leur arrivée, et bien que leur troupe fût peu nombreuse, les assiégés perdirent la tête, jetèrent les chefs par-dessus les murs, et après une courte résistance, s'éloignèrent avec leur capitaine Michel de Reisenstein. C'est ainsi que le vénérable berceau des empereurs, occupé par une troupe de misérables, fut pillé et brûlé, et les valets qui n'avaient pas suivi la garnison furent précipités du haut des créneaux. Soixante-trois ans après, Martin Crusius visita les ruines qui, par leurs gigantesques débris, témoignaient encore de la grandeur du monument; il les a décrites tout au long. « Grand Dieu, s'écrie-t-il dans sa chronique, une œuvre aussi belle, élevée à si grands frais par tant de nobles princes, a-t-elle bien pu avoir un pareil sort! tout a disparu comme la fumée; tout s'est envolé comme l'oiseau. Un paysan garde la clé du donjon, que le temps ronge de toutes parts; le sureau croît çà et là dans les débris des murs. » Cependant Crusius vit encore les parties principales du château, le Mannsthurm, la demeure des femmes, le Bubenthurm, et un mur construit en pierre de taille et de sept pieds d'épaisseur, qui formait l'enceinte; tout cela était encore noir de l'incendie allumé par les paysans rebelles. Mais tel que c'était, on ne trouvait cependant plus rien dans les bâtimens; ni portraits, ni inscription, ni armoiries, ni couleurs, tout avait été détruit par le feu, et effacé par la pluie. L'habitation des empereurs, jadis si belle et si brillante, n'offrait plus que l'aspect misérable d'un squelette desséché. Telle était Hohenstaufen en 1588. Maintenant ce squelette même a disparu; les ducs de Wurtemberg ont bâti leur château de Gœppingen aux dépens de la ruine. Mais l'œil du poète sait reconstruire ce que les hommes ont abattu :

« Le vieux rocher, solitaire et dépouillé, s'élève au milieu du calme que répand le crépuscule. Des oiseaux de nuit agrandissent leurs cercles sinistres autour de son front chauve, et ils gémissent.

« Cependant la lune perce les nuages et avec elle s'élancent les armées de l'Éther; une lumière bizarre tombe sur la hauteur, et mille formes magiques apparaissent.

« Le vieux donjon renaît, et ses tours et sa porte renaissent aussi du sein des nuages; le vieux tilleul a repoussé; et tout est comme autrefois.

« Les harpes, le son des trompettes retentissent dans la vaste vallée; voilà Barberousse le héros, qui arrive, vêtu d'acier, chevauchant sur son coursier noir.

« Voilà Philippe et Irène, ils marchent en se donnant la main; un oiseau passe au dessus d'eux et il se met à siffler un chant du beau pays de Grèce.

« Mais voilà aussi Conradin, si riche de vertus; malheureux jeune homme, il est là, pauvre, dépouillé; pâle et muet, ses pas errans se croisent dans le jardin.

« Cependant du fond de la vallée obscure le coq à crête de feu annonce le retour du jour; le rocher redevient muet et dépouillé. Les rêves des temps anciens ont disparu.

« A la place de ces magnificences est un buisson d'épines que le vent du matin fait tristement gémir... et la terre d'Allemagne m'apparaît aussi triste, aussi désolée que ce roc. »

C'est ainsi qu'il y a vingt-cinq ans, chantait Justinius Kerner. Sur la montagne, outre ce reste de mur, on voit encore deux grottes étroites ouvertes sur le versant occidental, auxquelles la tradition donne le nom de Trou des Païens, et qui a été long-temps le seul abri qu'eussent les visiteurs contre le mauvais temps; mais de nos jours la société de Hohenstaufen, agissant dans le but qu'elle s'est proposé, a fait construire un abri commode qui ne nuit pas au pittoresque de la vue.

L'aspect du mont, pour l'observateur placé devant le village, a d'abord quelque chose de sombre et de sauvage. On se trouve soi-même, sur une croupe élevée de la hauteur, au pied du pic, qui s'élève au dessus du hameau de Hohenstaufen, dont on n'aperçoit que quelques maisons. A gauche des roches calcaires s'entassent l'une sur l'autre, semblables aux débris rejetés par un volcan ; la petite cabane d'un tuilier s'élève sous leur abri. Le calme de la contrée, la hauteur à laquelle on est, le village et ses maisons éparses, la forme du sommet, tout cela rappelle la Suisse au spectateur, plus encore qu'aucun autre point de vue du pays.

De Rechberg, Hohenstaufen se distingue des autres points de vue de l'Alb, en ce que l'œil peut traverser à son gré une étendue immense de plaines et de collines, avant de s'arrêter à l'Alb, qui borne l'horizon à plusieurs lieues de distance. Par un beau temps, on découvre avec une lunette, même les montagnes du Tyrol et les Alpes suisses. A l'orient, on aperçoit la chaîne de l'Albuch, et son géant, le majestueux Rosenstein. Au sud, le regard s'arrête sur le château de Rechberg, qui s'élevant d'une vallée profonde, avec sa chapelle sur la hauteur, son village au pied du bizarre Hoecker, donne au pays un aspect plus agréable et plus riant, surtout moins commun. Autour de Rechberg, s'étendent les différens rameaux de l'Alb. Le Hornberg, le Stuifen, le Bernardusberg et son pèlerinage ; à droite, le vieux château de Staufeneck semble appeler l'attention, tandis que les hauteurs du château de Geislingen, Teck, Neufen, Achalm, Hohenzollern, et toute l'Alb supérieure, pressés l'un sur l'autre, s'entassent au bout de l'horizon. A l'ouest, les collines se prolongent jusqu'à la Forêt-Noire, tandis que tirant vers le nord, la chaîne des hauteurs du territoire wurtembergeois, et un peu plus loin l'Oderwald se présentent aux regards ; sur le premier plan, le pays, couvert de sapins, est très montueux ; au nord, on aperçoit une partie de l'ancienne forêt Hercynienne, les bois de Welsheim ; enfin dans la direction de Schwœbisch-Hall, les cîmes bleues des monts de Lœwenstein indiquent le territoire de la Franconie.

Notre gravure, destinée principalement à donner la vue des montagnes, ne peut contenir que le quart environ de l'horizon ; vers le sud l'Alb jusqu'à Teck, vers le nord le Stromberg et la campagne qui s'étend au milieu.

HOHENRECHBERG.

Le château est placé sur un mamelon isolé un peu au dessous de la cîme de la montagne, et est uni à celle-ci par un pont de pierre qui conduit à l'église placée au sommet ; on y découvre un contraste frappant avec la roche dépouillée de Hohenstaufen ; car le lieu où s'élevait jadis le palais des empereurs est nu, et aucune pierre n'y est restée, tandis que le simple manoir s'élève encore dans toute sa majesté. Plusieurs cours le précèdent ; il s'étend sur la surface du rocher en forme de fer à cheval, que ferme un bâtiment ajouté à l'aile du nord. Ses murs et ses tours sont plus dégradés que ceux de la demeure habitée par un employé du comte de Rechberg.

Suivant une tradition populaire, les ancêtres du maître du donjon prirent part dans le VIIe siècle à une bataille livrée par les Allemands convertis dans le Christenthal, et ce fut après cet événement qu'ils construisirent leur forteresse. Dès le XIIe siècle, vers 1165, nous trouvons des traces de cette famille. Un Ulrich de Rechberg, mort en 1202, était maréchal de Hohenstaufen ; un autre Ulrich était évêque de Spire et mourut en 1195 ; on trouve encore un Sigfreid, évêque d'Augsbourg, qui mourut en 1227. L'historien Jean de Muller, dans son *Histoire des Suisses*, rapporte les hauts faits d'un Jean de Rechberg ; ce n'est que vers 1300 que le fort est cité positivement comme possession de cette race ; son nom lui vint du Rehgebirg (montagne du Chamois), sur une avancée duquel il est construit. Le cimier de cette famille portait à cause de cela un chamois. En 1489, vivait Guillaume de Rechberg, qui étant au service d'un duc de Bavière, fit avaler à un légat du pape un manifeste contenant des menaces d'excommunication qu'il apportait de la part du Saint-Père, et, après cette opération, tua d'un coup d'épée le malheureux envoyé. Cette action le fit anathématiser et bannir de la cour.

Dans la guerre des villes en 1446, et à la fin de la guerre de trente ans, en 1648, le château eut beaucoup à souffrir ; cependant il s'est maintenu jusqu'à nos jours dans sa forme noble et sévère, gardé par le *Klopfer* de Rechberg, génie attaché à cette famille, qui erre sans cesse dans les appartemens du manoir, et qui avertit en frappant et en faisant du bruit, de la mort de chaque membre de cette maison, qui porte à présent le titre de comte. La tradition raconte ainsi l'origine de ce privilége particulier : Ulrich II de Rechberg, absent de son domaine en 1496, était attendu depuis long-temps, mais en vain, par sa femme Anne de Wenningen. Il avait d'abord envoyé son chien fidèle avec des lettres de lui ; mais depuis quelque temps, le chien lui-même n'avait pas paru ; enfin, un jour qu'accablé par sa douleur, la malheureuse épouse priait avec ferveur dans la chapelle, elle entendit un bruit soudain comme celui de quelqu'un qui frappe, et fâchée d'être distraite de sa prière, elle s'écria involontairement : « Puisses-tu frapper éternellement! » En ouvrant la porte, elle aperçut le chien; mais il n'avait point de lettre; son maître était mort, et bientôt son corps inanimé fut apporté au château. Anne de Wenningen succomba à son chagrin; comme elle était sur son lit de mort, elle entendit frapper, et ce bruit continuel dura jusqu'à ce qu'elle eut fermé les yeux.

« Ce que son désespoir avait demandé s'est accompli; dès qu'un Rechberg va mourir, l'immortel Klopfer s'approche. »

Sur la cime de la montagne avec laquelle, comme nous l'avons dit, le château communique par un pont, il y avait autrefois un ermitage où l'on vénérait une statue en bois de tilleul de la sainte Vierge; dans la suite des temps, les seigneurs de Rechberg ont fait construire à sa place une belle église, où l'on vient de fort loin en pèlerinage, et une maison pour le desservant. Une bonne lunette, qui est sans cesse au service du directeur, lui fait apercevoir, lorsque le temps est beau, les cimes des glaciers qui s'étendent au sud-ouest.

Au sud-ouest des deux montagnes, on découvre l'antique cité impériale et catholique de Gmund, que de nombreuses chapelles et églises embellissent de leur architecture variée. Bon nombre de nos lecteurs ignorent sans doute que c'est de cette ville que sortit, il y a plusieurs siècles, l'architecte de la cathédrale de Milan, Henri Arler de Gmund, dont parle Gamodra dans son *Histoire de la capitale lombarde*.

LE REISSENSTEIN

PRÈS DE NEIDLINGEN.

Après avoir marché pendant quelques heures au-delà de Hohenstaufen, l'ami d'une nature pittoresque et romantique se trouve dans une des plus belles vallées de l'Alb souabe.

Voici en quels termes s'exprime sur cette belle contrée l'ouvrage devenu classique du comte Frédéric de Mandelsloh :

« La chaîne de l'Alb souabe, de laquelle se détachent au sud le Heuberg, au nord l'Aalbuch et l'Herdtfeld, détourne tout à coup du sud-ouest au nord-est, puis retournant vers le nord-ouest, s'y élève d'une manière abrupte à environ mille pieds du sol de la vallée, tandis qu'au sud-est elle s'abaisse en une pente très douce. Ces brusques ondulations du terrain, les ravins profonds qu'elles forment, l'aspect terrible de plusieurs endroits, porte à croire que cette montagne a subi de fréquentes révolutions dont on n'a pas encore bien apprécié les causes. Des masses basaltiques ont sans nul doute beaucoup élevé par leur amoncellement le sol de l'Alb. Avant le cataclysme qui détermina ce changement dans la face de la contrée, le pays était vraisemblablement, sinon totalement, du moins en grande partie couvert par les eaux. Le terrain ayant entièrement changé de forme au sud et au sud-ouest, les eaux furent détournées par les hauteurs de la Forêt-Noire, et se précipitèrent vers le nord et le nord-est. Cette direction nouvelle qui leur était donnée ne dut être que temporaire; mais elle arriva avec une grande violence : les courans soulevèrent le versant du nord-ouest de la chaîne de l'Alb, et ils augmentèrent encore le nombre des ravins et des déchirures que la brusque formation de ces collines avait déjà déterminés. Il n'y a qu'aux approches du basalte et au bord des vallées que l'on peut remarquer çà et là quelques dérangemens dans les lits qui forment le terrain; partout ailleurs, les couches s'étendent presque horizontalement. A peu de distance, au contraire, les mêmes couches ont un niveau si différent, qu'il serait impossible de s'expliquer cette circonstance, si l'on n'admettait un grand bouleversement. Il est probable que lors de cette catastrophe, les eaux agitées se portèrent avec fureur çà et là, et qu'il en résulta un mouvement plus prononcé du sud-ouest vers le nord-est, qui porta surtout sur le versant du nord-ouest de la montagne; la chaîne qui s'étend au pied de l'Alb, s'étant plus élevée que la montagne elle-même, exposa par cela même les couches les plus tendres, formées d'argile et de marne, aux plus violentes attaques. Ces masses ne purent y résister; les flots y firent brèche, elles s'écroulèrent, et leurs débris furent emportés au loin et dispersés. Ainsi, la formation de l'Alb souabe se fit d'une manière toute différente de celle des chaînes françaises et suisses du Jura, de celles de la Forêt-Noire, des Vosges et des Alpes; car ici, les couches ne sont ni perpendiculaires ni ondulées, elles sont toutes horizontales. »

Quoi qu'il en soit, cette montagne calcaire, fruit de tant de combats livrés par les élémens, nous apparaît, telle qu'elle est aujourd'hui, semblable à son frère le Jura suisse, sombre et monotone d'aspect comme lui. Le voyageur s'attend sans doute à y rencontrer beaucoup moins de choses remarquables qu'il n'en contient réellement. Toute cette chaîne, que l'éloignement couvre d'une teinte azurée, qui nous présente à ses pentes un bord du Necker, et qui sont beaucoup plus hautes que celles qui baignent le Danube, forme à l'horizon une longue ligne droite d'environ trente lieues, et que coupent à peine quelques cimes dominant çà et là la hauteur uniforme de la chaîne ; bientôt on la voit se partager en une foule d'embranchemens uniformes, du milieu desquels s'élève de distance en distance, soit un cône, mais plus rarement un sommet arrondi ; aucun cours d'eau coulant au pied de ces montagnes n'en anime l'aspect ; des collines couvertes de bois s'étendent jusqu'au Necker, qui aux yeux du spectateur semble lui-même entouré de hauteurs.

Lorsque l'horizon n'est pas chargé de vapeurs, que l'atmosphère est claire, et que le couchant épanche ses rayons sur la contrée, le tableau s'anime et s'égaie. La teinte sombre des montagnes devient plus transparente, grace aux reflets rosés que lui prodigue l'occident, et les formes en deviennent plus diverses et mieux accusées qu'on ne l'avait d'abord aperçu. Bientôt nous voyons resplendir les riches forêts de hêtres qui couvrent la croupe du mont de sa base à son sommet ; on aperçoit des coupures de mille formes différentes, sillonnant çà et là le terrain ; entre les différentes masses des collines, des villes et des villages se révèlent en foule ; au pied de l'Alb, et au sein même de la contrée montagneuse, on voit s'étendre de riches enclos d'arbres fruitiers ; les hauteurs sont semées de blanches masses calcaires qui se détachent admirablement sur le vert feuillage des bois, et le soleil à son départ nous montre encore des ruines et des châteaux isolés sur les cimes lointaines, et que nous n'avions pas aperçus. Voir l'Alb dans un pareil moment, qui révèle ses beautés jusque là voilées pour ainsi dire, c'est en imprimer fortement le souvenir dans l'imagination, et lorsque celui qui l'a ainsi admirée une fois, la revoit plus tard dans le lointain bleuâtre, son œil s'arrête encore avec joie sur ces masses énormes :

« Voilà la belle Alb souabe qui, de tous côtés, borne la plaine de son bleu contour ; c'est là qu'au fond des bois l'air vous arrive frais et pur, libre de tout le mélange qui l'épaissit plus bas ; c'est là que le parfum des fleurs qui s'élève jusqu'à nous semble être un appel du vallon. On avance, on se hâte, jusqu'à ce qu'arrivé près de la source, on tombe dans l'obscurité solennelle de la forêt. »

Nous allons, nous, conduire le voyageur tout auprès, afin :

« Qu'il entre, en suivant la vallée paisible, dans le sanctuaire des bois, d'où s'élève le front gris des rochers ; afin qu'il aperçoive les veines du jour qui s'élèvent à droite et à gauche, gardant encore leur aspect fier et sauvage. »

Les ruines du château de Reiseinstein sont situées à un bon mille de la petite ville de Kirchheim, près de Teck, à la gauche du Teckberg, sur le versant du sud-est de la vallée de Nejdlingen. Notre artiste ne l'a cependant pas pris de cette vallée ; mais il s'est placé pour le dessiner dans le Heimenstein, caverne qui est située précisément en face du vieux manoir. En se rendant de la pente du nord-ouest de l'Alb à cette grotte, on se trouve bientôt dans un bois épais, où l'on admire un mélange pittoresque de différentes espèces d'arbres. Le sol est couvert d'une profusion de plantes, d'herbes et de fleurs ; on voit que l'on est non seulement loin des villes, mais même de toute habitation humaine, et cette nature encore vierge apporte le calme et la consolation aux cœurs blessés, tandis que l'air frais des montagnes fait oublier toute fatigue au promeneur.

Dans les entrailles du rocher qui porte le nom de Heimenstein, s'ouvre au midi une caverne étroite, qui s'étend vers le sud-est dans une longueur d'environ soixante pas; elle est étroite, mais bien formée; le jour n'y pénètre pas, et elle est coupée par des masses de pierre éparses sur le sol; sa hauteur très variable est tantôt d'environ seize pieds, tantôt elle est si basse qu'on ne s'y peut tenir que courbé, et que l'on ne peut y pénétrer qu'avec un guide et de la lumière. A l'entrée de la grotte on voit à ses pieds la vallée, et vis-à-vis, les magnifiques ruines de Reissenstein, qui couronnent un rocher élancé au dessus d'un bouquet de bois. Au fond du précipice ouvert sous les pieds du spectateur, s'aperçoit le charmant et pittoresque village de Neidlingen, qui appartint jadis comme fief au brave défenseur d'Hohentwiel, Wiederhold, qui dans la guerre de trente ans a si bien mérité du Wurtemberg. La petite ville de Weilheim, les croupes couvertes de forêts de l'Erkenberg et de l'Aichtelberg, terminent agréablement la vallée au nord et au nord-est; vers le sud-ouest, au contraire, elle est entièrement fermée par un ravin profond.

Dans cette caverne de Reissenstein, la tradition populaire a placé la demeure d'un esprit qui veille sans cesse sur un trésor, et qui jadis, vivant dans le pays sous la forme d'un géant, avait fondé le vieux château.

« Là haut, au sommet de la montagne, s'ouvre la grotte profonde creusée dans le rocher: c'est de là que le géant vient de s'éveiller de son long sommeil.

« Il hérisse sa rude chevelure; il passe la tête hors de son trou et regarde; le profond vallon, sa caverne voûtée, tout cela semble lui plaire.

« Il a envie de revoir la lumière; c'est pourquoi son ancienne demeure ne lui plaît plus. Aussi, d'un seul pas, il se trouve de l'autre côté du précipice qu'il vient de franchir. »

Alors il convoque à grands cris et les nains magiques et les hommes; il lui faut une demeure; qu'ils la lui bâtissent. Tout le monde obéit; maçons, charpentiers, tailleurs de pierre, tout se met à l'œuvre. Bientôt le manoir est terminé, seulement il manque encore un clou à la plus haute fenêtre.

« Alors le géant saisit le malheureux ouvrier par le cou, le suspend en dehors de la fenêtre, à la grande terreur de tous les assistans.

« Puis il lui dit d'une voix rauque : Mets mon clou, ma main est forte. Va, je ne te laisserai pas tomber! Enfonce-le dans la pierre hardiment! Tu es bien placé pour cela! Te voilà entre le ciel et la terre.

« Le malheureux, tout rempli d'épouvante, accomplit cependant sa tâche avec force et courage; puis, quand il a fini, le géant ouvrant la main le laisse tomber, disant : C'est bien, nain, il n'y a plus rien à faire. »

Les documens historiques manquent à ce château, et l'on ne sait par qui il fut fondé. Vers la fin du XIVe siècle, le comte Eberhard de Wurtemberg en fit don au chevalier Jean de Lichtenstein, qui le céda à son gendre. En 1441, le comte de Helfenstein en fit l'acquisition, et à dater de cette époque, il fit partie des biens de la maison de Weisensteig

C'est par un passage souterrain dans lequel il faut ramper sur les mains et sur les genoux, que l'on arrive au milieu de ces ruines long-temps presque inconnues; une fois parvenu dans l'intérieur, l'explorateur hardi arrive en grimpant jusqu'au sommet de la plus haute tour, d'où l'on aperçoit la vallée de Niedlingen d'un côté tout-à-fait changé, et qui offre un aspect beaucoup plus grandiose que l'autre. Cette tour, placée au nord-est, est carrée et s'élève à une hauteur de soixante-dix à quatre-vingts pieds. Vers le sud, on aperçoit les restes assez reconnaissables d'un grand bâtiment, dont trois murs sont encore debout; le toit écroulé laisse depuis long-temps le sol exposé à toutes les injures de l'air, et les plantes de toutes espèces qui s'en sont emparées, y prospèrent sans opposition. L'ensemble des constructions est lié par de grands ouvrages de maçonnerie. Le souterrain, qui est la seule entrée encore praticable, est formé et par le rocher, et par des travaux artificiels. Dans la muraille, on remarque deux ouvertures voûtées qui étaient peut-être les mêmes qui conduisaient au pont-levis; car il est peu probable que le château n'ait pas eu d'autre entrée que celle qui existe encore.

On est ici tout auprès de la limite méridionale de la vallée. La Lindach se précipitant du haut de l'Alb à travers des masses de roches très romantiquement placées, forme une belle chute d'eau, qui va se répandre dans un large bassin entouré de bois, que l'on ne découvre qu'en traversant, pour arriver sur ses bords, le plus pittoresque bosquet composé de chênes, d'ormes, de frênes, de hêtres, de cerisiers et d'autres arbres à fruits. Le voyageur a encore une hauteur de cent pas à gravir avant de se reposer sur le rocher du Kalkstein, d'où jaillit la source supérieure du ruisseau, et d'où, suivant l'expression du poète,

« s'élancent joyeusement ses ondes babillardes. »

URACH.

La vallée où est situé Urach est sans contredit celle où se trouvent réunis le plus complétement les différens genres de beauté qui sont particuliers à la nature de l'Alb souabe. De riches forêts de frênes, honneur de ces montagnes, descendent du sommet des pentes jusqu'au bord des prairies, qui tapissent le fond de la vallée; là l'œil se repose avec enchantement sur une autre forêt d'arbres fruitiers qui, au printemps, tout blancs de fleurs, semblent changer en paradis cette plaine délicieuse. Cependant, malgré les charmes des bois printanniers, l'été est toujours le plus beau temps de l'année pour ce pays, dont la partie vraiment pittoresque commence au village paroissial de Dettingen, où la vallée n'a pas plus d'un quart de lieue de large, et où elle se resserre tellement par endroit, qu'elle semble tout-à-fait fermée. A la gauche du voyageur coulent les eaux claires et limpides de l'Erms, où habitent par milliers les truites les plus délicieuses. Des deux côtés de la route militaire, des pruniers, des cerisiers, des pommiers, etc., tranchent, lorsque l'été est passé, par la couleur vert tendre de leur feuillage, sur les formes variées de la montagne, enveloppées du sombre manteau de ses bois impénétrables, qui, dans les chaleurs, donnent par leur aspect seul une sensation de fraîcheur. De temps en temps encore, le regard trouve à se glisser dans de petites vallées solitaires et charmantes d'aspect. La plus belle de toutes, appelée Brühl, située à l'est du château de Hohenurach, est le lieu le plus isolé, le plus séparé du monde que l'imagination puisse se figurer. Sur le côté de la montagne qui regarde le sud-ouest, on voit se précipiter la triple cascade du ruisseau qui anime cette solitude, en tombant du sommet de l'Alb sur des roches calcaires. Vers midi, lorsque le temps est beau, on voit s'élever au dessus du bassin les couleurs diamantées d'un riche arc-en-ciel. Un sombre et sauvage hallier entoure ce lieu; des groupes d'arbres se mirent dans la fontaine ; le cœur se plaît dans le calme et le repos de cet endroit solitaire, où la ruine d'Hohenurach qui apparaît au loin est le seul objet qui vous rappelle encore le monde et la vie.

Dans ce recoin, la nature riante se manifeste encore dans toute sa force et sa grandeur antique; les merveilles de l'éternelle justice s'y reproduisent de nos jours sur ces hauteurs désertes, dans ces ravins profonds. Un riche paysan des environs avait, devant le tribunal d'Urach, renié la femme qu'il avait séduite, et il avait juré que, s'il mentait, il voulait ne pas mourir dans son lit. Après avoir fait ce serment sacrilége, il retournait chez lui en passant par cette vallée :

« Il avait laissé pleurer la jeune fille et son propre enfant. »

« Que murmures-tu, vieille cascade? Chênes et frênes, pourquoi secouez-vous vos fronts d'un air aussi sinistre? O vents! que venez-vous chercher?

« Les hauts rochers semblent s'élever vers le ciel, semblables à de longs doigts blancs. Les paysans que le hasard a conduits dans ce lieu se hâtent de se sauver en frissonnant de crainte : lui seul reste là.

« Il se glisse à pas lents pour suivre les autres; il respire avec peine ; il marche en se tenant au rocher. »

C'est en vain que ses compagnons l'attendent :

« Enfin, quand elle peut croire qu'elle ne trouvera pas sur la route des témoins de sa honte et de son malheur, la jeune fille trompée apparaît avec son enfant ; il lui semble entendre des cris qui partent du fond du ravin.

« En ce moment la lune s'élève, et elle aperçoit, à l'aide de cette lueur sinistre et sous des débris d'arbres et de rochers, son infidèle amant en proie à l'agonie. »

Abandonnant cette solitude, nous allons nous approcher de la forteresse d'Hohenurach. Le sommet sur lequel elle est construite, couvert d'arbres dans toute sa hauteur, est libre de trois côtés ; le quatrième même, par lequel il tient à la chaîne, est traversé par une si profonde coupure, qu'il est par le fait complètement isolé.

Le castel situé à plus de deux mille pieds au dessus du niveau de la mer, dominait tout le versant de la montagne, et était élevé sur trois terrasses tournées du côté méridional de l'Alb. La partie inférieure du château, défendue par un bastion qui couvrait la chapelle, est située sur l'un de ces terrains ; sur la seconde s'élevait la partie supérieure du manoir et ses boulevarts, et ses demi-lunes aux quatre extrémités, et sa haute tour servant d'entrée ; enfin sur la troisième terrasse s'élevait le château proprement dit, qui avait la vue de toute la vallée. La seule issue conduisant dans la partie supérieure est placée dans l'angle oriental qui regarde la ville. Devant la porte principale qui conduit sur le boulevart, on a creusé dans le rocher un large et profond fossé. L'enceinte intérieure n'était pas d'une très grande étendue. La cour formait un carré irrégulier. Deux bâtimens principaux formaient les faces de l'est et du nord ; du côté de l'ouest, un grand mur garni d'une tour s'avançait dans l'intérieur de la place ; du côté du boulevart, l'entrée couverte d'une plate-forme formait le côté. De très fortes tours garnissaient tous les angles ; enfin un rempart garni de tourelles ceignait toute la partie intérieure.

Tout cela ne forme plus qu'une vaste ruine; mais telle qu'elle est, cette ruine est encore pleine de magnificence et de grandeur.

« Urach élève sa tête au dessus de la montagne ; il lève son front chargé des débris de tours qui recèlent le tombeau d'un poëte. »

Ce poëte est Nikodemus Frischlin, qui poursuivant de sa haine et de son ironie *les diables de cour*, comme il les appelle, la noblesse, les courtisans *qui ne peuvent se passer de la longue main des rois*, perdit sa chaire de professeur à Tubingen, fut arrêté dans sa fuite, où il trouvait encore moyen de composer des libelles, et enfermé dans cette forteresse, y périt sur le rocher en cherchant à s'enfuir en 1590.

« Ils l'avaient enfermé dans leurs cachots de roches, lui, pour qui la terre était trop étroite. Mais, plein de force, il rompit sa prison, et se confiant à un lien trop faible, il se suspendit sur l'abîme. C'est là qu'on le trouva pâle et déchiré, car les liens étaient rompus. O terre! sa patrie, malheur à toi, puisque tu ne l'as pas reçu doucement sur ton sein endurci! »

Quoi qu'il en soit de sa chute, la terre l'a long-temps gardé dans son sein; car en 1755 on retira du cimetière d'Urach un cercueil de chêne dans lequel était gisant un cadavre brisé, mais du reste bien conservé, et qui revêtu d'un habit de docteur, tenait dans sa main gauche un rouleau de papiers. Ainsi donc il avait reçu une sépulture honorable, si toutefois les témoins de cette exhumation ne se sont pas trompés dans leurs conjectures.

Si nous ne confondons pas Hohenurach avec le château de la ville d'Urach, cette même prison avait eu déjà un hôte illustre dans la personne du père du duc Ulrich de Wurtemberg, le comte Henri, qui attiré dans ce lieu par son frère Eberhard-le-Barbu, en 1490, fut enfermé dans une tour et y vécut dans l'état le plus misérable, déplorant la perte de ses états et de ses sujets ; sa noble épouse Eva fut la fidèle compagne de sa solitude, et lui donna un fils en 1498, Georges, qui, par son petit-fils, le duc Frédéric Ier, est devenu la souche de la maison de Wurtemberg actuellement régnante ; cette femme admirable resta auprès de son époux jusqu'à la mort de celui-ci, en 1519. L'infâme chancelier Enselin fut aussi prisonnier dans cette forteresse, jusqu'au moment où il fut décapité sur la place du marché d'Urach, avec le commandant du fort qu'il avait séduit.

Le nom du fondateur d'Hohenurach n'est pas venu jusqu'à nous ; ce fut vraisemblablement Egon ou Egino Ier, qui vivait dans le XIe siècle ; ce prince avait déjà commencé la construction du manoir d'Achalm, que termina son frère Rodolphe. Les documens qui parlent de la maison d'Urach embrassent une période de deux cents ans ; cette famille était une des plus distinguées de la Souabe. Le fils du fondateur du donjon, Conrad ou Cuno, devint cardinal. Il accompagna le pape Grégoire VII à Canossa ; il fut ensuite un des plus violens antagonistes de Henri V. En 1114, il présida à Jérusalem, en qualité de légat, un concile où il excommunia l'empereur, condamnation qu'il réitéra dans plusieurs synodes ; il présida aussi le concile de Soissons où fut condamné Abeilard. Il ne tint qu'à lui d'être élevé au trône pontifical. Son frère Gebhard, évêque de Spire, est enterré dans le couvent d'Hirsau. Egon V, qui vint ensuite, acquit le Brisgau par son mariage avec Agnès, en 1219, après avoir déjà fait quelques efforts pour l'obtenir par les armes. Son fils aîné, Egon VI, lui succéda; le cadet, Cuno, évêque d'Oporto et cardinal, fut un des hommes les plus célèbres de son temps; il était aussi habile dans les affaires temporelles que dans les affaires spirituelles. Cardinal, il refusa la tiare à l'exemple de son ancêtre, et, après une vie longue et fort agitée, il se retira dans la tranquille vallée de l'Erms à Hohenurach, antique demeure de ses frères. Occupé, dans ses vieux jours, de la fondation du cloître de Guterstein, il fut chargé de la commission difficile de partir pour la Palestine, en qualité de légat, pour contribuer à y mener une croisade; il obéit et mourut en 1231 pendant le voyage. Le petit-fils d'Egon VI, le comte Berchtold d'Urach, fut la souche de la maison de Furstenberg; mais sa branche s'éteignit avec lui, ainsi que la lignée des comtes d'Urach. Ce domaine, y compris la ville et le château, revint par échange au Wurtemberg. Le comte Eberhard-le-Barbu s'y plaisait beaucoup et y avait établi sa résidence. Dans la guerre de Schmalkald le duc d'Albe détruisit le fort, qui ne fut relevé que par le duc Christophe. Dans la guerre de Trente ans, Hohenurach, occupé par les Suédois, se défendit bravement contre les lieutenans du général autrichien Gallas, et ce ne fut qu'après une vigoureuse résistance qu'épuisée par la famine, la garnison consentit à suivre l'exemple que la ville lui avait donné depuis long-temps, et sortit du fort avec les honneurs de la guerre. Urach fut le dernier domaine qui fut rendu par les Autrichiens à ses maîtres légitimes, après la conclusion de la paix de Westphalie. Lors de l'invasion française de 1693, la forteresse servit d'asile à un grand nombre de fugitifs. Depuis ce temps elle fut abandonnée et fort peu restaurée jusqu'à ce que, dans le milieu du dernier siècle, elle tomba tout-à-fait en ruines, et les pierres qu'on en retira furent employées à la construction du château de chasse de Grafeneck, qui est dans les environs.

Au plus haut point du château on jouit d'une vue magnifique sur la vallée d'Urach, qui, par sa marche étroite à travers la montagne, par les montagnes boisées qui l'enserrent, enfin par l'issue qu'elle a dans une plaine large et bien cultivée, offre une grande ressemblance avec la vallée d'Heidelberg.

La vue que l'on a sur le château est bornée, et entre les deux sommets qui dominent le vallon, on n'aperçoit qu'un coin de la plaine éloignée, dont le château d'Hohenheim et les campagnes qui entourent Stuttgart forment l'extrémité.

On remarque au bas du château, à l'orient, le bourg d'Urach, qu'enrichissent chaque jour une filature et le commerce des laines introduit, en 1597, par le duc Frédéric Ier. Au dessous s'aperçoit l'ancienne résidence du comte Eberhard-le-Barbu, le château fondé par le comte Louis de Wurtemberg, en 1443, et embelli par Eberhard que nous venons de nommer, à l'occasion de son mariage; château que Martin Crusius trouvait plus beau qu'il ne le paraissait du dehors, et qu'il comparait à un château royal. Les murs de cette demeure, dans la construction de laquelle le bois a la plus grande part, sont couverts d'un riche manteau de lierre; dans le vestibule on trouve une peinture représentant la palme, indice du pèlerinage au Saint Sépulcre d'Eberhard-le-Barbu, et sa devise, tout-à-fait héroïque, *Attempto* (c'est-à-dire *tento*, je l'ose)! Parmi les nombreux appartemens on distingue surtout une grande salle pavée en pierre, qui fut jadis la chambre nuptiale de ce même Eberhard, et une salle d'armes peinte et dorée avec magnificence, qui reporte sans cesse le souvenir sur les anciens maîtres du château et sur quelques époques de l'histoire de Wurtemberg. C'est dans cette dernière salle qu'au mariage d'Eberhard avec une princesse de Mantoue, quatorze mille personnes soupèrent en commun. Le vin, sortant d'une fontaine improvisée, passait immédiatement de la source dans les coupes. Dans la cour du château on remarque la statue de Henri-le-Fou, de grandeur naturelle.

En dehors du château, l'attention se porte d'abord sur le cloître de Saint-Amandus, fondé par Eberhard; le duc chrétien en fit don au prince luthérien Jean Ungnad, baron de Sonneg, qui, jadis ambassadeur autrichien à Constantinople et alors réfugié à Tubingen, voulait établir à Urach une imprimerie pour sa traduction slave de la Bible, et qui menant à fin ce projet fonda le premier établissement biblique. La fin de sa destinée transmit le fruit de ses travaux à la propagande de Rome. Maintenant le couvent est devenu un petit séminaire protestant; l'église dont Eberhard-le-Barbu avait déjà fait le temple de la ville, contient la stalle curieusement sculptée de ce prince. C'est dans cette église que le duc Ulrich réunit, en 1537, une assemblée de théologiens, qui firent enlever toutes les images qui se trouvaient dans la demeure divine.

Le couvent des Chartreux de Guterstein, qui est dans les environs, et qui maintenant disparu sans laisser de traces a vu s'élever à sa place une usine et un moulin, eut vraisemblablement une grande part à la conversion d'Eberhard, qui, dans les années de sa jeunesse, avait été dur et méchant. Le *vieux Père*, prieur de cette maison, possédait toute sa confiance, et, lorsque poussé par le repentir il partit pour la Terre-Sainte, ce fut à lui qu'il remit son testament en implorant à genoux sa bénédiction.

C'est ainsi qu'Urach et ses environs sont pleins des souvenirs du premier duc de Wurtemberg; ce prince magnanime auquel le pape dut son plus précieux bien, la sainte rose, que l'empereur lui-même jugeait digne du trône impérial, qui donna à Tubingen un asile aux sciences, qui, vivant dans un temps de troubles et de trahisons, put se glorifier de pouvoir poser sa tête au fond des bois sur le lit du moindre de ses sujets, et qui, à son lit de mort, put prononcer ces paroles remarquables: « Que celui à qui mon gouvernement a fait tort se présente, et mon bien entier, s'il le faut, est là pour réparer le mal que j'ai pu faire; si cela n'est pas encore assez pour obtenir mon salut, ô Dieu! mon créateur, voilà mon corps; châtie-le, et fais-en une victime d'expiation. »

LE CHATEAU DE LICHTENSTEIN.

« Du fond d'une verte vallée s'élève une roche audacieuse, et sur son front Lichtenstein semble se dresser joyeusement pour regarder la contrée.

« C'est dans cette solitude que jadis une noble dame vint s'établir : elle était lasse du monde et des hommes, et elle voulait vivre loin d'eux.

« Les murailles s'élèvent donc sur la roche solitaire ; les escaliers tournoient dans l'intérieur ; les plafonds s'établissent.

« Tout est prêt ; le donjon peut braver tous les orages ; la dame demeure en paix dans sa tour, et quand ses regards plongent dans la vallée, y découvrent les toits lointains des villages, elle peut se croire séparée d'eux par la mort même.

« Oh! dit-elle alors, l'air bleu, les rayons du lumineux soleil, le murmure du bois, tout cela m'appartient ; je suis l'ennemie de l'univers, je ne suis plus à lui ; car Dieu possède ma pensée tout entière.

Depuis cette époque le château fut, à ce qu'il paraît, toujours habité par des possesseurs misanthropes; car ce fut par un d'eux que le duc Ulrich, chassé de ses états, fut accueilli dans sa fuite.

« Il lui montra le sombre vallon qui s'étendait au loin sous leurs pieds, éclairé par les pâles rayons de la lune.

« Le duc tint long-temps ses regards arrêtés sur cet abîme, puis un soupir s'échappant de sa poitrine, il s'écria : O mon Dieu! comme mon pays est loin de moi!

« Mais le châtelain répondit : Sans doute, Seigneur duc, la terre est loin d'ici, mais le ciel en est proche ; quel est celui qui, en levant les yeux, ne se sent pas consumé du désir de demeurer dans ces sphères brillantes qui passent sur nos têtes ? »

Le duc proscrit apprit dans cette solitude à se rapprocher des choses d'en haut, et de tyran cruel qu'il était, il devint un prince pieux et juste.

« Comment un tel miracle a-t-il pu s'opérer? Où a-t-il appris à devenir généreux? C'est à Lichtenstein! car il a lu là dans le grand livre ouvert de la nature sur lequel ses yeux ne s'étaient jamais portés.

« Le donjon s'est écroulé depuis: sur ses ruines s'est élevée une étroite maison de chasseur: cependant les vents des montagnes, craignant toujours de se briser contre les murs du vieux château, n'ont pas encore secoué violemment ses murailles. »

L'histoire ne nous apprend guère plus de choses sur ce domaine que cette simple romance ; les seigneurs de Lichtenstein y résidèrent depuis 1243; il paraît que cette famille a possédé plusieurs châteaux du même nom. En 1389, Anselme et Schwenger de Lichtenstein ayant insulté les bourgeois de Reutlinger, ceux-ci s'emparèrent du manoir dans la guerre des Villes; mais bientôt après il devint fief du Wurtemberg. Crusius nous donne une description exacte de ce qu'il était autrefois. Dans la partie inférieure, dit cet écrivain, il y a des ouvrages de fortifications faits d'après l'ancienne méthode; un peu au dessus, on a mis des écuries magnifiques et des petites chambres au lieu de caves; tout cela est taillé dans le roc. En montant plus haut on trouve une salle très vaste et fort bien éclairée dont la muraille est percée de meurtrières. A l'étage supérieur on admire une chambre magnifique percée tout autour de fenêtres, d'où la vue s'étend jusqu'à Asberg, près de Ludwisbourg; c'est là qu'a demeuré long-temps le duc proscrit Ulrich de Wurtemberg, qui, pour jouir de cet asile, n'avait eu qu'à se présenter devant la porte, et à dire: *Voilà l'homme!*

C'est dans cet état que ce château resta jusqu'à la fin du siècle précédent, où il fut abattu; on ne conserva que les solides fondemens sur lesquels avaient reposé ses tours et ses murailles, et qui virent s'élever la maison de chasse actuelle qui a conservé le nom du donjon féodal; ce dernier n'existe plus que dans notre romance, dans de vieux dessins, dans la *Chronique de Crusius*, et surtout dans le beau roman si connu du poète souabe Hauff, enlevé trop tôt aux lettres par une mort prématurée. Il a esquissé avec talent l'ombre d'un vieux chevalier de Lichtenstein et de sa fille Berthe, et, fidèle à la tradition, il n'a pas oublié le duc Ulrich et la grotte des Nuages où on portait la nourriture au proscrit. L'écrivain, guidé par Crusius, nous a fait une description pleine de vie et de couleur du vieux château où son héros, Georges de Sturmfeder, après une méchante aventure, retrouva sa Bertha, son père, le duc qu'il ne reconnaît pas, et le fidèle Pfeifer de Haerdt. Nous ne pouvons résister au plaisir de la donner ici.

Georges eut tout le temps de considérer le manoir qui se présentait à sa vue. Si, au sein d'une nuit sombre, l'architecture hardie de ce manoir avait déjà frappé ses regards à la lueur incertaine de la lune, il le considérait avec bien plus de charme encore maintenant que les rayons du jour l'éclairaient tout entier. Un svelte rocher, semblable à la tourelle d'une abbaye, s'élève libre et fier du sein d'une vallée de l'Alb. Autour de lui, le vide; il semblerait qu'un éclair, jailli du sein des nues, l'ait détaché tout entier de ce monde, ou qu'un tremblement de terre l'en ait isolé, ou bien qu'un déluge des temps primitifs ait enlevé d'autour de sa base tous les terrains plus mouvans que ses ondes ont pu miner. Du côté même du sud-ouest, où il se rapproche du reste de la montagne, on voit une déchirure profonde qui l'en sépare, ravin assez large pour que le plus hardi chamois ne puisse le franchir, mais pas assez cependant pour que l'art des hommes n'ait su y construire un pont qui unit ce que la nature a divisé. Le petit manoir était là suspendu au faîte du rocher comme le nid d'un oiseau au sommet d'un chêne ou aux créneaux d'une tourelle; l'espace qu'il occupait n'était pas grand. Aussi, avec une tour, un bâtiment fortifié formait toute la demeure des seigneurs; mais malgré cette petitesse, de nombreuses meurtrières béantes à sa base, et qui laissaient sortir les gueules noircies des canons, prouvaient que la défense serait rude et l'attaque difficile pour ses assaillans. Les fenêtres nombreuses et claires qui s'ouvraient aux étages supérieurs lui donnaient un aspect gai et hospitalier ; mais si l'œil planait sur ses murailles et considérait ces masses épaisses et les larges contreforts qui les soutenaient, surtout si l'on remarquait la couleur sombre dont le souffle des tempêtes et des siècles les avait revêtues, et qui les identifiait avec le reste du rocher, on sentait que ce manoir était enraciné dans le sol, et que ni la rage des élémens ni la fureur des hommes ne pouvait l'épouvanter.

Georges, après avoir traversé le pont-levis avec le vieux Pfeifer, passa sous la porte intérieure ; elle était bâtie à l'ancienne mode, profonde et épaisse ; des herses, des ouvertures pour verser l'huile bouillante et le plomb fondu, la défendaient, ainsi que nombre d'autres inventions propres à arrêter l'ennemi lorsqu'il se serait emparé du pont-levis. Quoi qu'il en soit, Lichtenstein ne devait pas seulement à la main des hommes les défenses extraordinaires qui s'étendaient autour de ses murs ; la nature y avait aussi contribué, car des masses entières de rocs faisaient partie de sa ceinture, des murailles et des écuries, ainsi que les belles chambres qui servaient de caves, étaient entièrement taillées dans le rocher. Un escalier à vis conduisait aux étages supérieurs du château où les précautions militaires n'avaient pas été négligées ; car dans le corridor qui conduisait aux différens appartemens, pièce généralement destinée aux usages domestiques, on avait placé de redoutables arquebuses et des caisses de boulets. De cette salle on montait au second étage où un vaste salon, éclairé par plusieurs fenêtres, servait au chevalier de Lichtenstein à recevoir ses nobles hôtes.

C'est maintenant à la place de cette ancienne salle

d'armes, au second étage du petit château moderne de Lichtenstein, que se trouve la chambre des étrangers d'où l'on jouit d'une vue telle que l'œil le plus blasé ne pourrait s'empêcher d'y trouver du plaisir. Du haut du rocher l'œil plonge a une profondeur d'au moins trois cents pieds, qui, traversés par le ruisseau de l'Echag, large d'environ un demi quart de lieue, enferré à droite et à gauche entre des montagnes couvertes d'un épais fourré, s'étend dans une longueur d'un mille et contient trois jolis villages entourés d'arbres fruitiers et de prairies toujours verdoyantes. Sur l'arrière plan du tableau un groupe de montagnes cache à demi le volcanique sommet de l'Achalm, qui semble prêt à tout moment à s'écrouler et à disparaître aux regards du spectateur. A droite et à gauche le pays large et riant va se perdre ou plutôt se fondre à l'horizon dans une teinte douce et suave, qui le confond avec les hauteurs qui entourent Stuttgart du côté de Hoheinhem.

Dans les environs on trouve les villes de Pfulheim et de Reutlingen; à la gauche de l'observateur, un peu plus loin et derrière le rideau des montagnes se trouve Tubingen; dans leur sein Hohenzollern et Hechingen se cachent sous un voile de forêts. Pour le voyageur hardi qui ne craint pas de monter au haut de la maison, il aperçoit, à l'aide d'une lunette, la chaîne entière du Vorarlberg et des Alpes suisses jusqu'à Sœntis et Glarnisch. Le garde-chasse qui habite cette solitude soupire depuis des années sur l'ennui de ses journées, sur la fureur des ouragans, la rigueur des hivers et la brièveté des étés. Cependant, aux plus beaux jours du printemps, à la Pentecôte, la joie court gravir la montagne pour animer un instant cette demeure oubliée dans les nues. On illumine la grotte des Nuages, et de tous côtés afflue une multitude innombrable d'hôtes joyeux dont les uns, les plus jeunes, viennent goûter pour la première fois les charmes de cette contrée solitaire ; dont les autres, les plus vieux, viennent se reporter ici aux jours passés d'amitié et de bonheur. Après avoir gravi péniblement à cheval ou en voiture, du côté de Pfulhingen, à pied du côté d'Unterhausen, on arrive à une prairie, sous laquelle s'ouvre la grotte qui, bientôt éclairée par mille flambeaux, voit les caravanes se précipiter gaîment les unes après les autres dans son sein. Bientôt enfin on arrive au château dont l'aspect magique surprend toujours ceux même qui le voient pour la dixième fois.

« Il n'est plus solitaire à cette heure ; de toutes parts il lui arrive des hôtes pleins de bonne humeur ; ils sortent d'une caverne, et cependant ce ne sont point des misanthropes.

« Mainte charmante figure de vierge apparaît en ce jour où le château porte à bon droit son nom de Lichtenstein (pierre de lumières).

« Les hommes s'asseyent autour d'une table, les jeunes filles à leur côté ; la terre semble leur sourire et le soleil les bénir.

« Ils se versent à boire et ils lèvent leurs coupes pleines de vin en l'honneur du duc et de la noble dame ; il les prient du haut du ciel de veiller sans cesse sur leur demeure terrestre.

» Et, lorsque la nuit arrivant, ils s'en retournent pleins de joie et de tranquillité, Lichtenstein reprend son calme et sa solitude solennelle. »

LA GROTTE DES NUAGES.

Les beautés pittoresques de la Souabe ne se bornent pas à ce qu'on voit sur la surface du sol ; il y en a encore qu'il faut aller chercher dans les entrailles de la terre. Nulle province d'Allemagne n'est aussi riche en cavernes et en souterrains; presque chaque année on en découvre de nouvelles; et là même où l'on devrait le moins s'y attendre, règne la plus grande diversité, et les stalactites que renferment ces souterrains sont divisés en autant d'espèces et de genres que les fleurs et les plantes qui croissent et fleurissent à la surface de la terre.

Le plus anciennement connu, le plus célèbre et le plus imposant de ces souterrains c'est la grotte des Nuages, qui ne cesse de jouir de son ancienne renommée malgré la dégradation que les visites continuelles ont apportée dans l'éclat de ses stalactites.

Le nom primitif et plus modeste que le peuple lui avait donné est le *Trou des Nuages*, nom qui lui vient, sans nul doute, des exhalaisons qui en sortent. Le fameux voyageur allemand Keysler l'a fait connaître, il y a environ cent ans, aux étrangers, en en donnant une description complète et en signalant ses grands points de ressemblance avec la grotte de Baumann. Il a calculé la longueur de tous les passages, depuis l'entrée extérieure jusqu'à l'endroit qui en est le plus éloigné, espace qui, suivant lui, comprend quatre cent quatre-vingt-huit pieds.

La grotte est à trois lieues au-delà de Reutlingen, à l'extrémité d'une petite vallée d'Oberhausen, à côté d'un grand rocher couvert de bois, qu'on nomme le Stellenberg. Son entrée élevée et majestueuse comme un portail, est pourvue d'une porte ordinairement fermée, dont la ville de Pfullingen et le petit village d'Oberhausen possèdent les clés. Cette entrée s'ouvre, du côté du nord-est, sur une muraille de rochers nus et stériles, à environ cent quarante pieds au dessus du pied de la montagne, et deux mille cent cinquante-sept au dessus de la surface de la mer. La grotte se compose de plusieurs souterrains superposés les uns sur les autres, et dont deux portent le nom de Petites Cavernes supérieures. La grotte inférieure se partage en outre en deux parties, celle de devant et celle de derrière, qui toutes deux sont unies par un étroit passage. La direction de la caverne est du nord-est au nord-ouest; sa longueur est de cinq cent quarante pieds, dont trois cent vingt-cinq forment la longueur de la première excavation, et deux cent vingt-cinq celle de la seconde; sa longueur moyenne est de soixante-quinze pieds; sa hauteur atteint jusqu'à soixante-dix.

On descend d'abord par un escalier de soixante-huit marches, qui fut construit en 1803 à la place du sentier glissant et dangereux qui existait auparavant, et qui mène à la première salle. Dans l'escalier même la caverne s'élargit considérablement et s'élance en voûte à une hauteur de cinquante pieds; au haut de cette voûte une petite ouverture laisse pénétrer un rayon de lumière; cependant cette clarté s'éteint bientôt au milieu des épaisses ténèbres qui entourent le voyageur, et c'est avec un étonnement mêlé de cette sorte d'effroi qu'inspirent toujours les mystérieuses beautés de la nature, que l'on se trouve dans une vaste salle de quarante pieds de haut. A gauche s'ouvre une galerie de cent pieds de longueur à l'extrémité de laquelle une source d'eau sortant du rocher épaissit chaque jour et augmente les stalactites. La principale direction des souterrains est vers le nord-ouest. Le chemin, que des ponts rendent plus praticable, passe au dessus de rochers épais et de profonds abîmes. Sur le premier de ces ponts on admire de remarquables stalactites appelés l'*ours* et la *coupe*. Plus loin l'on arrive à un énorme groupe de rochers qui entoure un précipice effrayant. Ici la route se partage en deux branches dont la première, celle de gauche, conduit dans la grotte proprement dite où sont les plus remarquables pétrifications, telles que la chapelle, le sceau, l'autel, l'orgue, des draperies, des images de saints dans des niches; cette partie de souterrains contient aussi le plus grand bassin d'eau, et c'est là que se termine la caverne.

Le chemin que l'on voit à droite vous fait passer sur un pont et vous conduit par un passage étroit à la grotte de derrière qui, dès l'entrée, s'élève à une hauteur de vingt à trente pieds, et qui est large de quarante à cinquante. C'est là que l'on trouve la pierre nommée *les fonts baptismaux*. Cent cinquante pas plus loin cette grotte se partage en deux branches et se continue ensuite en un étage supérieur. Cet étage, de difficile accès, court dans la direction du sud-est au nord-ouest, et ne peut être escaladé qu'avec le secours des échelles. Elle se divise en quatre parties, dont l'une, voûtée, est fort riche en pétrifications. Enfin on arrive, vers l'extrémité nord de la grotte de derrière, à deux petites excavations difficiles à escalader; c'est dans une fente du rocher qui forme la muraille de l'une d'elles que l'on trouva jadis un fémur humain. Toute cette caverne est creusée dans des roches calcaires, et les productions minérales qu'on y rencontre sont du chiste, du spath et des stalactites. La température ordinaire est de 4,8° de Réaumur.

C'est au poète à qui nous devons une peinture si animée de Lichtenstein que nous aurons recours encore une fois pour terminer la description de cette caverne; car la poésie n'a pas dédaigné de descendre dans ces profondeurs; c'est avec raison qu'Uhland vante ces productions patriotiques du jeune poète dans ces beaux vers sur la *mort prématurée de Hauff.*

« La patrie était encore animée par l'éclat du printemps. Sur la pierre aride à laquelle le vieux château a dit un éternel adieu, s'en élevait un autre ; mais cet autre était magique, féerique et tout de nuages. Cependant, dans la grotte où la puissance patiente des génies enfante des formes mystérieuses, nous vîmes toutes ces créations bizarres se revêtir à la lueur étincelante du flambeau de la poésie, de formes héroïques, et ces salles cachées dans le sein des rochers s'animèrent à la parole inspirée d'un homme. »

La scène dans laquelle Hauff conduit son héros dans le souterrain où se cache le duc Ulrich, est, sans contredit, une des plus belles du roman. Voici comment le poète décrit l'entrée de Georges de Sturmfeder dans la caverne :

« L'homme de Hardt saisit une des torches et invita le jeune homme à en faire autant, car le chemin était sombre et parfois dangereux. Après lui avoir donné cet avis à voix haute, il franchit rapidement la sombre entrée. »

Georges s'était attendu à voir une crevasse étroite, semblable à la retraite d'une bête fauve, telle qu'il en avait vu quelquefois dans les bois de son pays ; mais quel fut son étonnement lorsqu'il vit se déployer à sa vue les salles immenses d'un palais souterrain. Dans son enfance il avait appris un conte d'un écuyer dont le bisaïeul avait été prisonnier en Palestine, et qui avait transmis cette fable de génération en génération à sa postérité ; ce conte disait qu'un enfant avait été enfermé par un méchant enchanteur dans un séjour souterrain dont la beauté et la magnificence effaçaient tout ce qu'on avait jamais vu sur la terre. Tout ce que l'imagination brillante de l'Orient avait pu inventer, co lonnes d'or à chapiteaux de cristal, murailles de diamans, coupoles enrichies d'émeraudes, on racontait tout cela de cette demeure magique. Cette légende, amusement de son enfance, revint à l'esprit du jeune homme, elle réalisa ses merveilles devant ses yeux. A chaque instant il s'arrêtait, levait sa torche, s'étonnait : car il ne pouvait se lasser d'admirer ces voûtes et ces arceaux qui se prolongeaient devant lui étincelans de mille feux. Cependant sa surprise augmenta encore quand son guide, tournant à gauche, l'introduisit dans une salle qui semblait être le splendide salon de ce palais de fées. Remarquant l'effet que produisaient sur son jeune compagnon toutes ces merveilleuses magnificences, le vieux Hardt lui prit sa torche, et, montant sur un rocher, éclaira ainsi une grande partie de la salle.

Les murailles étaient formées de rocher d'une blancheur éblouissante, des arceaux de voûtes, dont la hardiesse étonnait le spectateur, s'élançaient et formaient une brillante coupole; le rocher étincelant de mille gouttelettes réfléchissait dans leur sein toutes les couleurs de l'arc-en-ciel, et des sources d'eau limpide coulaient dans des bassins qui semblaient de cristal. Des rochers de cent formes différentes étaient rangés autour de cet étonnant salon, et l'imagination enivrée, l'œil ébloui, croyait voir tantôt une chapelle, tantôt de grands autels ornés de riches draperies ou des tribunes gothiques artistement sculptées. L'orgue elle-même n'était pas cherchée en vain dans cette cathédrale souterraine, et les lueurs brillantes des torches flottant sur les murailles semblaient tantôt faire ressortir, tantôt cacher les images des saints dressés dans leurs niches.

Quand le guide crut avoir assez satisfait à la curiosité du jeune homme, il descendit du rocher. C'est ici la Grotte des

Nuages, lui dit-il ; on la connaît peu dans le pays ; et les bergers et les chasseurs seuls savent qu'elle existe. Cependant peu d'entre eux tentent encore d'y pénétrer, car on raconte beaucoup d'histoires de spectres et de génies qu'on prétend l'habiter. Je ne conseillerais pas à celui qui ne la connaît pas bien de s'y aventurer. Elle a des abîmes sans fonds et des lacs souterrains d'où l'on ne revient jamais une fois qu'on y est tombé. Elle contient aussi des chambres qui ne sont connues aujourd'hui que de cinq hommes.

— Et le chevalier proscrit ? demanda Georges. — Prenez la torche et suivez-moi, répondit Hardt, et il le précéda dans les passages. A peine avaient-ils fait vingt pas, que Georges entendit les sons lointains d'un orgue. Il le fit remarquer à son guide.

— C'est un chant, répondit celui-ci ; ces voûtes le répètent et le font vibrer de la manière la plus douce. Lorsque deux ou trois hommes chantent ici, on croirait entendre tout un chœur de moines chantant ses heures. Le chant devenait de plus en plus distinct ; plus ils approchaient, plus la mélodie se détachait pure de l'écho qui la répétait, en la rendant moins nette. Ils tournèrent un coin de rocher, et au dessus de leur tête ils entendirent la voix du chanteur, qui s'étendait au loin, se brisait et se répétait dans les angles des rochers et dans le murmure sourd et lointain des cascades.

Les deux hommes prêtèrent l'oreille, et ils entendirent ces mots que chantait le proscrit :

« A cette tour d'où mes regards se sont si souvent abaissés sur un beau pays, à ces créneaux où flottait jadis la bannière de mes ancêtres, s'élèvent maintenant avec orgueil les drapeaux des étrangers. Les châteaux de mes pères sont conquis, la gloire de leurs descendans est détruite, et vaincu et sans vengeance, il en est réduit à chercher un asile dans les entrailles de la terre.

» Là, où dans les jours de ma jeunesse, mon cor faisait gravement retentir la campagne, mes ennemis sont maintenant chassant un noble gibier. Je leur sers de bête fauve, les limiers préparent leurs dents; ils ont soif de la sueur du cerf aux abois; la curée leur est promise.

» Les meurtriers tiennent leur arbalète prête; ils me traquent dans les bois et dans les vallées; voilà pourquoi je parcours mes propres états sous les vêtemens grossiers d'un mendiant; là où jadis j'ai donné fièrement mes ordres, il me faut venir gratter timidement à la porte et demander humblement un morceau de pain.

» Vous m'avez chassé hors de ma demeure, cependant je reviendrai y frapper. Courage donc! Tout n'est pas encore perdu! J'ai une épée et je suis un homme; je ne cède pas; je supporterai tout, et si mon courage ne peut l'emporter, mes ennemis pourront dire au moins : C'était un homme, et il n'a pas cédé. »

Cette belle romance a été mise en musique par mademoiselle Emilie Zumsteg, fille du célèbre compositeur, et la mélodie gracieuse et originale qu'a produite cette dame mériterait d'être plus connue.

Tout ce qu'Hauff dit de la grotte dans son roman est peint d'après nature. Les chants d'une nombreuse jeunesse enthousiasmée de son talent, ont salué le poète dans le dernier été de sa vie, où il vint dans cette caverne, avant de descendre dans sa tombe, et de bruyans témoignages d'affection et de respect que l'écho de la postérité a répétés saluèrent le jeune poète qui allait mourir. C'est avec raison qu'Uhland a dit :

« De joyeux compagnons se remuent sur les bancs de rochers; ils élèvent leurs coupes pleines et chantent des chansons à boire. Jamais la caverne n'a retenti, comme aujourd'hui, de tant de bruit et de tapage! »

LE CHATEAU DE HOHENZOLLERN.

Deux pics de montagnes dominent visiblement la longue chaîne des montagnes de l'Alb souabe; c'est, à l'extrémité orientale, Hohenstaufen, sur le sommet duquel l'œil inspiré aperçoit seul encore le château détruit d'une race de souverains immortels; et à l'extrémité occidentale Hohenzollern, berceau couvert de ruines d'une florissante race de princes. Ce dernier manoir, jadis très fort, s'élève à une demi-lieue de distance d'Hechingen, au haut d'une montagne d'environ huit cents pieds, dont un rocher calcaire forme le sommet. Un sentier qui passe sur plusieurs ponts, conduit seul à cette plate-forme, sur laquelle est le château, et jadis la forteresse était encore défendue par neuf portes revêtues de fer; telle qu'elle est maintenant, elle a la forme d'un parallélogramme rectangulaire, et consiste en un bâtiment principal flanqué de deux ailes, dont le côté du sud-est est depuis long-temps libre, les constructions qui l'occupaient s'étant écroulées à l'exception de l'église. A droite, se trouve l'arsenal, dans lequel on conserve quelques canons et une collection assez remarquable d'armures, de piques, de lances et d'autres armes maintenant hors d'usage. On y remarque entre autres quelques armures d'acier ciselé et garnies d'ornemens. Tout cela est conservé dans une grande salle destinée uniquement à cet usage. A côté de cet arsenal s'élèvent deux moulins, dont les mécanismes tout particuliers sont mis en mouvement, celui d'en bas par des chevaux, celui d'en haut par des hommes. Vis-à-vis du bâtiment se trouve la chapelle, construction qui, bien qu'assez vaste, n'a pas beaucoup d'apparence ; c'est cependant la partie la plus ancienne du château ; car on peut la faire remonter avec certitude au XIe siècle. La forteresse n'avait pas de fontaine ; une grande citerne où aboutissait l'eau des toits en tenait lieu. Le reste du château est occupé par de vastes salles qui n'ont rien de bien remarquable en elle-mêmes; dans la cour deux arbres à moitié morts de vieillesse, arrêtent encore les regards ; des souterrains taillés dans le roc serpentent dans les flancs de la montagne. A la fin du dernier siècle, l'ensemble des bâtimens se trouvait dans un état si déplorable, que le dictionnaire topographique de la Souabe disait avec regret que ce célèbre château d'où est issue la maison royale de Prusse, ne devait bientôt plus former qu'un monceau de décombres.

Depuis cette époque, la noble et puissante famille dont ces ruines ont été le berceau, a ramené ses pensées vers la demeure de ses pères, et depuis le séjour d'un mois qu'y fit S. A. R. le prince royal de Prusse dans l'été de 1823, les bâtimens ont été relevés, et mis en état d'être habités ; en outre, une grande tour de pierre a été construite, qui domine les ruines peu apparentes d'ailleurs, et offre une vue immense sur les montagnes et les plaines qui s'étendent autour d'elle. L'ouest, le nord et le nord-est se présentent aux regards du spectateur avec toutes leurs beautés, et vers le midi, la chaine de l'Alb, couronnée d'épaisses forêts, présente leur majestueux amphithéâtre à l'œil du spectateur étonné.

La race de Hohenzollern perd son origine dans la nuit des temps ; la tradition parle tantôt d'un comte Meginhard.

qui doit avoir vécu dans le Ve siècle, et qui poussé par sa ferveur religieuse, se serait retiré dans un désert de la Suisse ; tantôt d'un comte italien, Ferfried, qui, issu de la célèbre famille romaine des Colonna, aurait été forcé par les guerres civiles de cette époque de quitter l'Italie, et aurait reçu à fief de l'empereur ce château et quelques terres de l'empire, vers 1040. D'autres prétendent que cette famille descend des Guelfes, et ils considèrent comme souche commune des illustres maisons de Habsbourg, de Lorraine, de Bade et de Hohenzollern un descendant du roi franc Pharamond, nommé Ethiko Ier, et surnommé Adelreich, qui au commencement du VIIIe siècle, était duc d'Alsace et d'Alemanie. Le fils cadet de ce prince, Ethiko II, surnommé Haching, a, dit-on, fondé la ville de Hechingen ; son fils aîné, Adelbert, compta parmi ses descendans Thassilo, qui est le premier comte de Zollern dont l'histoire fasse mention avec certitude, et qui vivait vers l'an 800 de notre ère. On suppose que le château de Hohenzollern, *castrum in colle*, existait dès cette époque. Thassilo prit son nom en en faisant l'acquisition. Son fils, Thanko, homme d'une bravoure à toute épreuve, et qui fut en petit ce que ses descendans ont été sur un plus vaste théâtre, arbitre de la paix et de la guerre, continua de perpétuer la race des Zollern, qui se partagea dès-lors en plusieurs branches très puissantes ; le petit-fils de Thanko, Frédéric Ier, est regardé comme le restaurateur du château de ses ancêtres, auquel il fit de nombreux agrandissemens. Voici ce que Munster, dans sa *Cosmographie*, dit au sujet de ce prince : « On ne parle pas beaucoup de ce Friedle ; on ne sait s'il a été guerrier, courtisan ou simple seigneur vivant retiré dans sa solitude ; mais tout le monde est d'accord sur ce point, que c'est lui qui a reconstruit Zollern. » Son petit-fils, Frédéric III, conseiller de l'empereur Henri IV, vers 1111, était un des hommes les plus estimés de son époque ; Adolphe II, fils aîné de celui-ci, partisan dévoué des Guelfes, décida en leur faveur la sanglante bataille de Wohred, près de Tubingen, livrée le 6 septembre 1164. A dater de ce temps, la maison de Zollern resta partagée en deux branches, dont l'une fut, en Franconie, la souche des burgraves de Nuremberg, et dont l'autre, issue de Frédéric IV, fils aîné de Rodolphe, conserva les biens que ses aïeux possédaient en Souabe. L'histoire nous entretient désormais davantage des burgraves. Un de ces seigneurs assiégeait Stuttgart en 1286, à la suite du roi Rodolphe de Habsbourg, tandis que son cousin Frédéric, comte de Zollern, défendait vaillamment la ville avec ses alliés. Au commencement du XIV° siècle, on trouve Zollern entre les mains d'Eitel-Frédéric III, qui avait épousé Marguerite, fille d'Eberhard-le-Grand, de Wurtemberg. Leur fils aîné, Frédéric V, surnommé Ostertag, fut un homme bon et joyeux, qui passa sa vie à jouir de son bonheur domestique et des plaisirs de la chasse ; il fut père de Frédéric-le-Noir qui, renonçant à la vie pacifique qu'il avait menée jusque là, fut un vaillant soldat, qui fit la gloire de l'empire, jusqu'au jour où, trahi par la fortune, il tomba à la bataille de Sempach. Frédéric VII de Zollern, mort en 1426, eut une destinée des plus tragiques, il fut forcé d'engager le château de ses pères à Bade. Il avait été conseiller du comte Eberhard IV, de Wurtemberg ; néanmoins, il refusa ses services d'une manière formelle et hautaine à sa sœur, l'ambitieuse comtesse Henriette. Menacé des effets de sa haine, il dit avec dédain : une femme hargneuse ne va-t-elle pas m'engloutir ? A ce propos méprisant, la comtesse, dit une romance que nous citons ici, répondit par ces mots :

« J'engloutirai tout à la fois ton bien, ton château, ta vie et toi-même ! ton insulte n'est pas tombée sur une femme, comme tu le croyais, mais sur une tête princière ! »

Peu de temps s'écoula entre cette querelle et le commencement de la guerre entre le comte et les villes impériales ; celles-ci envoyèrent leurs milices pour l'assiéger dans son château d'Hohenzollern : mais

« Il fit lever le pont-levis ; il ferma ses lourdes et épaisses portes ; il conduisit ses hommes d'armes sur le rempart, et leurs coups renversèrent bien des assaillans. »

Pendant un an entier, il resta derrière ses murailles sans que ses ennemis pussent réussir à rien.

« Tout-à-coup on vit paraître à l'horizon une nouvelle armée ; il y avait deux mille hommes au moins, peut-être plus. La sentinelle s'écria : Prends pitié de nous, Seigneur Jésus, c'est la bannière de Wurtemberg !

» Le vaillant comte combattit encore pendant une année entière jusqu'à ce qu'il n'y eut plus rien ni dans le grenier ni dans la cave. Mais enfin il fallut bien qu'il se dît à lui-même en se mordant les lèvres de fureur : Elle a englouti tout mon bien !

» Il ouvrit lentement la porte, la troupe ennemie entra dans le château ; les bourgeois d'Ulm le ravagèrent et les Wurtembergeois rirent beaucoup en les voyant faire. On conduisit le comte prisonnier à Stuttgart ; ah ! s'écria-t-il, Madame, vous avez englouti mon château ; je n'ai plus de rançon à vous donner ; ma vie est entre vos mains ! »

La comtesse le fit jeter au fond d'un cachot.

« Il y demeura pendant dix ans ; ses cheveux blanchirent et son regard s'éteignit. Alors il tomba à genoux en murmurant d'une voix douloureuse : elle a encore englouti ma vie ! »

Enfin son ennemi mourut ; il reprit courage en se voyant libre ; et pour en témoigner sa reconnaissance à Dieu, il partit pour la Terre-Sainte :

« Elle m'a délivré, moi ! moi ! Je suis enfin libre de ses cruautés ! Il s'élance sur son coursier comme il le faisait jadis, et traversant les campagnes brillantes d'un doux soleil, il ne pense plus qu'à combattre pour la cause de Dieu !

» Il descend de cheval, il s'embarque, il aborde enfin, et il peut baiser le sol sacré de la Palestine.

» Mais alors il sent autour de lui l'odeur de la tombe ; toute sa force épuisée s'éteint, il ne lui reste plus qu'à mourir !

» Alors, tombant dans les bras de son écuyer, il respire encore une fois le vent frais du matin, sa tête mourante se penche, et il exhale encore ces mots avec le dernier soupir : elle m'a englouti moi-même ! »

Cela se passait en 1426. La veuve du comte tomba dans une telle misère, qu'il fallut implorer la pitié de son ennemi, la maison de Wurtemberg. Eitel Fritz, le frère de celui qui venait de mourir, finit par conclure un accommodement en cédant quelques villages, et en promettant pour lui et ses descendans de se montrer toujours fidèles serviteurs. Jost Nicolas, fils du dépossédé, releva le château en 1454, malgré les attaques des villes. Il fut quelque temps dans un état assez peu brillant, jusqu'au moment où le comte Frédéric de Zollern, évêque d'Augsbourg, y ajouta quelques bâtimens à la fin du dernier siècle ; et c'est dans cet état que la libéralité royale a contribué à le maintenir de nos jours.

La branche des Zollern, si abaissée, a cependant vu refléter sur elle une partie de la gloire qui échut aux burgraves de Nuremberg. Dès l'année 1411, le dixième de ces princes, Frédéric VI, avait obtenu le gouvernement de la Marche de Brandebourg, et ayant renoncé au burgraviat de Nuremberg, avait fixé sa résidence à Berlin. En 1417, la Marche de Brandebourg et la dignité électorale lui furent définitivement acquis à lui et à sa postérité, qui fut la souche des rois de Prusse.

Néanmoins le fils de Jost Nicolas, Eitel-Frédéric IV, releva aussi l'éclat de sa race ; il fonda, entre autres, un ordre de chevaliers, destiné à combattre les Turcs. Le fils de ce dernier, Eitel-Frédéric V, élevé à Bruxelles avec Charles-Quint, fut empoisonné à Pavie en 1525. Son petit-fils, Eitel-Frédéric VI, est la souche des Hohenzollern-Hechingen, élevés au rang de princes depuis 1653, et qui possèdent aujourd'hui le château d'où sont sorties tant d'illustrations.

Dans la guerre de trente ans, où l'Autriche obtint le droit d'ouverture, le château fut pris par les Wurtembergeois ; il le fut encore dans la guerre de Bavière, par les Français, en 1740. En 1798, l'Autriche ayant renoncé à ce droit, le fort n'a depuis aucune importance militaire.

Nous ne pouvons quitter ce pays, sans jeter un regard sur Belsen, petit village dont l'église s'élève au milieu d'une prairie entre des massifs d'arbres, et est si simple, si propre, si blanche, qu'on dirait qu'elle sort des mains de ceux qui l'ont construite. Je reviens ici formellement à l'opinion que j'avais émise jadis, que cet édifice devait sa construction aux Romains, et je pense qu'il faut le considérer comme un des monumens chrétiens les plus anciens du pays; ceux qui l'ont construit y ont incrusté quelques pierres d'un autel appartenant à la vingt-deuxième légion, et dont les bas-reliefs représentent des vases, des têtes de bœuf et des génies; on a placé ces sculptures comme ornemens au dessus de la chapelle, en les surmontant du signe victorieux de la rédemption. Le peuple a adopté l'opinion des savans mythologues du XVIe siècle, qui de l'église de Belsen faisaient un ancien temple de Baal.

Dans notre gravure qui présente Hohenzollern sous son point de vue le plus complet, l'artiste s'est permis une légère licence en plaçant sur le premier plan une petite chapelle qui, à la vérité, est un peu plus éloignée, mais dont il n'a pu se défendre de représenter l'aspect enchanteur.

HEIGERLOCH.

Lorsque après être descendu de l'Alb, on a laissé Hohenzollern derrière soi, il ne faut plus s'attendre à être surpris par une nature ravissante. Encore quelques collines, encore quelques forêts de hêtres, et l'on se verra dans une longue plaine semée de quelques villages sans importance, et sur une route de l'ennui de laquelle rien ne pourra dédommager le voyageur, que les regards de regret qu'il jettera sur les cîmes élevées de l'Alb qu'il vient de quitter, et qui de loin lui rappelleront encore le charme de leur nature agreste. Derrière le village de Rangendingen, la campagne devient si uniforme, qu'après n'avoir rien trouvé pendant plusieurs heures, on s'estime heureux d'apercevoir au loin une chapelle entourée de verts tilleuls, qui, placée sur une petite éminence, semble dominer toute la contrée. De loin on dirait que cette éminence n'est pas séparée de la plaine; cependant lorsque séduit par l'ombrage qu'elle présente, on veut aller chercher quelque repos sous ces arbres, on s'en voit tout-à-coup séparé par un abîme que l'on ne s'attendait pas à rencontrer sur son chemin; et c'est dans ce ravin semblable à un des abîmes de l'enfer du Dante que se trouve la petite ville d'Haigerloch, qui appartient à la principauté de Sigmaringen, et qui est placée de la manière la plus bizarre. « Cette ville est certainement devenue folle, » telle fut la première pensée qui se présenta à celui qui écrit ces lignes, pensée qui exprimée tout haut fit rire un vieux jardinier du prince, occupé à travailler à un petit enclos placé derrière le château, qui s'étend en avant sur une pointe de rocher. Devant cette ville que je disais être devenue folle, cet homme me parla d'un peuple qui l'avait été réellement. Pendant la première révolution française, jardinier d'un duc et pair, il avait vu ce seigneur coiffer le bonnet rouge et devenir l'égal de ses valets; ce digne patriote donnait fraternellement l'accolade républicaine aux sales sans-culottes qui venaient souiller ses beaux salons dorés. Je ne prêtai que peu d'attention à son histoire, et mes yeux ne se lassaient pas d'errer dans ces rues bizarres, qui semblaient ramper le long de la montagne, et serpenter autour du ruisseau, tandis que l'église et le château s'étaient emparés d'une place commode au sommet du rocher. Et plus je regardais, plus j'étais dominé par cette pensée. Cette ville est un être animé; elle était autrefois dans la plaine; un événement quelconque l'a portée au désespoir, et elle s'est précipitée dans ce précipice. C'est alors que je composai ce petit poëme:

HAIGERLOCH EN SOUABE.

« Sur la hauteur, la ville s'est endormie, comme un doux enfant; ses rues alignées et égales sont ses membres.

» Là, dans le ravin, au travers des cailloux, bruit et écume le ruisseau; tandis qu'en haut tout sommeille, lui, il veille toujours.

» Les nuages non plus ne dorment pas; mais ils poursuivent sans bruit leur chemin; enfin ils se réunissent, et serrés les uns contre les autres, ils forment un océan d'où va jaillir la tempête.

» Tout-à-coup, les éclairs sillonnent les nues, et le tonnerre gronde; et les rues et les maisons semblent être au milieu des flammes.

» La foudre en mugissant roule dans le ravin, et le ruisseau, grossi par la pluie, cherche à se frayer une route plus large.

» L'eau coule, et le ciel et la terre sont confondus comme au dernier jour; cependant les bourgeois dorment toujours.

» Cependant comme rien ne remue, comme rien ne bouge, les maisons s'inquiètent et s'effraient.

» La tempête les a toutes éveillées, elles courent dans la nuit et se pressent autour du beffroi.

» Celui-ci se met en marche lourdement à travers les rues, tandis que toutes les cloches retentissent; l'église chemine à ses côtés.

» Mais les maisons plus légères l'ont bientôt devancé, elles se précipitent toutes ensemble au bas de la falaise.

» Le château lui-même s'avance dans son manteau de lierre et marche au milieu de la troupe.

» Tout descend dans le vallon, tout se presse au bord du ruisseau, où le repos ne peut encore échoir aux pauvres égarés.

» Car tout-à-coup le torrent furieux sort de ses bords, et l'ouragan est doublé par la rage des flots.

» Sur l'autre rive une langue de pierre domine la vallée ; ah ! s'écrient tous les voyageurs, qu'il serait heureux, celui qui pourrait être là !

» Aussitôt, la tour prend courage, elle a considéré la place ; et à la lueur blafarde des éclairs, elle s'élance et s'assied.

» L'église la suit ; le château fait de même, et les voilà tous ainsi placés derrière le ruisseau sur le sol ferme du rocher.

» Le reste de leurs compagnons trouvent place à grand'peine dans la vallée ; leurs rues se portent le long du ruisseau écumant. Leurs lignes grimpent sur les bords de l'abîme, et la porte se creuse dans le roc.

» Mais la nuit est passée, et l'air est devenu muet en l'absence de la foudre ; les citadins s'éveillent et jettent autour d'eux des yeux surpris !

» Quel miracle ! s'écrient-ils, comment sommes-nous ici ? Quel vertige nous a précipités dans ce gouffre ?

» C'est en vain que le regret les fait porter leurs regards sur la hauteur, ils n'y trouvent plus rien ; une petite église seule y est demeurée à l'ombre de ses tilleuls.

» Elle, elle a laissé toute sa confiance en Dieu ; elle ne s'est pas laissé entraîner au loin, et maintenant calme et tranquille, elle regarde d'en haut tout le trouble qu'a enfanté la peur.

» Là, dans l'abîme, ville, château et tour, attendent cependant avec impatience s'il ne viendra pas quelque nouvel orage qui puisse les tirer de l'abîme, pour les ramener à leurs anciennes places ; mais tout est paisible, et il faut qu'ils demeurent dans leur lieu d'exil. »

Haigerloch a, suivant toute apparence, porté dans l'origine le titre de comté, et elle a dû être possédée par une famille portant son nom. Du moins la collection des *Chants des Minnesaengers* de Manassé contient un petit poëme attribué à messire Albert, comte de Haigerloch, qui célèbre en vers élégans le sort de l'homme : qui tient enfermé dans ses bras un amour fidéle, et qui est lui-même constant dans son affection ; cet homme est plus heureux que le conteur d'amours toujours nouvelles, que l'on entend dire sans cesse : l'eau défendue vaut souvent mieux que le vin !

Cette seigneurie consistait, outre la ville, en quelques villages, des métairies et des couvens; les habitans sont catholiques. Plus tard, on la trouve possédée par les comtes de Hohenberg ; l'extinction de cette famille lui fit faire retour à l'Autriche, et un échange la mit sous le gouvernement de Hohenzollern Sigmaringen. La position bizarre de cette ville faisait l'admiration du duc Charles de Wurtemberg, qui dans ses propres états était si soigneux d'utiliser les belles situations pour y construire des châteaux et y tracer des jardins; et il déclara qu'elle méritait que l'art contribuât à l'embellir, et que lui-même, s'il était pauvre, voudrait s'y établir.

Ajoutons encore ici pour compléter la description topographique que nos vers ont tracée, que l'on ne peut aborder la ville que sur trois points, par la vallée, et par deux passages qui se trouvent dans les montagnes. Le château, qui est perché sur la hauteur avec d'autres bâtimens, est très vaste et se compose d'un corps de logis flanqué d'une aile assez étendue; une grande cour où coulent des fontaines bien entretenues s'étend devant la façade. Un beau jardin de plaisance, une vigne, chose singulière dans un endroit que l'on peut considérer comme le pays souterrain de Sigmaringen, contribuent encore à l'agrément de ce lieu. Assez près du château, mais quelques pas plus bas, et sur un rocher à pic se trouvent le clocher et la belle et vaste église paroissiale ; la haute et la basse ville ont encore deux autres églises, et sur la montagne opposée se présente cette jolie chapelle entourée des tilleuls, dont nous avons déjà parlé, et qui est dédiée à sainte Anne. Non loin de là, la grande route vient aboutir à la porte supérieure de la ville; ici s'élève une autre montagne placée entre deux profondes vallées. C'est au pied de cette hauteur que commencent les maisons qui s'étendent à droite et à gauche jusqu'au fond du ravin. Au milieu d'elles passe la route, qui descend sans difficulté jusqu'au faubourg, puis passant sur un pont assez long et solidement construit, remonte par une pente fort douce jusqu'à la plaine. A la porte opposée, on voit une vieille tour massive en pierres de taille, de construction romaine, si l'on en croit la tradition, et qui outre l'office de donjon, contient encore des cloches, dont une entre autres est d'une grosseur remarquable. Au midi, près de l'église paroissiale de Saint-Ulrich, se trouvait jadis un couvent de religieuses de l'ordre de Saint-Dominique, qui a cessé d'exister dès le XVIe siècle; depuis ce temps immémorial Haigerloch est devenu le siège d'un chapitre catholique. Les juifs qui habitent cette ville en grand nombre, y ont, dans une petite vallée, un quartier particulier, nommé *le Haag*, qui renferme aussi leur cimetière et leur synagogue. Le ruisseau dont les ondes gonflées serpentent à travers la ville a, sans nul doute, été témoin et acteur dans les vives secousses que la nature a éprouvées dans ce pays. Au dessous de la blanchisserie, on trouve encore sur de puissantes masses de granit de belles empreintes de coquilles. Sur le même torrent, à un petit mille de Haigerloch, on rencontre le village et les bains d'Imnau, dignes d'être connus pour leur eau ferrugineuse chargée de sels, dont la source supérieure, visitée par Kielmayer, et la source inférieure par Klaproth, ont la plus grande ressemblance avec les eaux de Schwalbach et celles de Spa. La source inférieure a pendant des siècles répandu dans le silence les bienfaits de ses ondes; depuis quarante ans environ, l'établissement des bains et l'auberge ont été établis dans l'état où on les trouve, dans les endroits les plus fréquentés par la foule des baigneurs. La source supérieure, découverte plus tard et nommée la *Fontaine des Princes*, est surtout visitée par les buveurs. Elle est située à l'extrémité orientale du jardin, à quatre cents pas environ de l'autre source. Toutes deux sont enfermées dans d'élégans pavillons et entourées d'allées d'arbres. La maison des bains, proprement dite, est à l'ouest de l'auberge. Il est à regretter que cet établissement ne puisse être visité que fort peu par les voyageurs, attendu les mauvais chemins et leurs détours multipliés, bien que l'on ait déjà pourvu au plus essentiel.

TUBINGEN.

L'Allemagne renferme un certain nombre de villes, la plupart insignifiantes, qui cependant sont les objets des souvenirs, de la reconnaissance, de l'amour de plusieurs milliers d'hommes, et dont l'image, abandonnée même à sa grossière laideur par la nature et par l'art, est considérée avec plus d'intérêt que le vallon le plus attrayant, ou qu'une résidence somptueuse et riche en monumens splendides n'en pourrait inspirer. Ces villes sont les petites universités de second ordre, asile de la jeunesse qu'un esprit de vie exubérante n'agite pas encore, pépinière paisible où grandit l'enthousiasme pour les ruines et pour l'art, fidèles témoins des premiers sentimens d'amitié et d'amour, souvent de liens qui doivent être éternels.

C'est pour cela que dans une galerie qui doit présenter au spectateur les parties les plus intéressantes de la Souabe et du Palatinat, on ne saurait se dispenser de placer les écoles de ce pays, et heureusement leur situation et leurs environs les placent au nombre des points les plus remarquables en beautés naturelles. Sur notre gravure qui représente Tubingen, sans doute l'œil de maint vieillard s'arrêtera avec attendrissement, et celui qui trace ces lignes ne sera pas seul à ressentir l'émotion qui le saisit toujours au souvenir de ce lieu.

« Comment pourrai-je t'oublier, ô douce ville des Muses, toi qui as possédé toute mon ame et qui m'as tant aimé!

» Pour te chanter, pour parler de toi, oh! je pourrais supporter mille maux; il me semble que le souvenir n'est pas seul à te rappeler à moi; il me semble te voir encore! »

Si la position de la ville de Tubingen n'offre rien d'aussi imposant que celle de ses sœurs, Fribourg et Heidelberg, au moins peut-elle l'emporter par l'aspect agréable et attrayant de ses environs. Si on l'examine du côté du sud, on voit ses rues s'élever en amphithéâtre l'une derrière l'autre, sur une colline que baigne faiblement le Necker; le côté le plus beau de son château, les principaux bâtimens de l'école, son église gothique, font tous face au fleuve qui serpente avec rapidité à travers deux prairies verdoyantes coupées de longues allées d'arbres, arrêté quelquefois dans sa course par des ponts; puis, au sortir de la ville, l'œil découvre encore comme son prolongement une longue avenue de peupliers qui borde la route militaire. Le ravissant vallon d'Ammerthal où elle se perd, nous le dérobe bientôt, tandis qu'au sud s'ouvre la vallée de Steinlacthal, si riche en forêts, la route de Suisse et les sommets pittoresques de la chaîne de l'Alb souabe. C'est ainsi que Tubingen se trouve placée entre deux montagnes, qui séparent l'une de l'autre la vallée de l'Ammer et celle du Necker ; et au carrefour de trois autres vallées, si bien associées elles-mêmes aux hauteurs qui les forment, que le vieux château occupe la pointe du Spitzberg, que la partie orientale est dispersée sur la colline, qu'un étroit ravin sépare de l'OEsterberg, et qu'enfin sur la cîme de ce dernier s'est placé, avec son entourage de jardins et de maisons de campagne, le beau bâtiment moderne d'anatomie.

Notre gravure représente la ville de ce côté; vue de profil, l'artiste s'est placé au dessus du château, et il a su donner à la vieille ville, qui n'est rien moins que belle, une physionomie telle, qu'en restant, comme il l'a fait, dans les limites de la plus stricte vérité, on lui trouve un aspect presque agréable.

Le nom de Tubingen a exercé depuis long-temps la sagacité des savans, mais sans beaucoup de succès; le dériver de *Tubanti*, que d'ailleurs Tacite a placé dans les environs de Bonn, ne nous paraît pas très heureux; nous n'accepterions pas non plus ce nom donné par une inscription antique apocryphe ; il nous reste le mot Twinge ou Zwinge, qui signifie un fort, et comme la terminaison *ingen* est commune à beaucoup d'autres noms de villes, on peut la regarder comme explétive et ne faisant pas partie de la racine même. Dans les plus anciens documens, la ville est nommée tantôt Twingen, tantôt Tiwingen, tantôt Toingen; et certainement la dernière opinion concernant son étymologie pourrait tirer quelques secours de ce fait. L'histoire de la ville ne commence qu'avec celle de ses comtes palatins, qui vraisemblablement venus de la Rhétie, y élevèrent leur château ou pfalz, peut-être sur des fondations romaines, et dont les soldats s'établirent autour de la montagne qui portait leur donjon. Les premiers comtes de Tubingen dont l'histoire fasse mention, étaient deux frères qui vivaient vers 1110, et qui s'appelaient Henri et Hugues. Le premier comte palatin de Tubingen, également nommé Hugues, n'apparaît qu'en 1149; il possédait son domaine à titre de fief du duc Welf de Bavière; mais la discorde s'étant mise entre eux, le duc vint assiéger le château de son vassal qui, soutenu par Frédéric, fils du roi Conrad de Hohenstaufen, par les seigneurs de Zollern et d'autres encore, battit complètement les Bavarois. Ce ne fut qu'à grand'peine que le duc lui-même parvint à s'échapper, et se réfugia dans le château d'Achalm. En 1166, il prit sa revanche dans une nouvelle invasion qu'il fit sur le territoire du comte palatin, qui se vit enfin forcé de se rendre à la discrétion de son suzerain, à Ulm, en présence de l'empereur et de plusieurs princes, et qui expia dans une prison de trois années ses succès passés. En 1342, Godefroi II et Guillaume ayant vendu la ville au Wurtemberg, le titre de comte palatin s'éteignit, et eux et leur postérité ne portèrent plus que le titre de comte, tandis qu'une branche collatérale prit celui de seigneurs de Tubingen; le dernier de cette branche mourut en 1667, étant capitaine pour le Wurtemberg du haut Tubingen. Il se nommait Hans Jerg de Tubingen.

Le château, tel qu'il existe maintenant, ne remonte qu'au

XVIe siècle, et fut construit par le duc Ulrich de Wurtemberg; la grosse tour qui regarde la ville, et sur laquelle se trouve un observatoire, fut fondée par lui en 1507; une autre fut commencée en 1515; mais les Français l'ayant fait sauter en 1647, c'est sur son emplacement qu'on éleva depuis la tour carrée qui sert maintenant de prison criminelle; à l'ouest, à droite de la sortie du château, s'élève une troisième tour; à l'étage inférieur se trouvait le terrible cachot sans fenêtre, dans lequel on introduisait les prisonniers par le même trou qui leur fournissait avec peine et le jour et l'air. Le château est encore entouré de profonds fossés et de forts remparts qui datent de la même époque. En 1519, le jeune prince Christophe, après une longue résistance, ayant été pris avec les soixante-quatre gentilshommes qui l'entouraient, et le château qu'il défendait livré à l'alliance souabe, ce dernier demeura long-temps au pouvoir de l'Autriche; mais lorsque Ulrich fut de retour en 1535, la partie des constructions qui était en bois fut abattue, réédifiée en pierre, et pourvue d'élégantes entrées. Les successeurs de ce prince ne le négligèrent pas.

« Oui, il l'a relevée et l'a faite tel qu'il convient à la forte demeure des princes ; regarde, ô postérité, et admire sa force et sa magnificence.

» Voyez le duc entrer sous la grande porte, monté sur son rapide coursier ; son conseil l'entoure, et se ferme derrière lui.

» Hors du manoir, hors des boutiques, voyez, enveloppés dans leurs épais manteaux, les étudians à grandes barbes, lever en son honneur et leurs chapeaux et leurs épées. »

Depuis le 3 juillet 1747, Tubingen posséda en effet une université fondée par le noble ami de son peuple, l'homme qui a tant cherché à répandre les connaissances dans ses états, le duc Eberhard-le-Barbu.

C'est ainsi, dit l'acte de fondation, que dans l'intention d'aider à chercher dans la fontaine de la vie, dans laquelle on puise par tout l'univers, la sagesse consolatrice qui peut contribuer à éteindre le feu dévorant de la folie et de l'aveuglement, nous avons entrepris de fonder et d'instituer une université dans notre ville de Tubingen, qui a reçu du saint-siège toute l'approbation voulue, et qui est fournie des statuts nécessaires pour maintenir sa prospérité et son honneur.

L'université était un œuvre dont Eberhard était fier; et Tubingen fut depuis son séjour de prédilection. Souvent, lorsqu'il s'y trouvait, il renvoyait sa suite au château, et se rendait seul dans la demeure modeste de son ancien gouverneur, le savant Nauclerer, qui avait éveillé le premier ses idées, et qui habitait la maison de la chancellerie, non loin de l'église. Dans ce docte asile, il avait coutume de se lever avant le jour; puis il faisait sa prière, assistait pendant trois heures à des délibérations, et dictait des ordres à ses secrétaires; puis, il allait à l'église; ensuite il dînait dans la maison de Naucler avec deux ou trois convives pris parmi la noblesse et parmi les savans. Ces repas n'étaient pas plus délicats que ceux des plus simples bourgeois; mais ce qui était plus précieux, c'était les excellentes choses qui se disaient sur l'église, sur le dogme, sur le gouvernement, et sur les dangers que pouvait courir le pays. Après le dîner, il y avait audience publique, et le duc y répondait avec bienveillance aux moindres de ses sujets. Ensuite il se reposait quelque temps, disait vêpres, et se mettant à souper avec ses savans amis, il oubliait dans une conversation joyeuse les soucis du souverain. « Telle était, dit un contemporain, cette cour de prince qui se tenait dans la maison d'un vieux savant. »

Tubingen a compté dès son origine des maîtres distingués parmi ses professeurs; Gabriel Biel, Jean Reuchlin, et surtout les deux Vergenhaus (Neucleri) furent les premiers. On montre encore la maison où demeura Mélanchton pendant les six années de sa jeunesse, qu'il passa à étudier dans cette université. Le duc Ulrich n'aimait pas beaucoup l'hérétique ville de Tubingen; cependant il réforma l'université et mourut dans le haut Tubingen. Devant la porte du château, on trouve encore un tilleul qui, suivant la tradition, est venu d'une graine que le duc, entrant en grand appareil dans la ville, jeta de dessus sa barette.

A peine l'université existait-elle depuis vingt-quatre ans, qu'elle put déjà envoyer des professeurs célèbres à la haute école qui s'élevait à Wittemberg. Bientôt, par suite de ces relations amicales entre les deux universités, les opinions religieuses de Wittemberg se propagèrent à Tubingen. Mais Ulrich fut chassé, et l'Autriche, maîtresse du Wurtemberg, fit une résistance opiniâtre aux idées nouvelles, contenue qu'elle était par les opiniâtres théologiens cathologiques de Tubingen.

Écoutons une pièce de ce temps, qui, sous la forme d'un dialogue entre deux paysans, nous peut donner une idée de la haine des protestans pour ces docteurs catholiques.

FRITZ.

Mon cher Cunt, où es-tu resté depuis si long-temps que je ne t'ai vu ?

CUNT.

J'ai habité à Tubingen où j'ai été étudiant.

FRITZ.

Que dit-on de bon dans cette ville? Comment l'université s'arrange-t-elle avec Luther?

CUNT.

C'est à Tubingen comme ailleurs. Celui qui a des bénéfices est son ennemi et l'appelle hérétique, mais les pauvres gens l'aiment et le vénèrent.

FRITZ.

J'ai entendu dire que vous aviez un certain docteur Fels qui ne permet pas la lecture de Saint-Paul, uniquement parce que Luther le cite souvent.

CUNT.

Ce n'est pas Feltz qu'il s'appelle, c'est Lemp.

FRITZ.

Feltz et Lemp, ce n'est pas la peine de discuter, ces deux noms se ressemblent, puisse-t-il s'appeler fièvre!

Ici vient un torrent d'injures contre Jacques Lemp de Marbach, ancien théologien de Tubingen, qui, recteur de l'université en 1494, avait trouvé le moyen d'expliquer la transsubstantiation à ses élèves d'une manière évidente. Le dialogue finit par cette phrase : *que le temps est venu où la vérité pure va se faire jour et où l'obscurité dont jusqu'à présent les vieux anes gris se sont enveloppés, va disparaître partout.*

Ce fut en 1535 qu'au retour du duc Ulrich et sous sa direction, l'université fut réformée par Simon Grynaeus de Bâle, et par le célèbre Amboise Blaurer ou Blarer de Constance, après de longs combats et de grandes difficultés vaincues. Dans l'automne de 1536, Mélanchton, amené par le désir de revoir cette ville et le pays théâtre de sa première jeunesse, vint visiter la nouvelle université, aida le conseil académique dans son œuvre rénovatrice et se réjouit de voir *scholam reflorescentem*. Cependant quelque bonheur qu'il parût trouver dans ce pays, les sollicitations du duc Ulrich furent impuissantes à le retenir, et Mélanchton quitta Tubingen le 15 octobre suivant.

Dans la même année, on posa les fondemens de l'institut théologique qui fleurit encore de nos jours sous la dénomination d'*établissement pour l'éducation des ministres évangéliques*. Les statuts qu'on établit quelque temps après étaient d'une sévérité extrême sous le rapport de la régularité de la maison, des sorties, de la danse, etc. On ne ferma un peu les yeux que sur le vice tout allemand de l'ivrognerie, et l'on remit à la discrétion des maîtres l'application de la peine de la prison pour celui qui se serait enivré d'une manière trop complète. En 1541, les élèves furent logés dans le bâtiment nommé Bursa, mais comme l'établissement, peu favorisé dans ses développemens par ce local incommode, semblait marcher à sa ruine, on lui donna en 1546 l'ancien cloître des Augustins, qui depuis long-temps ne servait à rien, et où il a continué de florir jusqu'à nos jours.

Dans la cour de ce couvent on voyait autrefois un tableau du moyen-âge dans lequel les moines s'étaient amusés à représenter leurs propres iniquités. Cette peinture bizarre offrait aux regards du spectateur un moine vêtu d'un froc, qui montait un escaalier en s'appuyant sur un bâton de voyage. Son pied gauche était un pied de cerf; le pied droit était un chandelier retourné; des griffes garnissaient ses deux mains; dans son bissac, le peintre avait mis la dépouille des veuves et des orphelins; des dés et des jetons formaient les grains de son rosaire, tandis que des cartes remplissaient sa poitrine, et un jeu de quilles son capuchon; son cou était celui d'un âne, sa longue barbe avait la forme d'un verre à boire, son nez était une queue de chien, et sa bouche ouverte semblait aboyer. De son épine dorsale s'échappait une corne tortue, de laquelle, au milieu d'une épaisse fumée, on voyait sortir un second moine, qui d'une main garnie de griffes donnait l'absolution et de l'autre élevait l'ostensoir.

Quoi qu'il en soit de cette hideuse peinture des mœurs des premiers habitans, ce cloître devint un institut célèbre et bienfaisant, d'où, depuis 300 ans, sont sortis bien des hommes pieux et savans, et quelques grands esprits, ornemens immortels de l'état, de l'église et de l'école. Le duc Christophe acheva l'œuvre d'Ulrich, en agrandissant et en dotant l'établissement dans les années 1557 et 1559; aussi s'éleva-t-il, ainsi que l'université, à un tel degré de splendeur que le poète Frischlin, qui écrivait en 1559, put, dans le panégyrique qu'il fit de tous les deux, les comparer au cheval de Troie, d'où étaient sortis tant de grands hommes. Le dernier jour du XVIe siècle, cinq jeunes princes firent à la maison l'honneur d'accepter un dîner d'apparat dans son réfectoire, dîner où assistaient tous les élèves.

La guerre de trente ans mit cet institut à deux doigts de sa ruine : on renvoya les élèves; on séquestra les revenus. Le triomphe des Suédois, qui promettait de meilleurs jours, fut de courte durée, et, après la bataille de Nœrdlingen, le pays retomba au pouvoir de l'ennemi. Deux jésuites composaient alors le consistoire de Stuttgard ; les biens de l'église furent repris par des moines. Cependant l'établissement évangélique n'était pas tout-à-fait détruit. Des pasteurs cherchèrent en grand nombre un refuge dans son sein, et l'on en vit sortir des jeunes gens, encore à demi enfans, qui allèrent remplir des fonctions cléricales vacantes par les maladies qui enlevèrent tout d'un coup plus de trois cents ecclésiastiques. En 1639, le nouveau prédicateur de la cour de Stuttgard, Jean-Valentin Auriac, rendit la vie à cette maison, dans toute l'étendue du mot. On permit alors la viande aux étudians ; mais le vin leur fut interdit, et l'on prétendit qu'ils ne devaient boire que de la bière. Cette opinion trouva des contradicteurs violens dans le sein même du conseil, et le prince fut obligé de rappeler à ses dissidens que dans la Basse-Saxe et autres pays septentrionaux, grand nombre de gens doctes avaient été élevés et abreuvés avec de la bière, et que cependant il n'avait jamais été remarqué que cela eût influé en mal sur la bonté de leur estomac et la vigueur de leur intelligence. On ajouta aussi comme dernière raison que de la bonne bière vaut mieux que du vin aigre.

Après la conclusion de la paix de Westphalie, l'établissement reprit toute sa force. Comme le court espace dans lequel nous sommes forcés de nous renfermer ne nous permet pas de rapporter les différentes vicissitudes qu'a souffertes cet institut, que l'étranger envie au Wurtemberg, nous nous contenterons de remarquer que des deux bâtimens qui le composent et qui ont vue sur le Necker et sur une campagne délicieuse, le bâtiment supérieur qui est séparé de la ville par un fossé profond est l'ancien couvent des Augustins en

1560. L'église est depuis long-temps consacrée à la bibliothèque, qui, fondée par un noble ami des sciences, le baron de Palm, contient une collection complète d'ouvrages concernant la philologie. Le bâtiment inférieur qui longe le Necker a été construit en 1792 sur l'ancien réfectoire des moines et leurs cellules.

Le siècle précédent a vu l'université de Tubingen à l'apogée de sa gloire; telle qu'elle est aujourd'hui, elle a subi bien des orages et compté bien des mauvais jours; cependant elle a échappé à tout, et un grand nombre de professeurs célèbres l'ont illustrée. Depuis 1817 on lui a adjoint une faculté de théologie catholique, et la *Fondation Wilhelmine*, séminaire de cette communion, a été établie dans le *Collegium illustre*, qui en 1589 s'est élevé comme un phénix éclatant de la cendre du cloître des franciscains, pour servir d'école noble, et qui doit son origine au duc Louis. Cette école, destinée à la jeune noblesse, n'avait point d'égale dans toute l'Allemagne. De 1594 à 1729, on n'y compta pas moins de trente-sept princes allemands, à la tête desquels nous mettrons le duc Jean Frédéric de Wurtemberg, prince royal, élève tellement soumis, qu'il répondit à des camarades, qui l'excitaient à résister à son jeune gouverneur: « Loin de moi une pareille pensée! Quand même mon excellent père me donnerait un bâton et le pouvoir d'un gouverneur, certes je ne manquerais pas de lui être soumis. » La discipline établie dans ce collège était réellement admirable, et il ne paraît pas qu'elle ait eu d'autres moyens de coercition que la volonté des supérieurs. On raconte qu'à cette époque, quelques gentilshommes de la cour de Stuttgart, qui demeuraient dans le château, étant venus après la classe diner au *Collegium illustre*, un d'entre eux se mit à plaisanter les membres de cette docte compagnie, et leur reprocha d'être des buveurs d'encre. Le gouverneur du prince royal, Abraham de Bellin, laissa longtemps ce gentilhomme se disputer avec les élèves sans se mêler à la discussion. Tout d'un coup il ordonna de faire silence, et élevant la voix, il dit à ce cavalier : « Vous qui parlez si haut, dites-moi, je vous prie, quel est donc ce grand avantage que vous avez sur nous? Est-ce de bavarder tout le jour, de courir après les femmes, d'encenser à chaque instant le duc notre maître? Nous pourrions tous en faire autant; mais nous dédaignons une pareille vie. Boire et courir les banquets fait-il votre mérite? Nous pourrions, nous aussi, nous ôter la raison; mais cela ne nous tente pas. Ou plutôt est-ce le jeu dont vous vous enorgueillissez tant? Nous serions aussi habiles que vous; mais nous n'en avons pas le temps. Monter à cheval vous parait-il une science que vous posséderiez au suprême degré? Hé! vous verriez aujourd'hui même beaucoup d'entre nous vous vaincre à cet exercice. Enfin, après avoir épuisé la liste de tout ce qui peut vous rendre si vain, il ne me reste plus qu'à vous demander si c'est par hasard l'adresse à faire des armes qui soutient vos prétentions? Qu'à cela ne tienne, nous sommes prêts à vous répondre; si le dos démange à l'un de vous, il n'a qu'à choisir le temps et le lieu, et il trouvera quelqu'un pour lui répondre. Sachez donc que si vous n'avez que ce mérite, nous n'en faisons pas plus de cas que d'un denier. Mais qu'on nous envoie tous ensemble, au nom de notre maître, à un roi ou à un prince, on verra alors quelle différence il y a entre nous! Nous parlerions librement et sans embarras devant sa majesté impériale elle-même, en présence de qui vous n'auriez seulement pas le courage d'ouvrir la bouche; notre éloquence est notre force, nous servirons un jour à gouverner des empires! Mais pour vous, qui prenez un ton si arrogant vis-à-vis de gens qui valent mieux que vous, vous appartenez à la nombreuse race des *brutes*, et vous êtes aussi ignorans que des ânes! »

Ce collège illustre est bâti dans une des parties les plus sombres de la ville; une vue plus agréable et plus large est formée par les bâtimens de l'université, les maisons de quelques professeurs et un hôtel pour les étudians; l'église de la ville est dans le voisinage de cette rue. A la place de l'ancienne *maison de Sapience*, qui en 1470, peu de temps avant la réforme de l'université, fut avec la bibliothèque la proie d'un violent incendie, on a bâti *l'Aula-nova*, qui fut achevée en 1547, et qui fut entièrement reconstruite dans le siècle précédent.

L'église paroissiale actuelle de Tubingen, consacrée à Saint-George et construite dans un style qui n'est plus le pur gothique, semble avoir remplacé en 1470 une église plus ancienne qui s'était écroulée; elle n'était pas encore achevée lors de la fondation de l'université. Sa grosse cloche avait été fondue en 1411 et servait autrefois à l'église ancienne. Eberhard-le-Barbu éleva ce temple au rang d'église collégiale, puis chapitrale, et la pourvut d'un prieur et d'un nombre convenable de chanoines. Le beau jeu d'orgues renouvelé et si mal placé en 1752, n'a été rétabli à son ancienne place qu'en 1836.

Dans les souterrains de l'église se trouvent les sépultures d'Eberhard-le-Barbu, d'Ulrich, de la jeune Christine, et de son frère le duc Christophe, le saint protecteur du pays, dont l'épitaphe assure, sans flatterie, *qu'il eût été digne de l'empire du monde*. Le chœur est décoré des tombeaux de ces personnages. D'anciens maîtres de l'université ont aussi trouvé ici un dernier asile ; on compte parmi eux le laborieux Martin Crusius, auquel nous avons emprunté bien des détails, bien des légendes sur la Souabe.

Nous ne devons pas oublier dans cet aperçu rapide une chaumière isolée et peu remarquable qui s'élève vis-à-vis de la ville sur une colline, du côté du nord, et que décore le nom pompeux d'*Osiandreum*. La tradition rapporte que ce lieu fut le quartier-général du professeur d'humanités Jean Osiander, un des hommes les plus remarquables qu'ait produits le Wurtemberg, dont il devint plus tard un des prélats et directeurs du consistoire supérieur, lorsque, du temps de l'invasion des Français commandés par Peyssonnel, en 1685, il était revêtu d'une espèce de commandement suprême dans la ville, commandement qu'il devait à la parfaite connaissance de la langue et des mœurs françaises, acquises par lui dans un long séjour à Paris. Ses négociations sauvèrent la ville du pillage, et firent respecter les fortifications. Comme le général français avait fait vœu de les détruire et de les renverser, des brèches furent pratiquées en présence d'Osiander à quatre endroits différens, et le Français dit d'un ton moqueur : « Voilà la puissance que vous donne votre science anéantie ! » Une inscription placée à cet endroit a conservé la mémoire de ce fait.

Rien de plus attrayant que les environs de Tubingen ; parmi le grand nombre de promenades charmantes qu'ils présentent, nous nous contenterons de nommer la montagne de Saint-Blaise, la chapelle de Wurmlingen, qui se détache à l'ouest sur l'horizon, et qui a été chantée par quatre poètes, L. Uhland, G. Schwab, Nic. Lenau et Alb Knapp ; enfin le vieux cloître de Babenhausen, que l'œil découvre au nord, au fond de la forêt, et qui est orné d'une église gothique très remarquable et d'un réfectoire, objet de l'admiration des voyageurs. Plus loin on aperçoit encore l'ancienne ville, jadis autrichienne, de Rotenburg, située au bord du Necker, le petit établissement de bains de Niedernau, qu'entourent des bois de sapins, et dans différentes directions les villes d'Hechingen, de Reutlingen et d'Herrenberg. Les montagnes qui entourent Tubingen offrent des échappées de vues magnifiques sur l'Alb; du château lui-même, où sont maintenant réunies les collections scientifiques de la ville, on jouit d'une vue magnifique.

« Du château de Tubingen, on voit se dérouler aux yeux un pays étendu; on voit sur les routes qui fuient en serpentant, voitures, cavaliers et piétons: des forts et des chapelles bordent l'horizon lointain, tandis qu'à ses pieds mugissent les vagues tranquilles du fleuve. »

Les antiques et vénérables portes de la cité, dont l'une portait le chiffre et la devise d'Eberhard-le-Barbu, qui l'avait fait construire, ont été abattues, et la ville demeurée pendant des siècles sous leur garde, s'agrandit maintenant et se répand en dehors de la vieille enceinte. Sur le bord du Necker demeurent deux grands poëtes allemands. La jolie maison qui est située au bas de l'Œsterberg, et que nous n'avons pu, à notre grand regret, faire entrer dans notre gravure, appartient à Louis Uhland; plus loin, dans une tour que baignent les flots du fleuve, Frédéric Hœlderlin rêve depuis trente-trois ans, sur sa lyre maintenant muette.

ESSLINGEN.

Celui qui entreprendrait de représenter toutes les beautés et les particularités remarquables de cette ville et de la délicieuse contrée qui l'entoure, aurait besoin de volumes entiers pour mettre à fin son entreprise, et l'on n'aurait pas trop de feuilles in-folio pour exposer tout ce qu'il y aurait à dire sur un pareil texte. L'auteur de cette notice a jadis essayé de donner à un de ses amis, dans une petite ode, une idée de ce ravissant pays. Comme rien n'a changé depuis et qu'il n'aurait rien de mieux à donner maintenant de son propre fonds sur ce sujet, le lecteur lui pardonnera de se citer ici lui-même :

« Celui qui jette ses regards sur la vallée du Necker, à l'heure fortunée où le soleil darde ses premiers rayons, celui-là sent un plaisir inconnu animer tout son être, et mille pensers naissent en foule dans son ame.

» Regarde-t-il la sombre montagne qui s'élève majestueuse à l'horizon, il semble que son œil reposé s'arrête avec délices sur sa teinte bleuâtre. Bientôt son ame se prend à soupirer et à dire : « Ah! voilà la vraie demeure de l'homme! » C'est là que la montagne est toujours éclairée, tantôt par les rayons du soleil, tantôt par les éclairs de la tempête.

» Mais bientôt le regard inconstant descend plus profondément et s'arrête sur les fraîches prairies que traverse le fleuve doux et paisible. Les forêts qui les entourent frémissent incessamment sous le souffle mélodieux de la brise, et les arbres en fleurs qui s'élèvent sur la colline lui abandonnent leurs parfums.

» O quel séjour pour la chaleur des premiers momens où le cœur s'éveille! pour les premières douleurs d'amour, pour les paisibles pensées d'espérance! Ah! qu'il serait doux, à la clarté de la lune, d'y laisser errer son canot sur les eaux silencieuses! Comme l'aspect de cette nature est bonne pour l'ame d'un amant!

» Le fleuve s'éloigne, et la contrée devient de plus en plus florissante ; des vignes aux grappes dorées, aux pampres épais et verts, s'élèvent en terrasses. Le versant des montagnes est couvert de luissons d'aubepine, et la ville bien grise et bien vieille qui se montre au loin s'entoure avec joie de ce manteau joyeux et jeune.

» Ombragé par les longues allées de tilleuls, elle dédaigne tout autre parure; son clocher aigu s'élève vers le ciel, et sa tête svelte et fière semble attirer sur la ville ses bénédictions. C'est dans ce beau vallon que l'on sent combien on aime sa femme et sa maison ; c'est ici que l'homme marche vraiment libre et à l'aise, échauffé par les frais rayons du matin. »

C'est ainsi que l'antique cité d'Esslingen semble se rajeunir au milieu de la florissante nature dont elle est environnée ; son intérieur est riche en souvenirs historiques.

Jadis à cette place où dominaient encore des forêts à peine éclaircies, on trouvait seulement l'ermitage solitaire où reposaient les reliques du saint martyr Vitalis, but de pélerinage habituel pour les habitans rares et dispersés de ces contrées encore sauvages. Ce fut la sainteté de ce lieu qui commença de bonne heure à lui donner une certaine importance politique, et dès l'an 1077 l'empereur Henri IV y maintint ses droits contre son compétiteur le duc Rodolphe de Souabe. Quoi qu'il en soit, ce ne fut que sous l'empereur Frédéric II qu'elle obtint le droit de cité, et c'est de cette époque qu'il faut dater son accroissement et sa puissance.

« La vague limpide du Necker se hâte et vient passer auprès d'une étroite cellule où reposent les ossemens d'un saint ; c'est déjà le lieu où se réunissent les gens d'honneur et maint prince allemand s'y rencontre entouré de la pompe impériale.

» Bientôt, les glorieux fils de Staufen couronnent leur chef, et les Souabes deviennent les maîtres : alors l'étroite cellule s'agrandit, et sous l'abri auguste de l'empereur tu grandis comme un noble enfant ! O ville !

» Barberousse t'élève une tour ; Philippe, au milieu des combats.

épargne la force de tes murailles. L'aigle du grand Frédéric orne ta porte grise, et ses deux lions intrépides la gardent encore comme jadis. »

Frédéric II, en effet, en accordant le droit de cité à Esslingen, l'entoura de murs et la garnit de portes fortifiées. Il existe encore de ces constructions *la porte du Loup*, au dessus de laquelle on voit un aigle sculpté dans la pierre et qui, sur ses deux côtés, porte deux lions en relief, armoiries des ducs de Souabe. L'église paroissiale de la ville date d'une époque antérieure, ainsi qu'il est facile de le vérifier à l'inspection de la partie inférieure de la nef, et à son architecture, qui visiblement a précédé la période ogivale; la tradition en fait remonter la construction à la fin du XIIIe siècle, époque où florissait l'école des Minnesaenger. Esslingen eut aussi son Meistersaenger, qui a chanté le printemps et l'aspect joyeux de ce doux pays. La fortune des Hohenstaufen s'écroula cependant. Henri VII avait, en 1253, fait construire le couvent et les églises qui y appartiennent, lorsque, deux ans après, il trouva la mort dans la prison où l'avait conduit sa rébellion contre son père; son épouse Marguerite vint trouver le supérieur du monastère, et lui remit la couronne d'or qu'elle portait, en l'engageant à en distribuer la valeur aux pauvres.

« Moines, donnez cet argent aux pauvres! Moines! implorez la
» pitié divine, priez pour l'âme de mon époux. » C'est ainsi qu'elle parla, et cette femme est bien digne que l'on se souvienne d'elle, elle qui, lorsque l'étoile de son bonheur s'est éclipsée, n'a pas même voulu conserver sa couronne. »

« Prends garde à ton confrère, seigneur Dieu! Sans cela, il t'échappera sans que tu puisses t'y opposer. » C'est ainsi qu'entre autres injures le Meistersænger d'Esslingen apostrophait Rodolphe de Habsbourg, lorsqu'il s'assit sur le trône impérial. Néanmoins, malgré ces épigrammes et ce mécontentement, les bienfaits du nouveau souverain eurent bientôt apaisé le mécontentement des habitants d'Esslingen, et dans la suite ils ne l'appelèrent plus que notre cher empereur.

La ville devint de plus en plus florissante, et ce fut en vain que des temps de désordre se succédèrent; ils ne purent étouffer sa prospérité. Elle vit, sans y prendre part, la sanglante querelle de deux compétiteurs à l'empire, Louis de Bavière et Frédéric d'Autriche. Cent trente ans plus tard, l'église des Femmes, que représente notre gravure, fut construite avec sa magnifique tour, qui fait l'admiration de tous ceux qui la contemplent.

« Tu bâtis en paix ton temple superbe, duquel un clocher somptueux s'élève vers la mer; les hautes ogives sont garnies de vitraux peints dont les brillantes couleurs arrêtent et décomposent les rayons du soleil.

» Lorsque tout est prêt, et que le temple n'attend plus que son Dieu, l'aurore commence à poindre; la foi est renouvelée et purifiée, et la grappe de la vigne mûrit maintenant pour le calice de la Cène. »

En 1531, Ambrosius Blarer tint en effet son premier prêche dans l'église de Saint-Denis, à Esslingen, où il avait été appelé le soir même de la fête de ce saint. De dix ans en dix ans on put dès-lors constater le progrès de la prospérité d'Esslingen; les ouvriers abondèrent de toutes parts dans la ville, la culture de la vigne et le commerce des vins lui donnèrent une physionomie animée et vivante, sans cependant que la mollesse et les habitudes efféminées de la richesse y pénétrassent et gâtassent les mœurs des habitans. La peste vint quelquefois altérer ce bien-être, et l'incursion du général Mélac à la fin du XVIIe siècle ne fut pas sans porter un coup sensible à son commerce. On montre encore dans les ruines éparses et dévastées du château une petite chaumière qui porte son nom, et la tradition rapporte que pour préserver la ville d'une ruine complète, il fallut lui sacrifier une des plus jolies filles qu'elle renfermât.

Les comtes de Wurtemberg vivaient dans une rivalité constante avec cette ville impériale, qui cependant, par suite des grands événemens qui eurent lieu alors, fut en 1802 annexée au territoire de ce pays, condition nouvelle sous laquelle sa prospérité n'a fait que prendre plus de développement. On compte parmi les améliorations nouvellement introduites, des filatures de coton et de laine, la fabrique si justement célèbre en Allemagne de M. Deffner, qui par la perfection de ses produits peut rivaliser avec les marchandises anglaises, la fabrique de drap des frères Hartmann, et les magasins de vins de MM. Kessler et compagnie, dont les vins mousseux, imitant le champagne, sont répandus par toute l'Europe. Quant à ce dernier établissement, qui est dirigé par le beau-frère d'un haut fonctionnaire et par l'ami du rédacteur de cette notice, il donna lieu, dans les troubles de 1831, à une chanson que nous allons citer ici, et qui voit le jour pour la première fois.

ÉNIGME SOUABE.

« Nous avons des rebelles dans ce pays de Souabe jadis si doux ; ils courent, ils font tapage comme les élémens pendant le chaos.

» Ils sont plusieurs milliers dans leur troupe ; leurs demeures sont les vallées du Hems et du Necker; tant qu'ils y sont ils restent tranquilles; mais si l'on vient les tourmenter, ils deviennent furieux.

» Pour leur rendre leurs fers plus supportables, on les nourrit de sucre; mais cette humiliation, si douce qu'elle soit, ne laisse pas de leur brûler le sang.

» Ils écument de colère, ils jaillissent dans leur besoin de vengeance, le verrou qui les retient devient en leur pouvoir un projectile, et tout d'un coup ils s'élancent de leur prison qu'ils ont forcée.

» Ce sont ces téméraires qui ont appris la révolte aux sauvages Français; ce sont eux qui viennent jeter le trouble parmi nous, et personne n'est là pour les empêcher.

» On les laisse se déchaîner, et tout en les accablant d'injures, chacun leur tient compagnie. Dans la tête de plusieurs, il prouve d'une manière évidente qu'il est un homme de montagnes.

» Maintenant que je vous dise quelque chose à l'oreille, et ne vous scandalisez pas: « Le chef de la révolte est le propre gendre du ministre. »

Entre autres particularités du pays, nous citerons surtout le territoire d'Esslingen, qui consiste en plusieurs petits villages répandus de la manière la plus pittoresque au milieu des vignes et des vergers, entre la ville et la montagne de Rothenberg, et formé en grande partie de chaumières dispersées et assez éloignées les unes des autres. Resté fidèle en beaucoup de choses aux vieilles coutumes allemandes, ils ont encore conservé l'ancienne subdivision territoriale en pacages, et bien qu'ils possèdent une petite église, ils font cependant partie de la paroisse d'Esslingen. Remplis d'une douce piété, les habitans, toujours fidèles aux mœurs antiques, comptent encore dans leurs rangs quelques-uns de ces êtres privilégiés qui ont reçu de leurs ancêtres des moyens mystérieux de guérison, qu'ils emploient à soulager les maux de leurs voisins. Notre gravure nous montre quelques-uns de ces braves et simples paysans.

Dans les dix années qui viennent de s'écouler, la ville fut le lieu de célébration de la fête des chants institués pour le chant à quatre voix, qui maintenant se tient tantôt à un endroit, tantôt à un autre. C'est dans une de ces assemblées musicales que fut prononcé, devant des milliers de spectateurs, le poème dont nous donnons le passage le plus remarquable.

Celui qui s'est arrêté quelque temps sur le pont d'Esslingen, et qui de là a contemplé les dons de la nature unis aux trésors que l'antiquité a laissés dans cet heureux pays, celui-là s'écriera avec le poëte de cette antique et noble cité :

« Elève toujours fièrement vers le ciel les monumens qui te remplissent ; montre-nous ton vallon, béni de Dieu, les ruines de ton château et de tes chapelles ; puissent les enfans de nos enfans les admirer comme nous ! »

Troisième Voyage.

LA FORÊT NOIRE.

Le Couvent de Hirsau.—La Cascade de Tryberg.—La Grotte. — Fribourg en Brisgau.—Badenweiler.—Forbach, dans le Murgthal. — Le vieux château de Baden.

La montagne sur laquelle s'étend le rideau épais de la Forêt-Noire, descend de tous côtés dans des plaines fertiles et larges; au sud et à l'ouest, la profonde vallée du Rhin passe à ses pieds; son versant septentrional vient mourir dans la campagne accidentée du Haut-Palatinat, qui la sépare de l'Odenwald, et à l'est enfin elle s'arrête aux vallons où coulent le Nagold, le Walderch, le Necker, et le Wutach qui à peu de distance de là va grossir les eaux du Rhin. Du sud sud-ouest au nord nord-ouest, sa longueur est de quarante-cinq lieues; sa largeur de l'est à l'ouest est de dix lieues, mais à son extrémité septentrionale elle se rétrécit jusqu'à n'avoir que cinq lieues de large. C'est au sud qu'elle atteint sa plus grande hauteur, le sommet qui s'élève de ce côté, le Feldberg, étant de quatre mille six cents pieds au dessus du niveau de la Méditerranée. Au nord s'élève un autre pic, le Knilbis, qui ne le cède au Feldberg que de quelques pieds, puisque sa hauteur est de trois mille seize pieds. Le versant qui descend dans la vallée du Rhin est le plus abrupt; là, la montagne, séparée en différentes chaînes, s'élève encore par degrés jusqu'à une très grande hauteur. Au nord, quelques croupes s'étendent dans cette même vallée, et venant y mourir, montrent encore çà et là quelques pointes qui dominent les alentours. Le versant oriental est encore assez marqué, tandis qu'au contraire, celui du nord qui regarde le Wurtemberg est tellement aplani et en pente douce, que le voyageur qui de ce côté vient visiter la forêt, arrive au sommet de la montagne sans s'en être aperçu. Du côté du Haut-Palatinat, la montée est plus difficile. Les sources des principales rivières du pays sortent des flancs du Feldberg, et s'éloignent dans toutes les directions ; ce sont la Wutach, la Wiesen, la Dreisain, qui se jette dans le Rhin; la Breg et la Briegach, qui se réunissent au Danube. La surface de la montagne et ses sommets sont généralement couverts par d'épaisses et sombres étendues de bois de sapins, interrompues çà et là par des places vides pour faire le charbon, quelques champs et de petites plaines de peu d'étendue. Dans les régions les plus élevées, toute forêt cesse d'exister; on ne rencontre plus que des bouquets d'arbres rabougris, et à chaque pas le pied enfonce dans un terrain marécageux qui n'est plus couvert que de plantes et de mousses humides. C'est surtout dans le sein de ses vallées que la Forêt-Noire a réuni ses différens genres de beauté ; c'est là que presque sans transition elle fait passer le voyageur du site le plus terrible et le plus sauvage à la contemplation de la nature la plus douce et la plus idyllique; c'est là que la tempête qui grondait le matin sur sa tête au milieu des sapins gigantesques, est remplacée le soir par le zéphir qui secoue doucement les branches des châtaigniers. On est enchanté dans ces vallons par ces huttes dispersées, ces métairies, ces moulins à l'aspect si propre et si tranquille, et surtout par ce fleuve aux eaux d'abord sombres, mais qui bientôt sortant de ce terrain marécageux, les voit peu à peu augmenter de limpidité; qui se précipitant d'abord comme un torrent, dans ses chutes répétées entraîne d'immenses quartiers de rocs, mais qui ensuite débarrassé de ses premiers obstacles, coule limpide et pur dans la plaine.

La masse principale de cette montagne primitive se compose de gneiss et de granit; le premier dominant dans le sud, le second dans le nord de la Forêt-Noire. Au nord et à l'est, la couche primitive disparaît entièrement avec un terrain composé de pierre trochliaire qui finit par devenir argileux. On trouve encore d'autres espèces de pierres, entre autres de beau porphyre, qui s'unit à la masse primitive de la montagne. Elle renferme aussi dans ses flancs des richesses minérales, entre autres du fer. Des sources froides et chaudes sortent aussi de son sein.

La Forêt-Noire a été peuplée au sud et à l'ouest par les

Alemans, à l'orient par les Haut-Souabes, au nord par les Bas-Souabes. Les maisons sont de bois dans tout le pays; le costume noir et sévère; l'agriculture occupe toutes les pensées de l'habitant.

Nous nous réservons de revenir plus amplement sur ce que nous n'avons fait qu'indiquer, lorsque l'occasion s'en présentera. D'abord le voyageur va nous suivre dans le couvent de Hirsau, situé dans un des vallons les plus retirés de la partie wurtembergeoise de la forêt.

La légende nous raconte qu'Hélicena était une pieuse et riche veuve qui, désirant ardemment tout quitter pour s'unir à Dieu, le priait souvent avec instance de lui indiquer l'usage qu'elle devait faire de ses biens.

« Une nuit, bercée par de doux rêves, elle vit s'ouvrir à ses yeux un petit vallon sauvage où s'élevaient trois sapins. Ces trois arbres avaient grandi sur le même tronc, et une fontaine jaillissait de leur racine.

» Soudain elle vit de ce lieu retiré un clocher monter vers le ciel, et elle entendit une voix qui lui disait : « C'est ici! ô pieuse fiancée du seigneur, qu'il te faut bâtir un couvent. Reçois cet ordre du ciel. »

La sainte femme s'éveille, se couvre de ses habits de fêtes, se met en voyage, cherche partout et finit par découvrir le vallon où tous les signes indiqués dans la vision se trouvent réunis; les trois sapins et la fontaine qui coule gaiement sur des fleurs.

« Elle est partie pleine d'humilité et d'obéissance; elle revient calme et tranquille; et la maison divine qu'elle avait vue en rêve se réalise en ce lieu. »

C'est ainsi que la légende raconte la fondation du monastère de Hirsau. Cet événement eut lieu, dit-elle, vers 645, et Helicena était issue de la race des nobles Calw. Quoi qu'il en soit, il est plus vraisemblable qu'elle ne fonda que la chapelle de Saint-Nazaire et le bâtiment qui en dépend, et que ce ne fut qu'au temps de saint Louis le Débonnaire que Hotung, comte de Calw, évêque de Verceil, ayant apporté les reliques de saint Aurélien en Allemagne, trouva par un signe céleste sur la rive droite de la Nagold, où était déjà la chapelle d'Helicena, l'endroit où il éleva le couvent et l'église en 850. Cependant dans les siècles suivans, ce monastère tomba peu à peu en ruines, de telle sorte qu'en 1066, Albert l'aîné, comte de Calw, le fit reconstruire sur la rive gauche de la Nagold, où l'on peut voir encore ses ruines. C'est à dater de cette époque que Hirsau commence à jeter quelque éclat. Les donations qui lui furent faites l'enrichirent tellement, que le nombre des moines et des frères lais atteignit quatre cents. Des abbés célèbres l'illustrèrent, et il devint bientôt le siège de l'érudition du moyen âge. Des colonies de moines parties de son sein allèrent s'établir en France et en Souabe. Autour du cloître neuf bâti de 1085 à 1091, par l'abbé Guillaume, s'élevèrent plus tard de splendides constructions qu'enfermait un mur d'enceinte. En 1525, Hirsau fut pillé par les paysans révoltés. Le bon duc Christophe de Wurtemberg, séduit par la beauté du pays arrosé par la jolie Nagold, y fit bâtir un château, et en 1558, lorsqu'il introduisit la réforme dans ses états, il renvoya les moines et fit du couvent une école ecclésiastique destinée aux prêtres évangéliques. Le premier abbé luthérien, le docteur Henri Weickersreuther, avait été donné pour coadjuteur au dernier abbé catholique, que, par humanité, on laissa en jouissance de sa dignité jusqu'à sa mort. Les choses restèrent dans cet état jusqu'au moment où les événemens de la guerre de trente ans forcèrent les nouveau-venus à céder la place aux anciens maîtres. Deux abbés catholiques se succédèrent pendant la durée de cette restauration. Cependant la paix de Westphalie rétablit les choses sur l'ancien pied, et les réformés furent remis en possession du monastère. L'école ecclésiastique recommença à fleurir sous la direction de vertueux prélats, parmi lesquels plusieurs sont comptés dans les gloires du Wurtemberg. La malheureuse guerre de 1692, en ruinant Hirsau de fond en comble, mit fin à cette prospérité, et força de transférer l'école à Denkendorf, non loin de Stuttgard. On continua cependant à nommer des abbés de Hirsau, tant que l'ancienne constitution du Wurtemberg fut en vigueur.

Les Français, ces cruels dévastateurs du Palatinat, brûlèrent et saccagèrent tout le couvent, le 20 septembre 1692. La cause de ce désastre fut, dit-on, une insulte du bourgmestre de la ville voisine de Calw, en réponse à une demande de contribution faite par le général de Mélac, et l'assassinat d'un officier français. Les employés achevèrent ce que le général français avait commencé. La magnifique église, qui avait environ trois cents pieds de longueur, et que dominaient deux clochers d'une architecture admirable, avait été, il est vrai, entièrement incendiée, mais il était resté une fort belle chapelle qui, encore debout en 1785, fut abattue en 1800 pour servir à des constructions. Les fenêtres en ogives existaient encore à cette époque avec leurs éclatans vitraux, dont le grand Lessing a parlé d'après un manuscrit de 1579, écrit par l'abbé évangélique d'Hirsau, Jean Parsimonius, ouvrage que Joh. Jak. Mour a donné à la bibliothèque de Wolfenbüttel. Le roi Frédéric fit transporter ces peintures brillantes à son château de Monrepos, près de Ludwigsbourg, où elles servent maintenant de principal ornement à une élégante chapelle.

Il reste encore les ruines de l'église de Saint-Pierre et une de ses tours, une chapelle parfaitement conservée et une grande partie des cloîtres; une tour ronde et une autre tour octogone; les murailles du château de plaisance incendié; les restes de l'église de Saint-Aurélien sur la rive droite de la Nagold; une petite fondation pieuse élevée à la place même qu'occupait le premier monastère. L'ensemble de ces ruines, ombragé de sapins toujours verts, entouré d'un taillis épais, inspirent à l'âme du spectateur un sentiment de tristesse qui n'est pas sans douceur.

On prétend que beaucoup de tableaux se trouvaient au trefois dans la vieille église; on conservait dans une chapelle latérale le juste-au-corps de cuir d'un géant qui avait demeuré dans le temple même. Tant que subsista le séminaire évangélique, le dortoir des élèves placés au dessus des cloîtres renferma des peintures sur verre tirées du *Nouveau* et de *l'Ancien Testament*, qui ornaient les quarante fenêtres. Trois fontaines, dont l'une s'élevait en jet d'eau, ornaient l'intérieur du monastère. Le monument qui décore l'une d'elles est maintenant dans l'établissement des bains de Teinach; le bassin d'une autre sert d'abreuvoir aux bestiaux de la ville.

Parmi les monumens que contenait l'abbaye, on comptait le tombeau de l'abbé Bruno, seigneur du Wurtemberg, œuvre qui était regardée comme une des plus distinguées qu'eût produites le moyen âge. Le tombeau de l'abbé Aurélien est assez bien conservé, plusieurs autres tombes d'abbés ont été détruites ou dispersées; on en retrouve tous les jours des débris, et alors déterrés avec soin par ordre du gouvernement, on les transporte tous à une place qui leur est consacrée. Quant aux pierres funéraires qui pavaient en grand nombre le sol de l'église, on a été envers elles plus généreux qu'on ne le fut jadis envers les squelettes qu'elles renfermaient, et dont les bagues d'or et autres bijoux attiraient la cupidité. Brisés et dispersés, leurs débris couvrent le sol çà et là; le réformateur Brenz lui-même n'a pas pu obtenir de privilège en sa faveur, dans une chose pourtant si convenable. Un de ces monumens porte que l'abbé Schulthess a reconstruit le couvent qui avait été brûlé : cela doit s'entendre de la guerre des paysans, dans laquelle il fut détruit. Schulthess prit la conduite des travaux de reconstruction en 1524. On a trouvé il y a environ vingt ans un fragment remarquable sur l'histoire d'Hirsau, composée par l'abbé Wunibald, qui fut chercher un asile à Weingarten et qui y mourut en 1657.

Somme toute, l'observateur rencontre à Hirsau peu de chose qui mérite d'occuper long-temps son attention; mais tel qu'il est, ce monument, joint à la précieuse chronique de Trithemius, est pour l'histoire de l'art d'une importance immense. L'église de Saint-Aurélien, dont il ne reste que des ruines, date du IXe siècle, et est extrêmement intéressante, parce que c'est une copie fidèle des basiliques romanes telles qu'on les construisait depuis le IVe siècle; les cloîtres entre autres, les plus anciens de tous ceux qui existent en Allemagne, sont une fidèle imitation de l'architecture des derniers temps des empereurs. L'église de Saint-Pierre bâtie deux cent cinquante ans plus tard, nous montre l'abandon total de ce genre; elle affecte la forme d'une croix latine. Les formes d'hommes et d'animaux chimériques les plus bizarres, sont suspendues de toutes parts à cette voûte élancée. Ces sculptures représentent tantôt des sujets bibliques, tantôt des scènes empruntées aux légendes, tantôt enfin des emblèmes héraldiques. Sur la paroi du sud de la tour, on aperçoit un ouvrier assis, en costume laïque, et soutenant de ses deux mains le pilier du milieu. Cette figure représente un des laïques dont les dons vinrent au secours de l'abbé Guillaume, lors de la reconstruction du couvent. Toutes ces images réunies forment une suite d'hiéroglyphes qui ont rapport à cet événement. Un arbre svelte, au doux et gracieux feuillage, s'élance du milieu des ruines, et cet arbre restera immortel, car Louis Uhland l'a chanté.

« Au milieu des décombres de Hirsau, s'élève un aulne dont la tête domine les pans de murs les plus hauts.

» Il a sa racine au plus profond des fondations du vieux monastère, et semblable à un toit protecteur, sa verdure se courbant sur les ruines, semble vouloir remplacer celui qui n'est plus.

» Enfermé dans l'enceinte de pierre, il n'avait ni jour ni air: qu'a-t-il fait ? Il a grandi, jusqu'à ce qu'il en ait trouvé.

» Les murailles s'élèvent et semblent n'être là que pour protéger cet arbre frêle et téméraire.

» Lorsque ma course solitaire m'amena jadis dans ce vallon, c'est cet aulne qui le premier attira ma pensée.

» Lorsque je me suis arrêté dans les débris muets, ces feuilles seules m'ont rappelé l'existence par leur frémissement.

» Souvent je l'ai vu dore par les premiers rayons du jour ; souvent encore j'ai vu la lumière se jouer dans ses branches, quand tout autour de lui était déjà sombre.

» Le couvent de Wittenberg a vu également croître un arbre

géant dont la tête altière et vigoureuse a brisé l'enceinte étroite de la cellule.

» O rayon de lumière! Tu as pénétré dans le gouffre! O esprit qui animes le monde, tu t'agites en dehors au jour et à l'air. »

C'est ainsi que pleins d'une harmonie sombre, ces vers ont retenti souvent à nos oreilles.

LA CASCADE DE TRYBERG.

Nous allons, laissant de côté toutes les tentations qui nous assiègent, nous rendre au centre des montagnes de la forêt, dans le Brisgaw, et là sans regret de ce que le peu d'espace que nous possédons nous fait passer sous silence, admirer cette nature belle et majestueuse; et cependant avec quel plaisir ne nous serions-nous pas arrêtés aux bains de la partie wurtembergeoise de la forêt, sur les bords salutaires de Wildbad, auprès de Teinach, qui renferme des mœurs si primitifs, à Libenzell si calme, et où les femmes stériles vont en pèlerinage, surtout au vieux château du *tyran de Merkling!* Laissons cependant tout cela de côté, et contentons-nous des merveilles entassées dans l'espace que nous allons parcourir. Cette portion des montagnes, qui a une étendue de neuf milles, et une largeur de sept, et qui jadis formait un landgraviat particulier, abonde en rochers et en collines fertiles, couronnées de vignes qui descendent en pente douce et vont se perdre dans la plaine que traverse le Rhin. Au centre de cette contrée montagneuse, se présente le Feldberg, la plus haute montagne de l'Allemagne, dont l'élévation et la majesté ne le cède guère à celle du Rigi, et où la neige demeure pendant six mois de l'année; on découvre de son sommet toute la chaîne des Alpes suisses et tyroliennes, depuis le Hochvogel jusqu'à la Jungfrau, et aux montagnes de Blumli, les Vosges, le Taunus, l'Odenwald, l'Alb souabe et les flots de feuillage de la Forêt-Noire, que l'on domine comme du haut de l'Ararat, tandis que derrière elle court se cacher à l'horizon la plaine du Rhin et son fleuve majestueux. C'est la plus belle et la plus vaste perspective que l'on trouve dans toute l'Allemagne. Auprès du Feldberg, s'élèvent le Kandelberg, le Blauen et le Bœlchen, autres pics du haut desquels on jouit encore d'une vue admirable. Entre ces différens pics on rencontre les vallons les plus pittoresques; parmi eux on compte le Wiesenthal chanté par Hébel, qui bien que d'une beauté moins exubérante que les autres, les surpasse tous en intérêt par l'effet de cette seule circonstance. La Treisam, la Glotter, l'Alb et l'Elz contribuent à les former et les traversent pour la plupart dans toute leur longueur. Le Brisgau compte aussi deux lacs, le Feldsee et le Titisee. La nature du pays, la structure des maisons, les mœurs des habitans, tout vous fait sentir ici le voisinage de la Suisse; il n'est donc pas étonnant que nous y trouvions la seule chute d'eau de l'Allemagne, cascade qui peut hardiment entrer en comparaison avec le célèbre Giessbach lui-même.

Tryberg est une petite ville qui n'a pas cent maisons, et qui compte à peine huit cents habitans; rien de remarquable n'attire ici l'attention, si ce n'est qu'elle appartient au nombre de ces petites villes de Souabe que le sol semble y avoir destinées à être de temps en temps la proie d'un incendie. En 1525 elle fut brûlée avec son château par les paysans révoltés; en 1642 les bourgeois eux-mêmes prirent d'assaut la forteresse de leurs seigneurs et l'incendièrent; il y a dix ans enfin que la négligence mit toute la ville en feu, de telle sorte que de cette sombre contrée sont sorties tout-à-coup de nouvelles et jolies maisons. Telle qu'elle est maintenant, la ville est située dans une gorge étroite, à environ deux cents pieds au dessous des montagnes qui l'entourent, et cependant elle est encore plus haute que le sommet le plus élevé du Kaiserstuhl, près du Rhin. La nouvelle position de la ville a été choisie de telle sorte que la rue principale passe devant la cascade, et que les eaux de celle-ci la traversent en descendant la vallée.

Longtemps les génies et les esprits se sont plu dans le voisinage; dans une fente de rochers à peine visible de loin, les ondins tiraient comme d'un orgue puissant les sons les plus terribles de la cascade, tandis que sur la partie du mont qui la domine, à l'endroit où l'étroit sentier mène sur les bords du bruyant Schonach, les esprits aériens accompagnaient le bruit des eaux des accords des sapins qu'ils frappaient entre eux, et qui produisaient un son semblable à celui d'une harpe éolienne. Le voyageur qui parcourt cette contrée peut encore dans les nuits d'orage entendre se renouveler pour lui ce mystérieux concert. Peut-être est-ce ici que le malheureux Schenkendorf a chanté son hymne solennel à la Forêt Noire! Du moins on comprend dans ce lieu l'accent majestueux et grave avec lequel il chante les antiques colonnes de la forêt.

« Arbres! la main de l'homme ne vous a pas fait croître; c'est la main de Dieu qui vous a semés : en vous voyant je vois un don du seigneur.

» Ses pas majestueux courbent vos cimes tremblantes, et sous vos verts rameaux j'entends un bruit mystérieux

» C'est ainsi que depuis plus de mille ans les fées ont toujours à chanter ; et cependant leur règne est passé ; et leur demeure était ici.

» Que l'on est mal en ce lieu ! Qu'il est terrible ! Oh ! sans doute celle que j'aime ne doit pas demeurer loin d'ici.

» Sans doute ma noble fiancée, la liberté, habite ces lieux ! J'ai tout quitté pour elle ; c'est à elle que, plein d'amour, je me suis fiancé pour l'éternité ! »

Le peuple a donné depuis une autre source à ces bruits mystérieux. Des soldats d'un régiment impérial, campés, vers la fin du XVIIe siècle, sur les hauteurs du Schoenwald et de la Schonach, entendirent une nuit ces accords célestes et leur pieuse pensée leur fit soupçonner une cause mystérieuse. Bientôt au tronc du plus haut sapin de la forêt, auprès d'une fontaine, ils trouvèrent suspendue une image de la vierge tenant dans ses bras l'enfant Jésus. Un bourgeois de Tryberg, nommé Frédéric Schwab, avait mis cet *ex-voto* pour rappeler la guérison que lui avaient procurée les eaux de cette fontaine. Les soldats croyant entendre dans le frémissement harmonique des arbres les concerts de louanges des anges, firent faire pour l'image une boîte de plomb dans laquelle ils l'enfermèrent, et ils l'ornèrent de cette inscription : *Sancta Maria, patrona militum, ora pro nobis*. On fit ensuite une quête qui fut si abondante, qu'avec son produit on éleva une chapelle en planches qui depuis a disparu complètement.

La plateforme des rochers de Tryberg n'a pas seule le privilège de reproduire à l'oreille des poètes ces accens angéliques. Alphonse de Lamartine nous a, dans son *Jocelyn*, donné l'idée des accords mélodieux qu'il savait découvrir aussi.

Arbres harmonieux, sapins! harpe des bois,
Où tous les vents du ciel modulent une voix,
Vous êtes l'instrument où tout pleure, où tout chante,
Où de ses mille échos la nature s'enchante,
Où, dans les doux accens d'un souffle aérien,
Tout homme a le soupir d'accord avec le sien!
Arbres saints, qui savez ce que Dieu nous envoie,
Chantez, pleurez, portez ma tristesse ou ma joie;
Seul il sait dans les sons dont vous nous enchantez,
Si vous pleurez sur nous ou bien si vous chantez!

LAMARTINE, *Jocelyn.*, I, 116.

Revenons maintenant au sujet de notre gravure, la cascade de Tryberg. Tout le paysage environnant emprunte de cette chute d'eau un caractère tout helvétique et extrêmement romantique; d'ailleurs il est par lui-même dans une parfaite harmonie. Des groupes de rochers, des prairies sur les pentes, des cimes dépouillées, des bouquets de sapins près desquels se groupent des chaumières de paysans, tout cela se présente à l'œil dans un ensemble charmant, animé encore par les troupeaux de vaches et de chèvres qui, conduits par leurs pâtres, montent ou descendent la montagne. La cascade se précipite jusqu'au fond du ravin après avoir sauté neuf à dix gradins qui ne sont pas séparés, comme au Reichenbach et à l'Oberland bernois, par le jet horizontal de l'eau, mais qui, semblables au Giessbach près de Brienz, forment une seule nappe dont le milieu est coupé et tourmenté par le rocher. Des deux côtés s'élèvent d'immenses sapins pareils aux colonnes d'un portique écroulé, dont un énorme fragment de roc tombé au milieu du courant semble avoir fait partie.

Auprès de la petite ville se réunissent les trois ruisseaux qui parcourent la forêt, la Nussbach, le Fallbach et la Schonach, et après avoir coulé l'espace de trois lieues à travers une large vallée, la nouvelle rivière traverse la jolie ville de Hornberg sur le Kinzig, et poursuivant sa course va baigner le pied des charmantes bourgades de Hausach, de Gengenbach et d'Offenburg. Un chemin de traverse conduit de la première à Waldach, dans la vallée de Schappach, où l'on trouve de belles mines, et dont les jolies habitantes ont toujours un salut cordial et gracieux au service du voyageur. Une fois arrivé là, toutes les routes qui s'offrent à nous sont trop attrayantes pour que nous passions sans les visiter les bains de Rippoltsau, de Griesbach et de Petersthal, ainsi que ceux d'Antogast si profondément caché dans son ravin.

Si au lieu de trente gravures représentant des vues de Souabe nous en pouvions donner trois cents, ce pays ne nous laisserait pas manquer de points de vue à prendre.

LA VALLÉE DE L'ENFER.

Un sentier qui traverse la montagne nous conduit de Tryberg dans une vallée rocailleuse qui s'étend du sud-est au nord-ouest, et qui par son aspect terrible, tranchant même sur le caractère sombre de cette contrée, a reçu le nom de Hollenthal, vallée de l'enfer. Ce sentier, qui traverse d'abord les villages de Schœnenwald et de Furtwangen, et qui ensuite passe au haut de la cascade de Tryberg, est fort remarquable en ce qu'en cet endroit le ruisseau de la Guttach disparaît complètement et se cache sous une marne, on peut même dire sous une terrasse de rochers arrondis par les eaux, dont l'existence à cette hauteur est une véritable énigme. Sous cette maçonnerie naturelle on entend retentir le murmure du torrent. Lorsque nous visitâmes ce lieu, notre guide nous assura d'un ton positif que la mer avait autrefois couvert la contrée, et en vérité cette assertion n'avait rien qui trouvât une contradiction dans l'aspect de ce qui nous entourait. Les eaux sont ici fort abondantes, et même dans les étés les plus chauds les champs ne sont jamais entièrement desséchés; en telle sorte que quand les plaines fertiles de notre patrie sont brûlées comme les déserts de l'Afrique, les habitans de cet heureux coin de terre jouissent toujours de la vue d'une verdure éternelle. Les hauteurs qui entourent Schœnenwald et Furtwangen sont couvertes de sapins, et leurs environs jouissent du même privilége de fraîcheur. La contrée en elle-même n'a rien de pittoresque : on ne voit plus surtout les rochers dont l'amas a fait donner au pays qui s'étend entre Hornberg et Tryberg le nom de *Petit-Enfer*; cependant des accidens de terrain fréquens, des maisons suisses et des auberges éparses sur la route, et dans lesquelles on trouve à se procurer des alimens plutôt sains que délicats, reposent assez agréablement la vue. L'aspect de ces hôtelleries donne çà et là au pays l'attrait pittoresque que la nature lui a refusé. Une population nombreuse et portant des costumes variés anime la contrée : toutefois l'habillement des femmes, quoique caractéristique, n'est pas précisément beau. La tête est couverte d'un bonnet et du chapeau de paille national blanc ou jaune; le corset est excessivement court et surtout par derrière; le jupon s'élargit en triangle par derrière, et s'éloignant totalement du corps forme une masse si ridicule et si dénuée de proportions que les plus belles filles en prennent l'air le moins attrayant. La laideur de ce costume n'est un peu rachetée que par l'éclat des couleurs du corset noir, du jupon de couleur sombre, des manches et des bas rouges ou bleus. Les villages de

Schœnenwald et de Guttenthal possèdent de vieilles églises avec des cimetières entourés de vieux murs, au dessus desquels s'élèvent les croix dorées des sépultures. Furtwangen est un joli bourg où il se fait beaucoup d'horlogerie, et qui est construit tout-à-fait dans le caractère particulier à la Forêt-Noire. De là la grande route s'avance vers Neustad, ville de fabrique où se font la plupart des montres que l'on vend en Allemagne. Le voyageur qui se rend à l'Enfer quitte ici la grande route; il s'achemine à droite à travers un pays boisé qui devient de plus en plus sombre vers le *Gîte froid*, dénomination très commune en Souabe, qui forme une digue placée entre le Rhin et le Danube; peu de temps auparavant on a déjà passé le Kinzig, puis la Guttach, puis encore une des sources du Danube, la Breg. On est entre deux vallons. A gauche on aperçoit le joli village paroissial d'Urach, qu'il ne faut pas confondre avec la ville du même nom que nous avons déjà vue dans l'Alb; à gauche Neukirche nous apparaît au milieu de sa sombre vallée; devant nous la vue s'étend sur les hauteurs de la Forêt-Noire qui bordent la vallée du Rhin, et pardessus tout nos regards se reposent sur le Feldberg, que même au mois d'août le moindre orage suffit pour couvrir de neige. Tout le pays est soumis à cet inconvénient. Après avoir longtemps marché dans une sombre solitude, on arrive enfin au village de Langenorlach dont les maisons dispersées remplissent tout le vallon, qui large et bien enfermé n'est cependant pas environné de hauteurs très marquées. Puis à travers un fertile pays, on s'approche du but du voyage. Neustadt, brûlé jadis, de même que Tryberg, et rebâti, reste sur la gauche, et c'est sans s'en apercevoir que l'on arrive à la route large et commode qui mène à l'enfer, et où le démon gardien de l'entrée, démon qui se présente sous la forme d'un pacifique aubergiste, met sa maison à votre service. Ce cabaret qui porte une étoile pour enseigne, est encore à une lieue de l'endroit le plus remarquable de la vallée.

Lorsqu'on arrive aux rochers, l'aspect est d'autant plus surprenant que le chemin qu'on a dû faire pour y arriver ne pouvait en rien vous préparer à cet aspect. Le vallon est partout assez large, chaque côté s'élève en ondulations insensibles et l'on parvient au sommet de la montagne qui le borde presque sans s'apercevoir que l'on monte. Mais tout-à-coup, lorsqu'on a dépassé d'environ un grand quart de lieue une seconde auberge qui sert en même temps de maison de poste, les montagnes se rapprochent, et avant qu'on y soit préparé, on se voit entouré, enfermé, et comme menacé par des masses énormes de roches suspendues et entassées les unes sur les autres. A chaque pas de nouveaux géans s'offrent à vos regards; il semble impossible d'aller en avant, la retraite même paraît vous être refermée. La forêt seule croît intrépide au milieu de ces colosses de pierre ; sa verdure tapisse le rocher et le dérobe parfois aux yeux, tandis que les arbres semblent avoir escaladé la muraille naturelle et s'élancer vers les nues d'un air de triomphe. Çà et là la pierre couverte de mousse resserre tellement la route que l'on cherche à voir le ciel. A votre gauche court en écumant un ruisseau qui suit les détours de la route au milieu des rocs, et qui, plus tard, grossi par d'autres torrens, formera dans la plaine la verte Treisam. Le plus élevé des rocs, celui que notre gravure représente, a reçu le nom de *Saut-du-Cerf*. A ce nom se rattache l'histoire d'un chamois hardi, qui bondissant de pic en pic parvint à s'échapper, tandis que le chasseur fut englouti par l'abîme.

On se sent fort tenté de comparer l'Enfer à la vallée de

Moutiers en Suisse. L'auteur de ces lignes, qui pendant six jours les a parcourus l'un et l'autre, pense que le premier, sous le rapport du pittoresque et du grandiose n'a rien à envier au second; seulement ce que l'un présente dans l'espace de plusieurs lieues, l'autre ne l'offre que pendant un seul quart de lieue. Les convulsions de la nature ont sans nul doute été plus fortes, plus déchirantes dans la vallée de Moutiers. Les eaux du déluge semblent avoir contourné dans leurs tourbillons les fronts de ces roches colossales, et creusé les cavernes qui déchirent leurs bases; les murailles de rochers y affectent des formes plus étranges; elles sont plus souvent frappées d'une aridité effrayante, et la Bris qui coule à leurs pieds siffle sombre et mécontente en s'engouffrant dans les abîmes de son lit. Tout dans l'enfer porte un caractère plus calme, mais aussi plus élevé; dans sa lutte la nature n'a pas perdu le sentiment de sa dignité. Enfin, ce qui doit peut-être donner la supériorité à la vallée allemande, c'est cette végétatation riche et vigoureuse avec laquelle celle du Jura ne peut se comparer.

Sans doute le voyageur regrette de voir ce magnifique tableau se terminer si promptement. A peine quinze minutes se sont-elles passées, que si l'admiration ne l'a pas retenu trop longtemps, il voit cette scène merveilleuse finir aussi rapidement qu'elle a commencé. Un rocher pittoresque que couronnent les ruines de la forteresse de Falkenstein en est la limite. Il y a sur ce lieu de terribles récits, dignes en tout point de cette nature sauvage, et nous, qui les avons recueillis de la bouche même des habitans du pays, nous nous souvenons seulement qu'un malheureux écuyer saisi par des chevaliers cruels, fut jadis précipité du haut des créneaux.

La retraite des Français, en 1770, a rendu l'Enfer célèbre de nos jours.

Lorsqu'on a passé les derniers groupes de rochers, le paysage prend un tout autre aspect. Çà et là on voit reparaître les chaumières et les auberges; les montagnes s'éloignent de la route, et l'on dirait que le souffle d'un génie a balayé le sol de tous les rochers. La fertilité brille de nouveau aux yeux; les grappes de raisin, cachées sous un pampre épais, ornent les murs des maisons ou les pentes des collines; enfin, peu à peu la plaine s'étend, et entourée au loin d'un cercle de montagnes à demi effacées par la distance, elle présente un aspect si attrayant, que l'imagination populaire a cru devoir lui accorder le nom, peut-être un peu trop flatteur, de *Paradis*. Le village qui anime cette plaine et qui porte son nom, s'étend le long de la route militaire au milieu de vergers riches et bien soignés, tandis que la Treisam serpente à ses côtés; le joli village de Kochgarten laisse poindre au milieu de la verdure qui l'entoure son clocher et le pignon de ses maisonnettes. Bientôt l'on voit Zarten, qui est l'ancienne ville romaine de *Tarodurum*; puis Ebnat; puis enfin le haut clocher de la capitale du Brisgau, caché jusque là derrière son rideau d'arbres, annonce Fribourg au voyageur fatigué, et la porte massive vers laquelle il presse le pas lui fait espérer un repos que la visite de l'Enfer et du Paradis lui font désirer.

FRIBOURG EN BRISGAU.

Cette ville a une des situations les plus belles parmi toutes les villes d'Allemagne, et toute gravure est inhabile à en donner une idée complète. Mais qu'il arrive un voyageur

Villars à la tête d'une armée de 150,000 hommes, parut devant la ville qui, après une défense désespérée, se rendit avec ses forts, et qui dès l'année suivante, à la paix, revint à la maison d'Autriche. Pendant tous ces désastres, Fribourg était devenue une petite ville peuplée de 500 bourgeois, qui avaient régulièrement à nourrir une garnison de 5 à 6,000 hommes. Elle commençait à sortir un peu de cette triste situation, lorsque la guerre de la succession polonaise la replongea dans l'état horrible dont elle n'était pas encore tout-à-fait sortie; après la mort de Charles VI, elle prêta serment à Marie-Thérèse; mais dans la guerre sanglante qui eut lieu ensuite, elle se vit dévastée et par les Français et par les Autrichiens. En septembre 1744, le maréchal de Coigny la bombarda et n'épargna que le clocher, tandis que le roi de France, campé sur la montagne de Lorette (point d'où notre artiste a pris la vue de la ville), y passa la nuit et distribua des récompenses à ses troupes. La garnison impériale, forte de 8,000 hommes, se défendit jusqu'au mois de novembre, et finit par capituler. Les Français renversèrent alors les fortifications, leur propre ouvrage; les trois forts devinrent trois monceaux de décombres, les rues furent dévastées, les maisons noircies de poudre, les toits défoncés, les fenêtres brisées, la double et triple ceinture des murailles et des remparts fut anéantie, et le clocher lui-même fortement endommagé. Fribourg n'était plus reconnaissable; depuis ce temps, elle perdit son importance historique. Après la paix d'Aix-la-Chapelle, on ne releva pas ses fortifications; les ruines furent changées en jardins et en vignes, et sur le sommet du Schlossberg, au lieu d'une forteresse, on vit s'élever un bosquet des plus pittoresques.

Lors de la révolution française, les républicains parurent

devant Fribourg, en juillet 1794 ; mais la retraite de Moreau rendit la ville aux Autrichiens. Par le traité de Campo-Formio la pauvre ville allemande fut donnée, comme dédommagement, au duc de Modène ; mais bientôt la paix de Presbourg détermina un changement de régime que l'on souhaitait avec ardeur ; le 30 juin 1806, Fribourg ouvrit ses portes avec enthousiasme au noble descendant de ses premiers maîtres, les ducs de Zœhringen, le grand-duc Charles Frédéric de Bade. Depuis ce temps, de grands événemens s'accomplirent ; mais la ville ne changea plus de maîtres.

La ville, telle qu'elle existe à présent, n'a plus rien de commun avec l'ancienne, que sa montagne, son université et sa cathédrale. Arrêtons-nous un instant à cette dernière.

Ce monument, construit en grès rouge, a la forme d'une croix, suivant l'usage de toutes ces constructions, et il est tourné de l'occident à l'orient ; du côté de l'ouest s'élève la tour qui, égale en largeur à la nef, lui sert en même temps de contrefort. C'est par cette tour que l'on entre dans l'église ; deux petites nefs, d'égale longueur, courent de chaque côté de la nef principale. Plus bas que cette dernière, plus haut que les autres, vient le banc des évêques sur le derrière duquel, à l'orient, s'élèvent de petites tourelles. Le chœur le suit immédiatement ; il n'est pas plus large, mais il est beaucoup plus haut que la nef principale, et est entouré d'une allée circulaire et d'une rangée de chapelles. Dans ces différentes subdivisions, la travée et les tourelles dites *des coqs*, partie la plus ancienne de l'église, donnent l'idée du style byzantin au moment de sa transformation dans le style gothique ; on ne le remarque que là, dans les croisées qui percent les nefs secondaires et dans quelques chapiteaux de colonnes : le monument, dans son ensemble, est l'expression du premier éveil du style gothique, et de son prompt développement. Du même temps et du même goût est la tour elle-même, jusqu'à la moitié inférieure de sa hauteur, qui, plus riche et plus élégante que la grande, et un peu moins de la moitié inférieure, caractérise le plus beau monument du style gothique. La plus ancienne partie de l'église peut appartenir au règne du duc Konrad de Zæhringen qui dura de 1122 à 1152; la partie que l'on nomme le Langhaus, et le vieux chœur, paraîtraient n'avoir été achevés que sous le comte Konrad de Fribourg, c'est-à-dire entre 1256 et 1272. L'art gothique dans toute sa beauté se manifeste dans la structure du nouveau chœur qui fut élevé à la place de l'ancien de 1354 à 1515. Ses voûtes élégantes, ses arcs hardis et élancés, les sculptures précieuses qui couvrent les piliers et les portes, enfin les fantasques arabesques qui courent le long des croisées excitent l'admiration au plus haut degré; mais la grandeur harmonieuse du tout disparaît entièrement. Les étages supérieurs des tours des Coqs semblent être du même temps que le chœur.

L'ensemble de cette église présente cependant aux yeux l'effet de quelque chose de complet : le plan et les moyens employés pour l'exécuter se sont trouvés en harmonie plus que partout ailleurs, et il en est sorti un monument que l'on doit compter au nombre des ornemens principaux de l'Allemagne.

Si nous nous arrêtons maintenant aux détails, la partie inférieure du clocher aura droit la première à notre attention. Le carré qu'elle forme avec ses piliers qui s'éloignent ainsi de sa base, servait autrefois de lieu pour rendre la justice ce que témoignent différens emblèmes et inscriptions gravées sur la muraille. C'est là que s'ouvre le magnifique po tail dont les arceaux s'élèvent à une hauteur énorme, et qui, à son sommet, est garni de belles sculptures. Une galerie, enrichie d'arabesques, conduit de là au portail intérieur. Les côtés sont garnis de colonnettes pressées les unes contre les autres, et partagées en quatre enfoncemens qui se réunissent par leurs arceaux, et qui sont ornés de figures de différentes grandeurs. La porte, partagée en deux par un pilier est entièrement couverte d'ornemens depuis le sol jusqu'au haut de la voûte. Au dessus du toit du vaisseau de l'église, la forme carrée de la tour se transforme en un octogone par une galerie à deux côtés, d'une architecture fort élégante. Quatre angles aigus qui s'ouvrent au dessus des angles droits de la partie inférieure, et qui en se réunissant à la tour forment des triangles égaux, font toujours dominer la forme carrée primitive du clocher, sans cependant détruire l'octogone : car ces quatre piliers à angles aigus peuvent être considérés comme les contreforts de la tour du milieu, sans lesquels l'octogone serait parfait.

De la galerie inférieure un escalier en limaçon, de cinquante-six marches, conduit sur la plate-forme, le plus bel endroit de la tour. Huit fenêtres colossales percent de leur ogive les murs de l'octogone, et c'est sur les frêles piliers qui les séparent que repose la pyramide également percée sur ses huit faces; on se trouve au milieu d'un temple où se sont réunies les plus belles créations de l'art, et cependant la vue n'est presque gênée en rien, soit qu'elle s'élève vers le ciel, soit qu'elle aille chercher les bornes lointaines de l'horizon. Les fenêtres sont séparées en deux et richement ornées ; elles sont couronnées par des pignons richement travaillés, et jusqu'à leur sommet montent, aux quatre côtés, les petites et sveltes colonnettes des quatre avancées qui sortent de la galerie inférieure : de cette plate-forme à la galerie inférieure il y a soixante-dix marches à monter. La pyramide a cent vingt pieds de pourtour à sa naissance. Les larges rosaces qui la percent sont de différentes formes et varient de la manière la plus agréable. Les dimensions et les ornemens sont à cette grande élévation sagement et heureusement calculés d'après l'éloignement. Les bas-reliefs exécutés sur les piliers ont en grande partie un sens historique ; on a cru y reconnaître quatre comtes de Fribourg, plusieurs ducs de Zæhringen, et les comtes d'Urach et de Kybourg avec leurs femmes.

La hauteur de la tour, depuis le pavé jusqu'au sommet, est de trois cent cinquante-cinq pieds de Paris, ou suivant un autre compte de trois cent quatre-vingt-cinq pieds dix pouces du Rhin.

La partie appelée le *Langhaus* consiste en une nef et deux abrides. Les murailles de la première sont soutenues de chaque côté par six piliers et par un contrefort ; du côté des abrides, elles sont ouvertes par des arceaux fort élevés qui regardent le chœur ; la largeur de chaque abride est de seize pieds. Les colonnes sont ornées de statues d'anges et d'apôtres. Les murs, épais de six pieds, ont sur leur face intérieure des demi-arceaux fermés par des trèfles ; un monde entier de plantes et de fleurs a été créé pour les chapiteaux des colonnettes qui ornent cette partie de l'église. Entre les fenêtres, on a pratiqué des galeries dans le vaisseau central et dans les abrides. Les voûtes sont des ogives simples ; la hauteur de celle du milieu est de quatre-vingt-deux pieds. En dehors, six contreforts soutiennent le Langhaus, et, dominant de beaucoup le toit des nefs latérales, ils retournent vers le vaisseau par de longs arcs, en grande partie à jour et revêtus de fleurs, et se terminent par des pignons qui supportent des lanternes. Il est très remarquable que dans la partie méridionale du Langhaus il respire un esprit plus élevé et un sentiment plus riche de l'art que dans la partie qui est tournée vers le nord. La première est ornée de beaucoup plus de figures ; les arabesques y sont plus nombreuses et plus diverses, les pignons sont couverts de plus d'ornemens, les lanternes ont une plus grande efflorescence de colonnettes. Les groupes d'animaux se pressent davantage et s'unissent dans un assemblage plus bizarre. Les fenêtres des différentes parties qui, en tout, sont au nombre de vingt-six, présentent la même différence. Les élégantes galeries à jour qui bordent le toit du vaisseau et ceux des abrides, et qui en font le tour, sont certainement d'une exécution postérieure, quoique le plan en soit ancien. Cette portion de l'église a encore différentes parties qui appartiennent à plusieurs époques.

Un ornement précieux du Langhaus qui n'est surpassé par aucune autre église du monde, ce sont certainement les vitraux peints des croisées, suite de monumens bien remarquables pour l'histoire de l'art. Les plus anciens remontent au XIVe siècle. Le verre en est très épais ; la peinture est mêlée avec la pâte, et les morceaux de verre sont assemblés suivant l'usage de l'époque. Les contours des figures sont tracés en noir à l'aide du feu. De là proviennent et le brillant coloris et l'indestructible éclat de ces anciennes peintures. Notre artiste nous assure n'avoir jamais rencontré dans ses voyages une telle splendeur de couleurs, aussi exubérante et aussi vive, à l'exception du moment où le temple n'est plus éclairé que par les rayons incertains du crépuscule, que lorsque des étoffes transparentes et diaprées pendent du haut d'une voûte. S'il en est ainsi, l'église perdue que déplore Uhland dans ces vers, est retrouvée :

« Le ciel était bleu, le soleil était brûlant, et la noble stature d'un clocher s'élevait dans les airs. Il me semblait voir des nuages lumineux le soulever comme des ailes, et le sommet semblait pénétrer dans le séjour des bienheureux.

» Je ne saurais peindre avec des paroles ce que je ressentais sous ces voûtes; les fenêtres brillaient d'un feu sombre qui éclairait les pieuses images des martyrs; c'est alors que je vis ces images magiquement illuminées renaître à la vie; j'aperçus un monde de saintes femmes et de pieux guerriers de l'Évangile.

L'art des temps modernes a travaillé à cette partie inachevée et dévastée par le temps, de sorte que maintenant l'église se trouve restaurée de la manière la plus heureuse. Fribourg est au nombre des villes qui se sont signalées par leurs heureux efforts pour retrouver l'art jadis perdu de la peinture sur verre. La verrerie de l'église s'associa avec des verreries de la Forêt-Noire, éleva des fours pour son propre compte. Bientôt, sous la direction du célèbre peintre sur verre Hermann de Neustadt, on en vit sortir les beaux vitraux, qui ornent les vues occidentales des abrides du Langhaus, et qui au soleil couchant prolongent des teintes si admirables sur les piliers de l'église. Le peintre André Helmle de Breitenau lui succéda; il ne se contenta plus d'enluminer simplement et de placer le verre comme dans une mosaïque; il voulut encore donner des tableaux d'une pureté parfaite, et où les ombres fussent observées. C'est de lui que sont les quatre évangélistes qui décorent la cinquième fenêtre de la nef latérale du nord, et les belles scènes de la Passion placées dans les chapelles de la Cène et de l'Ensevelissement, et composées sur des dessins de Duerer ; la première contient quatre tableaux ; la seconde quatre également, qui sont tous placés au dessus du bas-relief en pierre qui représente la Cène. Notre artiste ne pouvait se lasser d'admirer la sûreté et la fermeté de la main qui, avec des couleurs enflammées et en fusion, a retracé si sûrement la pensée du maître, et son enthousiasme fut facilement partagé par nous. Ce fut le baron de Rheinach Werth qui fit faire ces magnifiques peintures en l'honneur de ses parens.

Passons maintenant à l'antique travée de l'église à laquelle conduisent deux portes à pleins cintres. Le côté du nord est là également le plus simple et le moins artistiquement orné, tandis que la porte du sud est surmontée d'un beau portail. La partie nord de l'intérieur de la travée est aussi dénuée d'ornemens ; celle du sud présente de singulières mosaïques sur son pavé ; là sont des syrènes, ici un guerrier qui marche contre un griffon ; plus loin un groupe de centaures combattans. On voit encore à droite : un loup et un bélier allant s'instruire auprès d'un moine ; le loup veut mordre le bélier, et il est frappé par le moine ; une femme ouvrant la gueule à un lion ; un homme tenant en laisse deux griffons. Un vieux bas-relief placé dans la nef représente le couronnement de David par Samuel.

On arrive par cinq degrés au nouveau chœur, qui dans tout son pourtour sert comme de nef aux abrides. Il est un peu exhaussé dans le milieu, et le beau maître-autel dont les sculptures ont été terminées et restaurées il y a peu d'années, s'y élève sur une estrade de quatre larges marches. Il est orné de belles peintures de Hans Baldung, de Gmuend, en Souabe, dont le nom paraît pour la première fois en 1513, et qui plus tard se rendit célèbre par ses gravures sur bois et sur acier. Il mourut le jour de la Saint-Laurent, en 1552. Ces tableaux consistent en deux peintures principales placées sur les tables de bois de l'autel et en huit peintures plus petites qui ornent de la même manière le devant et le derrière des quatre faces.

La principale scène tournée vers le chœur représente le *couronnement de la Sainte-Vierge*, qui, vêtue d'une robe de brocard d'or, les mains jointes, les cheveux épars, est assise entre Dieu le Père, et le Sauveur qui la couronne, au dessus d'elle le Saint-Esprit et les chœurs des anges. Dans le fond, des nuages lumineux au milieu desquels nagent des myriades de séraphins. Des deux côtés de ce tableau on voit les apôtres, spectateurs de cette scène, dont les têtes sont pleines d'expression et de force. De ce côté sont placées les unes auprès des autres, les quatre petites peintures suivantes : l'*Annonciation*, admirable de coloris et de composition ; la *Visite à sainte Élisabeth*, avec un charmant paysage et où la tête et les épaules de la Vierge sont une des plus ravissantes créations qu'il soit possible de voir ; la *Naissance du Christ*, scène de nuit, dans laquelle, de même que dans la nuit du Corrège, toute la lumière, semblable à la lueur de la lune, sort du corps de l'enfant et éclaire surtout la charmante figure de la Vierge ; enfin, la *Fuite en Égypte*, qui est peut-être le meilleur de tous ces tableaux ; l'artiste a représenté la Sainte Famille passant devant un dattier. Marie sur un mulet, embrassant l'enfant de la main gauche, conduisant la bride de la droite, saint Joseph, à pied, le rosaire à la main, et portant sur son épaule un bâton de voyage, auquel est attaché une gourde. Au tronc de l'arbre grimpent quatre anges, groupés de la manière la plus ravissante : un cinquième semble pendre d'une branche sur le mulet et tend trois dattes à l'enfant qui a déjà des fruits sur son sein ; la tête de saint Joseph est surtout d'une expression pleine de force et de vérité.

La peinture principale placée sur le derrière de l'autel représente le *Crucifiement du Christ* ; il est riche en figures fortement tracées ; le Christ est d'une exécution parfaite ; le bon larron a les yeux tournés vers le ciel avec un air plein de foi et d'espérance ; le mauvais se tord dans l'excès de la douleur. Au pied de la croix est Magdeleine, les yeux levés vers le Christ avec une expression de désespoir ; la Sainte-Vierge, pâle et mourante, est soutenue par saint Jean. Derrière les saintes femmes, à gauche, des groupes de soldats et de spectateurs, au milieu desquels on aperçoit le visage doux et paisible d'un homme coiffé d'une barette rouge qui sans nulle doute est l'artiste lui-même : car on voit devant lui son petit enfant, regardant toute cette scène avec un étonnement naïf, et portant sur une tablette le monogramme du peintre. Sur un des côtés on voit saint Georges et saint Laurent ; sur l'autre, saint Jean-Baptiste et saint Jérôme.

Aux côtés du maître-autel, on admire les belles stalles sculptées où s'assoient les prêtres. La voûte du chœur est formée d'arceaux qui se mêlent et se coupent comme les mailles d'un filet ; elle est beaucoup plus haute que celle de la Langhaus. Une cloison qui va de pilier en pilier sépare le chœur des pourtours et de ses chapelles. Treize contreforts sortant des murs, et formant les séparations des chapelles, soutiennent le chœur par des arcs qui s'élèvent au dessus du plafond des abrides plat et construit en pierres de taille, et qui ont trois ouvertures jusqu'à leur réunion avec le plafond du chœur. Un petit nombre de ces piliers est orné d'arabesques. La ligne des chapelles commence, au nord, par celle de saint Alexandre, qui contient la plus belle des peintures sur verre, et dont le dessin est du célèbre Hans Baldung lui-même. Les dessins des vitraux du chœur sont en général plus pittoresques et plus bizarres que ceux de la Langhaus; cependant ils ne produisent pas le même effet, car le verre n'en est pas pénétré par la couleur comme celui de ces derniers: il est blanc et les couleurs n'ont été qu'appliquées sur les deux faces; c'est à cette cause qu'il faut attribuer le dégât qu'a fait la pluie à l'extérieur des vitraux. La chapelle de l'Université conserve sur deux côtés de son autel, de médiocre grandeur, des tableaux de Jean Holbein junior; l'un d'eux représente la *Naissance du Christ*, la lune jette une faible lueur à travers des nuages déchirés; la lumière principale s'échappe de l'enfant qui ressort au milieu d'une grande salle, dans un berceau et que cinq anges entourent. Saint Joseph et la Vierge se penchent vers lui, et un vieux berger arrive de derrière une colonne, éclairée de la manière la plus habile. Dans le lointain, un ange annonce aux pasteurs la grande nouvelle. La peinture placée sur la seconde face représente l'*Adoration des Mages*; l'un d'eux, à genoux, présente ses dons dans une coupe d'or à l'enfant qui est assis sur les genoux de sa mère; le second, avec ses vases d'or, est debout auprès de la Vierge; vis-à-vis de lui, et vêtu de brocard, se tient le roi noir, ayant près de lui un serviteur qui s'est couvert les yeux de sa main, pour éviter l'éclat de l'étoile qu'il regarde. Devant eux il y a un parasol; derrière quelques guerriers, dans le lointain, les murs de Bethléem et un pont sur lequel passent des troupes nombreuses de soldats. Au dessus du tableau qu'Holbein a vraisemblablement exécuté avant son départ pour l'Angleterre, arrivé en 1526, on trouve les portraits des donateurs. Ces peintures tombèrent vraisemblablement des mains des chanoines expulsés, au pouvoir de l'Université. L'empereur Rodolphe II montrait déjà un grand désir de les avoir; ils cherchèrent à Schaffhouse un refuge contre les horreurs de la guerre de Trente-Ans; les Français les emportèrent en 1796 avec les tableaux d'autel de Hans Baldung, et ce fut en vain que la ville chercha long-temps à les recouvrer; enfin ils lui furent rendus en 1808.

Le pignon de la porte septentrionale du chœur est remarquable encore par une sculpture faite dans l'ogive qui l'entoure, et sur laquelle l'artiste a représenté la *Création du monde*, d'une manière qui ressemble à de l'ivoire. Ainsi Dieu le Père, sous la forme d'un vieillard, jette en l'air des boules dont il fait le soleil, la lune et les étoiles; Adam laboure la terre; Ève file, et leur premier-né remplit un vase à une fontaine.

Notre curiosité serait encore arrêtée par bien d'autres sculptures, et nous aurions même de l'admiration à leur accorder; mais l'espace nous manque pour nous étendre davantage, et il nous faut cesser de puiser à cette source d'où nous pourrions retirer encore tant de choses précieuses.

J'avais été accompagné dans ma visite à la cathédrale par un jeune étudiant en médecine de l'Université de Fribourg, de plus mon compatriote, qui m'avait entretenu du résultat de ses études. Il suivait avec zèle le cours d'un célèbre et savant professeur d'anatomie, et il me racontait les efforts de son maître pour découvrir le siège de l'ame, efforts qui, au grand désespoir de l'un et de l'autre, n'avaient jusque là rien produit de satisfaisant. C'est ainsi que lorsque nous entrâmes dans l'église, notre conversation avait pris un tour assez sombre. La clarté mystérieuse qui régnait sous ces voûtes eut bientôt dissipé notre mélancolie; mais lorsque nous nous retrouvâmes ensuite devant cet ouvrage colossal, produit par la piété humaine, et que nous mesurâmes du regard cette masse gigantesque se détachant sous un ciel bleu, nous ne trouvâmes plus de mots pour exprimer nos sentimens de foi et d'espérance. Nous nous serrâmes la main réciproquement, et en nous séparant nous ne pûmes nous empêcher de nous écrier : « Non, l'esprit humain qui a rêvé ce chef-d'œuvre, n'était pas un produit des frottemens nerveux! Les monades, dans lesquels le plan s'est développé, par lesquels il s'est exécuté, ne peuvent avoir la vie éphémère d'un insecte ; il faut qu'elles aient tiré leur inspiration du Créateur qu'elles voulaient glorifier, et qu'elles soient éternelles comme le résultat de leur agglomération.

Nous ne pouvons laisser de côté l'Université de Fribourg. Elle compte parmi les plus anciennes d'Allemagne. Son fondateur, Albert IV, archiduc d'Autriche, ordonna sa fondation avec les mêmes paroles, dont deux siècles plus tard, se servit Éberhard le Barbu de Wurtemberg, en établissant celle de Tubingen, paroles qui semblent avoir été une formule reçue à une époque déjà plus reculée; tous deux voulurent : « Creuser une fontaine de vie, d'où de tous les coins du monde on pût venir puiser l'eau de la sagesse. » Les premiers professeurs vinrent d'Heidelberg, de Vienne et d'Erfurt. Parmi les premiers élèves se trouvaient le prédicateur de Strasbourg, Gailer de Kaisersberg, devenu si célèbre par sa courageuse franchise, et qui fut plus tard professeur, puis recteur; et Jean de Lapida, qui, peu d'années après, aida à établir à la Sorbonne la première imprimerie qu'il y ait eu en France et qui fut un des protecteurs de l'Université de Tubingen. La splendeur de l'Université de Fribourg s'accrut rapidement. Des princes, des comtes et des gentilshommes y accoururent en foule d'Allemagne, de Bourgogne, de Suisse, de France et de Pologne, et ne méprisèrent pas la dignité de recteur ; ce fut dans leurs rangs que le noble Maximilien choisit son chancelier Sturzel ; que le chapitre d'Augsbourg fut chercher son évêque Kérer ; que le duc Eberhard de Wurtemberg prit son médecin Widenmann, dont il fit son compagnon de voyage lorsqu'il se rendit à Rome. Le seizième siècle fut une époque encore plus éclatante de ses annales ; on y vit les chaires d'instruction occupées par les plus savans théologiens, professeurs de médecine et philologues, et elle compta même parmi ses membres le célèbre encyclopédiste Georges Reisch que l'on nommait l'oracle de l'Allemagne. L'Université fournit au pays ses premiers conseillers ; à Augsbourg, deux archevêques ; à Vienne, trois ; et à l'Université de cette dernière ville, un chancelier. Lorsque la réforme s'établit, les catholiques de ce corps enseignant firent preuve d'une grande modération ; plusieurs professeurs même restèrent dans des termes amiables dans les correspondances qu'ils entretenaient avec Luther, Calvin et Zwingle ; le premier même en appela au jugement de l'Université de Fribourg, et le sénat ne voulut pas souffrir que Glarean l'insultât dans ses leçons. Le XVIIe siècle commença par un démêlé avec les jésuites, dans lequel l'avantage resta à ces derniers ; c'est alors que la prospérité de l'école vint à chanceler, que sa gloire s'éteignit et qu'elle alla toujours en diminuant : la guerre de Trente-Ans la mit sur le bord de l'abîme et la ruina. L'empereur Léopold Ier s'en occupa avec sollicitude, mais l'invasion française la remit dans l'état d'où il l'avait à peine tirée. Dans le XVIII° siècle, le bannissement des jésuites amena pour elle une heureuse époque ; sa gloire s'accrut comme sa richesse, et sous le sage gouvernement de Joseph, un protestant obtint non seulement une chaire, mais même les dignités de recteur. La guerre de la révolution lui fit de profondes blessures; mais mise au nombre des états régis par la maison de Bade, elle reprit un nouvel éclat dans le XIX° siècle, et à l'heure où nous parlons elle compte parmi ses professeurs d'habiles médecins, des chirurgiens, anatomistes, théologiens, historiens, juristes et publicistes célèbres.

Près de l'Université florissent un collège et deux pensions de jeunes filles, dont l'une occupe les bâtimens du cloître d'Adelshausen, depuis l'empereur Joseph; et dont l'autre est dirigé par les Ursulines, déjà depuis 1695. Dans le premier de ces établissemens 500 jeunes filles, dans le second 45 reçoivent une éducation convenable sous une direction sage et prudente.

Les jouissances intellectuelles trouvent à Fribourg pour se satisfaire un Musée, un casino, un cercle de lecture, des bibliothèques où l'on peut louer des livres, des concerts et, pendant un certain temps de l'année, le théâtre. La contrée environnante offre les plus beaux et les plus agréables points de vue; de telle sorte que la ville mériterait certainement, autant que Bade et Heidelberg, de devenir le séjour d'été des étrangers qui ont le temps et le pouvoir de mettre en pratique, au moins pendant quelques mois de l'année, ce principe si sage : *Ubi bene, ibi patria*.

BADENWEILER.

Veux-tu jouir de la nature; veux-tu reporter en paix tes pensées sur tout ce que l'époque nouvelle ou tout ce que les anciens temps ont produit?

Viens alors sous ces ombrages, t'entretenir avec les ruisseaux, les rossignols, tandis que le soleil ou la lune éclaire la verdure, tantôt libre, tantôt courbée sous le poids de la rosée.

Là, élevé au dessus du tumulte de la terre, tu pourras t'abreuver de l'air pur qui vient du ciel; tu te verras entouré de rayons, et tu marcheras au milieu des parfums exhalés par les fleurs.

Ton cœur serait-il déchiré en arrivant; il s'en retournera guéri, car les douleurs de l'ame disparaissent dans la tranquillité de ce vallon.

Regarde autour de toi ; les générations ont traversé cette vallée en se poussant l'une l'autre avec fracas; tel le froid hiver suit le soleil d'automne.

Ici la suavité du paysage adoucit ce que quelques parties ont de trop rude; les fleurs cachent les lourds rochers; partout à côté des images de la vie on trouve la preuve de sa fragilité.

Ainsi vois les débris de bains romains qui s'élevaient jadis dans la vallée autour de la source; vois sur la montagne les ruines du vieux castel féodal, qui se détachent sur ce bleu du ciel.

« De riches prairies verdissent là où les aigles romaines ont brillé; et les ruines des nobles manoirs allemands sont étouffées et dominées par les bosquets où chantent les oiseaux

« Les lignes bleues des Vosges apparaissent dans le lointain derrière de fertiles prairies, que parcourt fièrement le noble Rhin.

« Heureux pays! quand je marche sur tes routes, je me sens plein de ravissement ; mainte beauté s'éteint' mais la tienne dure toujours!

J. H. DE WESSENBERG

Le noble et aimable chanteur à qui l'on doit ces lignes si brillantes, et dont l'Allemagne ne prononce le nom qu'avec respect, passa jadis un des plus beaux mois du printemps dans ce paradis terrestre, et il ne nous serait pas possible de choisir un meilleur guide pour le parcourir. Écoutons-le d'abord, lorsqu'il décrit le jour qu'il aperçoit de la fenêtre de son appartement à l'excellente auberge de Badenweiler, qui porte le nom de *Bains Romains*. « Il y a, il est vrai, beaucoup de points de vue qui sont plus grandioses et d'un aspect plus romantique ; mais sans nul doute, il en existe peu qui aient autant de charmes différens, qui soient constamment agréables et qui se renouvellent comme celui-ci en changeant d'aspect à toutes les heures du jour, et suivant tous les accidens de la lumière. L'horizon bleu et lointain est marqué par la chaîne des Vosges ; à leur pied s'étendent les fertiles plaines de l'Alsace, animées par des bourgades au milieu desquelles on distingue la ville de Muhlhausen ; plus près on aperçoit le Rhin qui traverse majestueusement la campagne en tournant autour des nombreuses îles qui s'élèvent de son sein. De tout cela, l'œil n'en peut découvrir qu'une partie ; mais ce qu'on voit suffit pour faire deviner le reste. Des hauteurs sans égales encadrent ce tableau. A quelques pas de l'auberge, le terrain s'élève et forme la charmante colline que couronnent les ruines de l'ancienne demeure des seigneurs de Badenweiler. Ces débris pittoresques dont la base est ornée de buissons épais, au travers desquels serpentent des allées couvertes, et dont le charme est augmenté encore par des vignes et des prairies, donnent au paysage un premier plan enchanteur. A gauche, d'autres collines s'élèvent également en amphithéâtre, et à leurs pieds s'étendent les villes de Niederweiler et de Muhlheim. Au dessus de cette dernière on aperçoit la route qui mène de Fribourg à Bâle, et plus loin encore, sur les bords du Rhin, on découvre le bourg de Neuenbourg. La multitude de noyers et d'arbres à fruits que l'on rencontre à chaque pas ne contribue pas peu à la richesse et à l'embellissement du pays.

Notre gravure représente une partie de ce que nous venons de décrire, et l'artiste a seulement à regretter que le village de Badenweiler ne réponde pas à l'aspect pittoresque de la contrée qui l'environne et ne soit pas bâti d'une manière qui concorde avec sa beauté agreste.

Derrière Badenweiler s'étend une vallée paisible, formée par de petites collines qui, bientôt, deviennent des montagnes et qui élèvent en amphithéâtre leurs bois mêlés de noisetiers. Derrière les cimes méridionales de cette chaîne se cache le puissant Blauen qui, avec le Feldberg et le Bœlchen, est compté au nombre des plus hauts points de la Forêt-Noire. Les habitans du pays témoignent beaucoup de respect pour ces hauteurs, et en considèrent l'escalade comme une preuve de témérité que sont généralement peu empressés à donner les hôtes efféminés et temporaires des bains. Cependant, après avoir fait deux grandes lieues, un chemin très bien conduit les étrangers sur cette cime ombragée de sapins et de hêtres, et la vue dont on jouit à cette hauteur est une des plus belles que l'on rencontre dans la Forêt-Noire, et plus remarquable encore que celle que l'on peut avoir du haut du Feldberg qui est beaucoup plus élevé, mais aussi beaucoup plus enfoncé dans la montagne. Le Blauen est cette pointe de montagne qui s'avance vers le Rhin et qui est la plus proche du cours majestueux et ondulé de ce fleuve. L'œil étonné contemple d'ici les quatre plans de montagnes qui s'élèvent au loin ; d'abord la Forêt-Noire vers l'est ; puis les Vosges à l'occident ; au sud, le Jura ; puis, derrière, et tantôt se mêlant avec les nuages, tantôt s'élevant au dessus d'eux, les pics neigeux des Alpes bernoises. On n'aperçoit cette dernière ligne que lorsque le temps est clair et serein.

Descendons maintenant un peu plus vers le vallon et occupons-nous de l'histoire de Badenweiler. Tout le pays formait anciennement une seigneurie du haut-margraviat de Baden ; on en fit un arrondissement dont Muhlheim était le chef-lieu, et on la partagea en trois bailliages évangéliques et un catholique. Des montagnes et des collines, des plaines fertiles concourent à enrichir ce territoire de belles forêts, de blés, de prairies et de vignobles ; les montagnes fournissent des minéraux et surtout du fer en abondance. Dans les environs du village on trouve une mine de plomb et d'argent qui est possédée et exploitée par un Français.

La ville et la seigneurie ont passé par beaucoup de maîtres. Du duc Henri le Lion, elles échurent à l'empereur Frédéric, puis aux comtes de Strazberg, et, après l'extinction de cette maison, aux comtes de Furstenberg. Lorsque la ville de Fribourg en Brisgau voulut se racheter du vasselage du comte Egon, elle acquit Badenweiler, en 1368 pour 25,000 florins et la céda à son maître. Conrad, fils de celui-ci, l'engagea à l'Autriche ; mais, bientôt reprise, le dernier comte de Fribourg la donna en 1444, au margrave Rodolphe de Hochberg Saurenberg. Pendant plusieurs siècles, à dater de cette époque, Bade et l'Autriche se disputèrent sa possession ; cette longue querelle fut enfin terminée en 1741, et Bade qui, par l'extinction de la famille de Hochberg, en avait, depuis 1503, la possession de fait, s'en assura la tranquille et légitime jouissance en donnant une somme considérable.

Badenweiler est un ancien bain, formé par un concours de sources chaudes qui arrivent en telle abondance qu'il faut attendre même que l'eau à boire ait un peu refroidi : les Romains en ont eu connaissance et s'en sont servi ; leurs traces se reconnaissent encore dans les ruines de thermes admirables, le plus beau de tous les monumens que l'on trouve encore de ces conquérans dans toute l'Allemagne. Les temps qui suivirent ruinèrent ces thermes et les couvrirent de terre. Un hasard en amena la découverte en 1784, et d'autres antiquités, trouvées en même temps, sont maintenant déposées à l'abri de toute dégradation à côté des ruines féodales des Allemands.

Aucun étranger ne peut quitter Badenweiler sans aller jeter un œil curieux vers ces débris que l'on a entourés d'une enceinte de bois.

La longueur totale de ces thermes, qui ne formaient qu'un seul bâtiment, est de trois cent vingt-quatre pieds; la largeur est d'à peu près cent pieds. Les constructions sont faites avec cette précision et ce caractère de durée qui caractérisent toutes les œuvres du peuple-roi. Les murs d'enceinte et les cloisons des bâtimens, qui ont encore le quart de leur hauteur, et en d'autres endroits la taille d'un homme, sont bâtis en petites pierres unies par le ciment, et les planchers et les escaliers sont formés de plaques d'un marbre violet, toutes à peu près de la même grandeur, largeur et épaisseur, et concordant parfaitement ensemble. Aux deux extrémités du bâtiment qui sont tournés vers l'occident et vers l'orient, on trouve de grands atriums. A chacun d'eux, un large passage réunit deux vastes salles, dont l'une, celle du nord, était chauffée par en bas, ce qui, peut-être trop inconsidérément, l'a fait prendre pour une étuve. Des chambres destinées aux baigneurs occupent l'espace qui se trouve entre ces deux salles et le péristyle.

Les bains principaux, qui consistent en quatre grands bassins, sont rangés tous sur une seule ligne. Les deux extérieurs sont les plus grands ; ils ont en bas, vers le sud, une issue en demi-cercle pour faire écouler les eaux, issue qui s'élève au dessus de la ligne extérieure. Du côté du sud, les degrés qui descendent vers les bains se terminent par une élégante rotonde. Les deux bains du milieu, qui sont les plus petits, sont deux carrés parfaits ; tous les quatre ont cinq pieds de profondeur, et sont divisés, au fond, en trois compartimens qui forment degrés, à un pied et demi l'un de l'autre, de manière que les baigneurs peuvent à leur gré plonger plus ou moins avant dans l'eau. Les parois et le fond sont couverts de bandes de marbre sur lesquelles on remarque encore çà et là la trace du polissage ; elles ont de six à huit pouces d'épaisseur, liées ensemble, à la manière des Romains, par un ciment composé de chaux et de poudre de brique ; plusieurs sont déjà écaillées et disjointes. Les savans ont nommé ces bassins bains à nager (*frigidaria, natationes, baptisteria*), et les deux chambres sans moyen de chauffage, cabinet pour se déshabiller (*apodyteria, spoliaria*). Ces quatre bassins pouvaient recevoir à la fois au moins une compagnie, peut-être toute une cohorte.

De chaque côté de ces quatre grands bains sont neuf petites chambres, dont chacune peut contenir deux personnes. Deux de ces espèces de niches sont rondes, les autres carrées, mais toutes pourvues de grandes dalles de marbre comme les grands bains ; elles ne sont pas comme ceux-ci creusées en terre à cinq pieds de profondeur, mais elles sont élevées sur des espèces de rampes, de manière que pour y arriver, on est obligé de monter. D'autres niches oblongues, placées dans les allées qui séparent les divers bassins, sont probablement les *lazaria*. Au sud, derrière les bains, se trouvent deux larges allées autrefois couvertes, et séparées au milieu par un cabinet ; c'étaient les promenades (*xisti*). Du côté du nord, où une saillie donne plus de largeur à l'édifice, on rencontre un arrangement tout nouveau de chambres et de bassins ; à droite et à gauche s'élèvent deux rotondes assez grandes et dallées de marbre, que les savans appellent *unctoria* (salle pour se parfumer), et, au milieu, trois calédaries chauffées par en bas. A la saillie extérieure, on voit une file de cabinets à qui les érudits assignent diverses destinations ; ce seraient de petits cabinets garnis de poêles pour faire bouillir l'eau dans des vases, ou des lieux à serrer le bois et le charbon, ou de petits canaux souterrains pour faire écouler l'eau, comme on en trouve aussi dans l'édifice.

Sous la cour de l'est s'ouvre une allée voûtée de six à sept pieds de haut, et dont les pierres sont placées les unes sur les autres sans mortier. Cette allée merveilleuse parcourt sous la terre, du nord au sud, un vestibule d'environ cent pieds de large, se prolonge ensuite au sud sous les bains à deux cent soixante pieds de son point de départ, et revient par le vestibule de l'ouest, et dans une direction oblique, vers le nord-ouest, de manière qu'elle fait entièrement le tour de ces bains. On ne saurait dire avec exactitude quelle était la destination de ce canal souterrain ; il n'est guère probable qu'il servit à l'écoulement des eaux, puisqu'on voit, vers le côté septentrional de l'édifice, deux canaux taillés dans le roc, qui recevaient immédiatement les eaux des bains. Sous les grands bains même, de petits canaux d'écoulement partent également des deux cours. Ce grand canal devait donc servir de moyen de communication pour un but qu'on ignore.

Des autels s'élevaient dans les deux cours à l'entrée des bains; celui du nord, qui existe encore dans un assez bon état de conservation, puisque l'inscription seule a été endommagée, conserve encore sa place. L'inscription porte : *DIANA ABNOB* (consacré à Diane de la montagne d'Abnoba, c'est-à-dire de la Forêt-Noire). L'autel de l'est est tombé en ruines; il conserve cependant encore la moitié du nom de Diane. On a, en outre, trouvé parmi les ruines beaucoup d'ustensiles de ménage et de monnaies du temps des empereurs. L'espoir de découvrir une inscription qui fît connaître le nom de l'établissement romain qui existait là, ainsi que celui de l'architecte qui le construisit, ne s'est point réalisé. Nous avons bien devant les yeux deux copies d'une petite tablette d'argent dont l'original, trouvé en ces lieux, est conservé à Carlsruhe, mais ce n'est qu'une agrégation de lettres grecques, et on ne peut lire dans tout cet écrit que le mot *Lukiolos* (Luciolus). Nous devons les deux fac-simile à la complaisance du célèbre professeur Henri Schreiber, de Fribourg, qui l'explique ainsi :

« Auguste Gottl. Preuschen, dans ses *Monumens des Révolutions physiques et politiques de l'Allemagne, particulièrement des contrées du Rhin* (Francfort, chez Warrentropp, 1787, pag. 209 et suiv.), a prétendu que cette inscription est la lettre d'un certain Nathan, d'Alba Akra, à un de ses amis, Fagel, de Badenweiler, et il arrivait ainsi à l'explication la plus singulière. Le célèbre Oberlin, de Strasbourg, au contraire, reconnut sur-le-champ l'inscription pour ce qu'elle est, c'est-à-dire pour une amulette, et l'appela « *Phylacterium gnosticum Lucioli*. »

L'artiste avec lequel l'auteur a parcouru ces étonnans débris, et qui a passé près de deux ans au milieu des ruines de Rome, ne pouvait se lasser d'admirer l'étendue et l'état de conservation de ces bains. Il n'hésita pas à les comparer aux magnifiques débris des bains de Caracalla, à Rome, dont la couverture seule est mieux conservée. Qui sait s'ils n'ont pas été construits par le même architecte, puisque la ville romaine voisine, *Aurelia Aquensis* (Baden-Baden), a été ainsi nommée en l'honneur de l'empereur Caracalla?

Maintenant que les restes du monde romain nous ont retenus assez long-temps à Badenweiler, revenons au monde germanique, et à cette époque qui nous a été conservée dans toute sa fraîcheur par les poésies de Hebel.

Badenweiler, lui-même, n'a pas été chanté par Hebel. Il semble que son imagination, toute livrée aux traditions de l'antique Allemagne, ait refusé de s'arrêter même sur ces ruines romaines. Toutefois, c'est avec ses poésies à la main qu'il faut parcourir les charmantes contrées du duché de Bade.

A un demi-mille de Bade, on rencontre la petite ville de Mühlheim qu'il a chantée, et à laquelle il invite le voyageur.

Plus loin, au sud, on arrive par un chemin de traverse à Berg, entourée de bois et de prairies, et d'où l'on a le plus magnifique horizon, puisque de là on aperçoit le Rhin, les Vosges, le Jura et l'ancienne commanderie du couvent de Saint-Blaise, Berglen, que Hebel, dans la même pièce, représente sous des couleurs si charmantes.

Deux propriétaires se partagent maintenant le beau château de Berglen et ses immenses salles : S. A. R. le grand-duc de Bade et un riche paysan. La partie qui appartient au souverain est habitée par un curé d'un esprit cultivé et d'un caractère rempli de bienveillance, et les baigneurs de Badenweiler trouvent chez le paysan toutes les commodités de la vie. Celui qui écrit ces lignes n'oubliera pas les belles soirées et les fraîches matinées qu'il a passées dans ce ravissant paysage.

En se dirigeant vers le nord-est et l'est, on arrive, par des montagnes, au fameux Feldberg, puis à Todtnau, Schœnau, Mambach, Zell, Schopfheim, au Rœttler-Schlosse, à Lœrrach, tous lieux célébrés par les poètes du pays, et l'on touche enfin au voisinage de Bâle, *où le curé de Chlei-Hüninger unit la fille de l'Oberland avec le gigantesque fils du Gothard.*

On trouve encore, fort avant dans la montagne, au nord-est de Schopfheim, le joli petit village de Herrischried que Hebel a chanté avec amour.

Mais revenons à Badenweiler. L'hôtel des *Bains-Romains*, ainsi nommé parce qu'une antique pierre romaine, trouvée dans des fouilles récentes, sert de pierre-d'assise à l'édifice, existe depuis douze ans. Son emplacement, dit M. Vessenberg, ne pouvait être mieux choisi, et l'élégance de sa construction répond aux charmes de la perspective que présentent les environs. La vaste salle pour danse et festins qui occupe tout l'espace compris entre deux rangs doubles de chambres à coucher, et dans laquelle la vue plonge du haut de l'escalier qui conduit à ces chambres, donne à tout l'édifice une apparence somptueuse et presque magique, et l'on s'y arrête avec un véritable plaisir. On y est parfaitement traité, et l'extrême propreté qui règne partout ajoute encore à l'agrément du séjour; on y trouve des bains qui, sans être d'une grande élégance, ont tout ce qu'il faut pour la commodité. L'hôtel de *la Ville de Carlsruhe* s'est aussi beaucoup étendu et amélioré. On y a ajouté depuis une grande et belle salle qui sert à la fois de salle à manger et de salle de danse. Il y a des jours dans l'année où cette salle et celle des *Bains-Romains* peuvent à peine contenir les hôtes qui viennent y chercher de l'amusement. On est bien encore à l'hôtel du *Soleil*, et la ville ne manque pas non plus d'appartemens meublés pour les malades qui viennent y passer la saison des eaux.

La petite maison de réunion sur le Schlossberg possède maintenant un cabinet de lecture. Le point de vue y est magnifique ; d'un côté, l'œil s'étend à l'infini sur un riant paysage, de l'autre, il suit une vaste et riche vallée entourée de montagnes couvertes de forêts. Là, aussi, se montrent à la fois, dans un espace resserré, les débris des œuvres de l'orgueilleuse Rome et du barbare, mais énergique, moyen âge.

Les habitans sont d'un caractère doux et bienveillant, et on lit sur leur figure l'expression d'un esprit cultivé. Les étrangers y sont reçus avec beaucoup d'empressement, mais sans affectation ni bassesse.

FORBACH EN MURGTHAL.

Au centre de la Forêt-Noire, sur le Kniebis, devenu célèbre par le passage des troupes françaises sous Moreau, naissent trois sources, qui, réunies, forment la Murg, l'une des rivières les plus remarquables de la Souabe. La Murg-Rouge (*Rothmurg*) s'échappe du Rubstein et se jette immédiatement dans un ravin qu'entoure le Gestein ; la Murg-Blanche (*Weissmurg*) sort également des rochers et se jette dans le

Buhlenbach. Elle se joint à la Murg-Rouge près de la Croix-Blanche, et toutes deux descendent alors avec un grand bruit la vallée de Baiersbrunn, qui est couverte de cabanes de bûcherons. La troisième rivière, le Fohrenbach, prend sa source près de la maison des douanes wurtembergeoises, puis, fortifiée par un affluent, fait mouvoir un moulin et plusieurs forges de Christophsthal, laisse sur la rive droite Freudenstadt, ancienne colonie (1599) de protestans chassés de la Styrie, de la Carinthie et de la Moravie, qui trouvèrent là un accueil fraternel, et se réunit enfin avec les deux autres rivières près du village wurtembergeois de Baiersbrunn. C'est ainsi que se forme la Murg qui prend ici son nom et qui peut avoir trente pieds de large. Ses deux rives sont réunies en cet endroit par le premier pont de bois.

Le cours de ce fleuve, qui coule de l'est à l'ouest dans une étendue de quinze lieues, traverse une des vallées les plus profondes et les plus sauvages de cette grande chaîne de la Forêt-Noire. Seize ponts lient ses rives, et il reçoit quarante-huit affluents. Tant qu'il n'a pas quitté les hautes montagnes, la vallée est assez large, et il coule au milieu des cimes les plus étendues. C'est ainsi qu'il passe à côté de l'ancien prieuré de Bénédictins, maintenant le village de Reichenbach, puis près de Hesselbach, d'où l'on jouit d'une charmante perspective.

La vallée est entourée d'une ceinture de montagnes dont les cimes les plus élevées se dessinent dans le lointain. Les environs présentent de tous côtés de riants et gras pâturages qui fournissent en abondance du foin pour l'hiver. Il n'y a pas de pays, outre la Suisse, qui possède plus de bestiaux, et ses vastes forêts fournissent chaque année une masse d'excellent bois à brûler. Le voyageur aperçoit cependant çà et là de grands espaces noirs, nus et tout dévastés. Ce sont les vestiges encore visibles du grand incendie de l'été de 1800. Celui qui écrit ces lignes se rappelle encore avec quelle anxiété les écoliers se demandaient pendant des semaines entières si la Forêt-Noire brûlait encore. L'imagination se représentait cet incendie comme un terrible et beau spectacle, et les innombrables sapins comme autant de torches dont la flamme éclairait tout le pays. Les témoins oculaires dépeignent tout autrement ce mémorable événement. Le feu se propageait lentement, réduisait les arbres en charbon sans jeter de grandes flammes, et il ne fut terrible que dans ses effets. L'incendie dura du 4 au 21 août et consuma plus de sept mille arpens de forêt wurtembergeoise. Les bois de ces contrées consistent principalement en pins, sapins et platanes, et contiennent en outre, mais en petite quantité, des érables et des hêtres. Les pins et les sapins présentent des arbres magnifiques et atteignent souvent une hauteur de cinquante pieds.

Une des plus importantes productions de ces contrées, c'est le houblon. Le fabricant afferme un district étendu et construit ses distilleries en briques; il choisit une petite clairière sur la croupe un peu plate d'une colline, mais protégée contre le vent par des arbres ou une éminence, et y construit, comme les premiers colons au sein des forêts vierges de l'Amérique, un blockhaus composé d'arbres superposés les uns sur les autres. Le toit est plat, supporté par des poteaux et couvert de pierres. Les fentes de l'édifice sont remplies de mousse. Les huttes peuvent avoir trente pieds de long, quinze de large et huit de haut, jusqu'au toit. Un poêle en terre sert à faire la cuisine et à se chauffer pendant l'hiver. Des fenêtres étroites et clair-semées donnent la lumière nécessaire pour les travailleurs. C'est là le palais dans lequel le houblonnier vit dans une profonde retraite avec sa famille et souvent il ne voit pas durant des jours entiers une seule figure humaine. Il se fraie avec peine un sentier devant sa cabane, pour aller chercher ses subsistances; il construit ensuite la houblonnière et y met un certain art. Il faut cinq personnes constamment occupées pour ramasser en deux jours le bois nécessaire pour la distillation d'une semaine. Le troisième jour, les travailleurs fendent le bois, le quatrième on allume le feu, et en trois fois vingt-quatre heures la distillation est achevée. Les marchands apportent des chaudières devant le four et achètent en petit; quant à la poix noire, on la laisse aux petits trafiquans.

Mais revenons à la Murg. Le petit village de Rœth sur la rive gauche, composé de dix-sept fermes, est le véritable idéal d'un village de la Forêt-Noire. Les maisons, qui sont assez longues et qui ont deux étages, sont toutes bâties en bois et en terre. La grange et l'étable sont sous terre; l'habitation du fermier au dessus, noircie par la fumée. Elle est éclairée par de larges et belles fenêtres. Le matin de bonne heure, les valets sont debout, nettoyent l'étable, font boire les bestiaux et les conduisent aux pâturages. Comme instruites par l'expérience, quelques vaches, ayant une clochette au cou, marchent les premières, et jeunes et vieilles les suivent tranquillement et dans le meilleur ordre. Les bœufs et les chèvres grimpent sur les revers des collines et y broutent les herbes et les racines qui croissent dans la fente des rochers. Sans berger, sans aucune surveillance, le troupeau parcourt les bois et les champs de son maître, et l'approche de la nuit les ramène seule dans l'étable.

La culture de la terre présente moins de facilité que l'entretien des bestiaux : le terrain est inégal, pierreux ; la charrue y rencontre à chaque pas des obstacles ; et dans la plupart des lieux on est obligé de se servir de la houe et de la pioche, après que la terre a été ramollie par les cendres des pins et des sapins brûlés. Quant aux fruits, il n'en peut guère être question : il n'existe presque plus d'arbres fruitiers. Les habitans pressent le suc de leurs arbres à feuilles acidulaires et la chaudière de l'habitant fume presque toujours. Une autre industrie, c'est la fabrication du noir de fumée, pour laquelle on a, dans les contrées de la Forêt-Noire, des fours particuliers.

Malgré ces occupations pénibles, on trouve dans ces forêts des hommes calmes, paisibles, pâles comme l'écorce de leurs platanes, isolés de toute société joyeuse, et cependant contens, grace à la simplicité de leur genre de vie et à leur peu de besoins.

A une demi-lieue de Rœth les montagnes deviennent de plus en plus hautes et la vallée plus resserrée. La Murg suit son cours tortueux et se précipite à travers les rochers. Arrivé au sommet de la montagne, on voit les cabanes se dérouler en amphithéâtre. A ses pieds coule la Murg ; la vallée se resserre de plus en plus, et l'on prétend qu'on peut atteindre avec une pierre la montagne opposée. Bientôt la Murg se fortifie des deux côtés par deux ruisseaux qui sortent des rochers, le Dobelbach et le Fuellebach ; un pont de bois de plus de cent pieds de long conduit sur la rive gauche, là s'ouvre une vallée plus large et plus unie, au fond de laquelle se trouve la grande route. Le côté gauche de la vallée forme un demi-bassin borné par des montagnes assez éloignées dont les croupes sont couvertes des gras herbages. Sur ces collines s'élèvent vingt-cinq fermes qui composent le village de Hutzembach ; chaque maison est isolée et séparée des autres par de petites éminences. Les plantations d'osier qui s'y trouvent ne sont pas favorables à la venue du bois. Mais c'est une chose remarquable de voir comme de jeunes branches de deux pouces d'épaisseur et de seize de longueur s'entrelacent comme des cordes flexibles. La fabrique, qui appartient à une société de marchands de bois, est simple ; elle consiste en une maison vaste et élevée.

Arrivé au village de Schwarzenberg, qui est comme embossé derrière une masse de rochers, et dans le voisinage duquel on voit les ruines de Kœnigswart, vieux château de chasse que le comte Rodolphe de Tubingue a fait bâtir en 1209, la vallée de la Murg prend un caractère très romantique qui rappelle les sites les plus pittoresques de la Suisse. A partir de là, le cours du fleuve devient de plus en plus difficile : il est obligé de se frayer un passage à travers un interminable labyrinthe de rochers. Resserrée dans un lit étroit par des rochers à pic, irritée par les obstacles, la Murg, jusqu'alors si tranquille, devient fougueuse, s'engouffre en écumant dans les fentes des rochers et semble se hâter de gagner un terrain plus égal.

Deux ruisseaux l'augmentent alors ; l'un, qui est le plus fort de tous ses affluens, est le Schœmuenzach, qui sort d'une vallée située sur la rive gauche de la Murg et parsemée de débris de rochers. A peine large de six pieds à l'époque des chaleurs, il grossit rapidement à la fonte des neiges et en temps de pluie, et devient un torrent terrible qui inonde toute la vallée. Lors des guerres de la révolution, les Autrichiens commencèrent en cet endroit un pont qui n'a pas été achevé. Un peu au dessus, s'élève la manufacture de verres de Schwarzenberg, qui mérite bien d'être vue ; et plus bas un réservoir d'eau de la compagnie de flottage Calwer. Car le flottage du bois étant devenu presque impossible à cause des rochers qui encombrent le lit de la rivière, il a fallu songer à des moyens artificiels pour grossir les eaux. Ce réservoir contient cent mille et, quand on le veut, un million de pieds cubes d'eau, qui, quand on les lâche, poussent avec un bruit terrible les radeaux de bois à travers les blocs de granit.

En face d'une rivière fraîche et limpide, le Frohnbrunn, on en voit une autre sur la rive droite de la Murg, le Rennelbach, qui forme la frontière entre le Wurtemberg et Bade. La Murg parcourt alors un lit plus difficile; elle se précipite en bouillonnant dans les ravins de collines couvertes de bois dont elle arrose la base; la vallée, enceinte de rochers, devient de plus en plus aride, et, à part le bruit des flots, il y règne une tranquillité solennelle. Le fleuve se dirige de plus en plus à l'ouest et couvre une partie assez considérable de la vallée. Bientôt il reçoit un nouvel affluent, le Hornbach, et ensuite l'impétueux Rauhmünzach, qui prend sa source jusqu'au sommet même de la montagne; ses flots se précipitent avec fracas à travers plusieurs milliers de blocs de granit. Au pied du Hohenkopf, la seconde de ses quatre cascades et l'endroit le plus solitaire de toute la montagne, on n'est plus qu'à une lieue de la Herrenwiese, où l'absence totale de végétation ferait croire qu'on est dans un autre climat. La cerise mûrit sur ces hauteurs à l'époque où les raisins sont recueillis sur les bords du Rhin. Ce n'est donc pas à tort que l'on a nommé ces steppes la Sibérie badoise.

C'est dans cette contrée que se trouve le principal siége de la compagnie de bois de flottage, qui, par une multitude de travaux d'art, d'écluses, de réservoirs, de canaux vient y chercher du bois pour le descendre par le Rhin jusqu'en Hollande.

Notre promenade nous ramène de nouveau vers la Murg. La route longe ici la rive gauche et se dirige toujours plus à l'ouest, encaissée dans des montagnes escarpées. La vallée continue d'être solitaire et aride; des rochers à pic l'entourent à droite. Mais la route est excellente, et il serait difficile de la rendre meilleure dans une pareille contrée.

Nous voici près du village de

FORBACH,

le point le plus ravissant de la vallée de la Murg, que l'artiste a choisi pour le sujet de sa gravure.

En y allant, on rencontre à gauche et à droite de la route de fréquents fourneaux de charbon. Comme la rapidité des montagnes ne permet pas de les élever sur la terre nue, ils sont presque toujours soutenus par des pièces de bois ou appuyés sur des rochers. Sur les bords de la Murg et dans la Forêt-Noire on a une manière particulière de faire le charbon; et les fourneaux, s'élevant en forme de demi-boule, couverts de terre fortement tassée et d'une couche de mottes, ornent la forêt au lieu d'en défigurer l'aspect.

On ne rencontre plus de terres de labour entre le Rauhmünzach et le village de Forbach; des pins et quelques hêtres couvrent seuls les cimes escarpées des montagnes et descendent jusqu'à la route et au fleuve. Celui-ci roule avec fracas à travers l'étroite vallée. La route, qui court inaperçue le long du fleuve, s'abaisse peu à peu et conduit enfin dans les rues de Forbach remarquables par leur malpropreté. Le village tire son nom d'une rivière qui le traverse et fait mouvoir deux moulins.

Ce joli village contient 900 habitans, tous occupés des industries que nous venons de décrire, et que sa situation favorise beaucoup. Les ouvrages des armuriers de Forbach sont aussi fort estimés. L'ensemble des maisons forme une sorte de demi-cercle, et les montagnes, qui s'élèvent en amphithéâtre l'une derrière l'autre et dont on n'aperçoit que la cîme, présentent à la vue un charmant paysage, surtout quand on se trouve à l'ouest du village et qu'on domine le tout. L'église, dont le chœur et la partie postérieure ne sont bâtis que depuis quelques années, s'élevant élégante et svelte au dessus du village, n'y ajoute pas un médiocre ornement. La fabrique a acheté dernièrement à deux artistes badois deux grands tableaux d'autel qui sont estimés des connaisseurs.

On voit plus loin le pont suspendu et couvert exécuté par un architecte de Karlsruhe, M. Fahsold. Il a de fortes bases dans les rochers de granit qui se trouvent de l'autre côté de la rivière. La route traverse le pont; et dès qu'on est sur la rive droite elle commence à s'élever peu à peu. La perspective devient alors plus étendue; la vallée s'élargit, prend un aspect plus riant, et la route descend avec elle commode et sûre pour les voitures. Il n'est donc pas étonnant que les baigneurs de Bade ne dépassent guère Forbach dans leurs excursions et craignent de s'enfoncer plus avant dans les montagnes. Mais ils ont tort, car la route est excellente et sans aucun péril; et les sites et les beautés particulières aux pays de montagnes ne commencent qu'ici. Le château que le grand-duc s'y est réservé, pour y venir chasser le coq de bruyère qui est très abondant dans ces contrées, l'attire généralement une fois chaque année dans les environs de Forbach.

Au dessous du village, on rencontre encore des montagnes très élevées à une certaine distance l'une de l'autre. Là se présentent à l'œil du voyageur plusieurs scieries remarquables. Au dessus de sa tête on entend retentir la hache dans les forêts. Des pins gigantesques, des chênes de cent cinquante ans tombent sous ses coups, pendant qu'au bas de la montagne les scieries partagent en planches légères les pieds des arbres qu'on vient d'abattre; d'autres ouvriers réunissent à côté d'énormes futaies sur un radeau, que des mariniers intrépides conduisent jusqu'au Rhin et de là en Hollande, où on les emploie à la construction des navires.

Sur la rive droite, on trouve les villages de Gausbach, Langenbrand et Weissenbach, où la route, qui a passé par dessus les plateaux de la montagne, redescend de nouveau. Ici, la nature commence à se montrer de nouveau favorable à l'agriculture. Des pentes sont cultivées avec soin, et çà et là plantées de vignes. Vis-à-vis le village de Wissenbach, sur la rive gauche de la Murg, s'élève la jolie petite église du village d'Au, et la pointe de son clocher perce d'une manière pittoresque à travers les arbres et les buissons.

A droite, la route serre de si près le fleuve, qu'on a été obligé de garnir le bord de grosses pierres pour empêcher le voyageur de tomber dans l'eau. Non loin de là, on rencontre, caché derrière les montagnes, le village de Reichenthal, où l'on fabrique beaucoup de potasse. Le lessivage des cendres se fait dans de vastes jattes de bois faites du pin le plus dur de la Forêt-Noire; pour les faire bouillir, on emploie des chaudières de fonte qui durent plus de trente ans.

Près du village de Hilgerstau la route passe sur un pon

de bois, abandonne la rive droite, et à chaque instant la vue devient plus étendue et plus gaie. Le petit hameau d'Oberzroth possède sous le même toit un moulin à huile et à tabac. Sa construction est parfaitement appropriée à son but, et l'on en admire surtout la propreté et l'excellent pressoir à huile.

Les deux rives de la Murg continuent toujours d'être entourées de montagnes assez hautes ; mais le fleuve perd visiblement de son impétuosité et coule d'un cours plus égal. La route, qui suit la rive gauche, se dirige à l'ouest, en faisant une foule de détours. Sur l'autre rive on aperçoit, dans une jolie situation, le petit village de Scheuern. En-deçà, près de la route, s'élève, sur une hauteur escarpée, entre les cimes de pins superbes, le joli château de Neueberstein, qu'on a transformé avec beaucoup de goût en maison de plaisance pour le grand-duc ; de ses fenêtres, la vue tantôt plonge dans la vallée, tantôt se repose sur une charmante plaine qui s'étend jusqu'au Rhin.

Plusieurs moulins sont bâtis au pied du Schlossberg. Bientôt le voyageur aperçoit la jolie petite ville de Gernsbach, qui s'étend des deux côtés de la Murg, sur la colline et sur la plaine, et qui se distingue par son active industrie, principalement par ses fabriques de colle. Ici la Murg entre dans une vallée beaucoup plus large. Les côteaux qui l'entourent des deux côtés ne présentent point de rochers et sont couverts de vignes et d'autres plantations. Des arbres fruitiers ornent les collines et la vallée ; de belles prairies, bien arrosées, s'étendent de chaque côté de la rivière. La Murg, que jusqu'à présent nous avons laissée à elle-même, cesse bientôt de servir uniquement à l'ornement d'une nature pittoresque ; elle sert aussi à l'industrie de l'homme, traverse encore plusieurs rians villages et se réunit enfin au Rhin, à six lieues de Gernsbach et à une lieue de la petite ville badoise de Rastadt, qui a acquis une si triste célébrité en 1804, par l'assassinat des envoyés de la république française.

Mais nous n'avons pas encore fait connaître toutes les merveilles de la vallée de la Murg. Pendant que là bas dans ses profondeurs, l'homme tantôt exprime le suc des arbres, tantôt façonne les tiges du pin en une foule d'ouvrages divers, tantôt en tire le mairim qu'il envoie aux chantiers de construction, ou les transforme en charbon, et tourmente enfin la nature en tous les sens pour gagner ses moyens d'existence, le monde des esprits se livre à toutes ses fantaisies sur le sommet de la montagne.

Jadis le prince des enfers prêcha lui-même du haut de la Chaire-du-Diable (*Teufelskanzel*), au dessus de Gernsbach, devant un nombreux auditoire, jusqu'à ce qu'un bon ange fût envoyé du ciel sur la montagne opposée, près d'Eberstein, pour y établir une chaire rivale et ramener les enfans des hommes dans la bonne voie. Cela vexa prodigieusement Satan; il se précipita dans les cavernes des rochers au-dessus de Loffenau, en faisant trembler toute la montagne, joua à la balle avec d'énormes blocs de roche, bâtit dans le voisinage des nuages le Moulin-du-Diable (*Teufelsmühle*), et, fatigué de son travail, s'enfonça si profondément dans son lit de rochers, que l'on y voit encore sa forme empreinte avec le pied et la queue de cheval; il frappait du pied, criait, et se précipitait dans son moulin toutes les fois que l'ange prêchait vis-à-vis. De Herrenwiese, Dieu le Père vit le monstre et le lança avec tant de force dans son propre moulin, que l'on aperçoit encore la trace de son pied sur le haut de la montagne. Il s'arrêta là, et ce n'est plus que de temps en temps qu'il se lève encore avec fracas. Sur une autre cime, près de la tour d'Yberg, Satan se présentait à une nombreuse troupe de sorcières, de sorciers, de magiciens et de monstres infernaux ; ils adoraient leur maître, lui sacrifiaient des enfans, dansaient et se livraient à de somptueux banquets, mais sans sel et sans pain. Cela dura jusqu'à ce que les pieux franciscains élevèrent le couvent de Fremersberg et firent rentrer tous ces êtres immondes dans le Klipfengraben.

D'autres esprits, d'un caractère plus paisible, habitaient dans les deux Mummelseen, près du romantique cloître d'Allerheiligen, sur la Seekopf, et à un mille de Herrenwiese, sur le Katzenkopf. Là vit une race de gnomes innocens et rachitiques. Une fois, un petit habitant du second Mummelseen se présenta, habillé de peaux de rats, dans le village de Kappel, de l'autre côté de la montagne, et emmena une sage-femme pour aider sa jeune femme à accoucher. Devant sa baguette de bouleau l'eau se sépara, un escalier d'albâtre tournant conduisit la femme étonnée dans une magnifique salle d'or, devant un lit de diamant. Elle remplit ses fonctions, et aussitôt le gnome la relança dans le monde d'en haut. Elle reçut pour salaire une botte de paille, que, dans son dépit, elle jeta bien loin, et dont elle ne connut le prix que quand elle en vit quelques brins restés après sa robe se changer en or. Une autrefois une superbe nymphe s'échappa du lac, séduisit un beau berger et lui accorda son amour au fond de la vallée, à condition qu'il ne chercherait jamais à connaître sa demeure. Le berger, enivré d'amour, ne tint pas son serment, l'épia et la vit rentrer dans le lac. Aussitôt il entendit un sourd gémissement d'une personne mourante, sortir du fond des eaux, et le lac, couvert des larges feuilles du nymphéa, devint couleur de sang. Un vieillard à barbe blanche et aux yeux d'escarboucle, gouverne cette famille de nymphes. Pendant la nuit et le matin elles se mêlent aux travailleurs pour les aider et prennent part aux joies des habitans de la vallée. Si elles séduisent un mortel, elles sont sévèrement punies; si un enfant des hommes s'en fait aimer, il disparaît avec elles dans l'abîme; mais le vieillard rend une justice impartiale, punit les séductrices et renvoie hors de l'eau les mortels innocens. Quand quelqu'un jette une pierre dans l'eau tranquille, une tempête s'élève aussitôt et menace de l'engloutir. Ces esprits ne sont pas immortels. Leur roi lui-même, le noble vieillard aux cheveux d'argent, est moissonné par l'impitoyable faulx de la mort et un autre vient prendre sa place.

« Qu'est-ce donc qui descend si tard de la montagne, à la lumière de cette multitude de torches? Est-ce qu'on se rend encore à la danse, à la fête? L'air retentit de refrains si joyeux. Hélas! non! — Dis-moi donc ce que ce peut être?

» Ce que tu vois, c'est le cortège de la mort; ce que tu entends, ce sont des plaintes. Sans doute ce deuil est digne d'un roi, mais ce ne sont que des esprits qui le portent, voilà pourquoi ces voix sont si tristes et si caverneuses.

» Les voilà qui tourbillonnent là bas dans la vallée du Mummelseen. Déjà ils entrent dans le lac; ils ne remuent pas le pied, on n'entend que le sourd murmure de leurs prières. Oh! regarde quelle femme brillante accompagne le cercueil!

» Voilà le lac qui ouvre ses portes de cristal; regarde comme ils plongent au fond! C'est comme un escalier vivant qui chancelle et disparaît. Les chants s'affaiblissent; entends-tu? ils s'éteignent peu à peu sous les ondes, et tout rentre dans le repos (1).....»

L'ANCIEN CHATEAU DE BADE.

Une chaîne de hautes montagnes ondoyantes et boisées, (le peuple des environs les appelle *têtes*), sépare Gernsbach de Bade, le calme de la vallée de la Murg du tumulte étourdissant d'une ville de bains européenne. L'ancien château de Bade forme une station intermédiaire; il offre encore au voyageur curieux la solitude des forêts et les débris du passé, et lui laisse déjà entrevoir en même temps le fracas du présent qui s'élève vers lui du sein de la vallée.

Le chemin montagneux de Gernsbach à l'ancien château de Bade conduit, avant qu'on entre dans la forêt, à une auberge solitaire, d'où l'on peut encore apercevoir la belle vallée de la Murg et les cimes de la Forêt-Noire wurtembergeoise. Au dessus de cette auberge le chemin se sépare en deux sentiers, dont l'un, celui de droite, conduit à l'ancien château d'Eberstein, dont Uhland a célébré les ruines dans son poème du *Comte Eberstein*, et l'autre traverse la partie la plus romantique de la forêt et aboutit à l'ancien château.

Tout le plateau de la forêt, dont le revers commence en cet endroit et sur le front duquel l'ancien château est comme suspendu, a été transformé par les magistrats badois en un magnifique parc; mais on y a tellement respecté toutes les beautés naturelles du lieu, qu'on ne peut en vouloir à l'art, qui s'y est mêlé si convenablement à la nature. Là, comme dans tous les environs du château, des chemins

---

1. Ces vers sont tirés de Morike, Maler Nolten, vol. 1, p. 190

bien entrenus conduisent dans le plus épais de la forêt, jusqu'à ce que l'on arrive à une série d'énormes blocs de quartz rouge qui vont de l'est à l'ouest, et qui sont communs à une grande partie de la Forêt-Noire. Ces masses s'élèvent en formes pittoresques et grandioses, entourées de la plus riche végétation de sapins que ne trouble aucune culture, et dont la *purpurea digitalis* forme le plus bel ornement. Il n'y a que quelques années que les rochers éloignés du château sont accessibles et délivrés des broussailles qui les enveloppaient depuis des siècles. Une tradition populaire s'est attachée à ces grotesques tours de la nature, et l'on prétend que Gœthe les a prises pour modèle de sa belle description du château de Rochers. La plus remarquable est un énorme castel, construit sur la cime avec des blocs gigantesques et entouré de tours et de bastions; puis on arrive au pont du Rocher (Felsbrücke), qui unit ensemble deux roches séparées par une large crevasse, et du haut desquelles l'œil plonge au loin dans la vallée. Mais quand on veut jouir de la perspective dans toute son étendue, on suit un escalier de pierres qui conduit jusqu'à Einsiedelei, et enfin sur le premier plateau de la montagne, où l'on a bâti une hutte dans laquelle le voyageur pût se reposer. Là, on a les ruines de l'ancien château directement au dessous de soi, et l'on jouit du riche tableau que l'artiste a essayé de reproduire dans notre gravure. Les environs apparaissent encore plus complètement du haut point de vue du château. Ici se montre, au dessus de la vallée de Bade, le charmant Fremersberg, ainsi nommé d'un couvent de franciscains, que le margraf Jacques I, fonda en 1453, et qui fut détruit en 1828. A gauche apparaît le Rosskopf (la tête du cheval) que les Wurtembergeois appellent le Katzenkopf (la tête du chat), comme la plus haute montagne de la contrée. A son sommet, d'énormes quartiers de rochers forment une caverne artificielle, à l'abri de laquelle l'auteur de cet ouvrage a bivouaqué dans l'été de 1831, avec une nombreuse société ; on voit à ses pieds le Rhin, qui s'étend dans une espace de quarante lieues, comme un long serpent d'argent, derrière soi l'immobile Mummelsee. Mais revenons au sujet de notre gravure. Au-delà de la vallée de la Murg, à l'arrière plan de notre point de vue, on aperçoit Loffenau, avec sa belle perspective qui s'étend le long du fleuve. Au nord-ouest la vue est bornée par les bois ; elle commence de nouveau à se développer avec la route de la montagne, qui est séparée du Hardt, partie des Vosges, par une longue plaine horizontale. Cette plaine est traversée par le Rhin ; tout le côté ouest est pris du Hardt et des Vosges, qui se dessinent au loin en formes variées, et ne s'abaissent, au nord, que près d'Oppenheim et d'Alzey, au sud, que près de Mulhausen et de Bâle. On voit s'élever au dessus d'elles, au nord-ouest, la large crête du Donnersberg, et plus loin, dans la plaine, l'œil exercé, à l'aide d'une longue vue, découvre la cathédrale de Spire et les tours de Mannheim ; la vue des parties inférieures de cette dernière ville est interceptée par de légères éminences qui sont déjà remarquables à un tel éloignement. On cherche en vain le clocher de Strasbourg ; il se cache avec tout ce qui l'entoure derrière le Fremersberg. Celui-ci, de même que le Schlossberg, forme de petites vallées latérales, d'un aspect ravissant, sur lesquelles le regard se repose avec volupté du point de vue élevé où l'on se trouve. La ville de Bade, vue du sein des ruines, s'étend à nos pieds comme le plan d'une ancienne ville. Des groupes entiers de petites collines couvertes de vignes et de bois, n'apparaissent que comme des taupières.

Des maisons de campagne et de rians jardins, sont dispersés çà et là sur les croupes de ces collines. Tout-à-fait à gauche on aperçoit la charmante vallée appelée Lichtenthal.

Un guide sûr et éclairé nous conduisit au château même ; c'est la description de Kluber. Outre le chemin ordinaire d'Einsiedelei à Bade, il y a un sentier détourné qui mène aux ruines du château. Ces vénérables débris subsistent encore sur le plateau antérieur de la montagne, à une hauteur effrayante, au milieu d'une enceinte de chênes, de pins et d'ormes séculaires, et d'abruptes roches de granit et de porphyre. C'est de là que la dynastie badoise tire son nom. A côté du château, sur un lieu de repos, la forêt laisse une légère ouverture, qui donne vue sur la vallée du Rhin, du côté des Vosges.

On entre dans ces ruines par la porte supérieure. L'art a su donner à ces majestueux rochers la forme d'un édifice. A la vue de la chapelle de l'ancien château, l'esprit reste saisi en contemplant les énormes fenêtres vides et délabrées de la majestueuse tour. Des fenêtres de la vaste salle des chevaliers, la vue s'étend au loin sur la vallée. La plupart des murs latéraux sont tombés, ainsi que le parquet des chambres supérieures ; nulle part le moindre vestige d'entretien. Un tapis de gazon et de sauvages broussailles couvrent les décombres des chambres et des salles d'apparat. Entre les portes intérieures, un gros ormeau, blanc et desséché, annonce depuis combien d'années le temps a commencé là ses ravages. A droite sont les écuries, à gauche l'entrée d'une immense cave encore bien conservée. Les voûtes, qui sont encore reconnaissables, sont d'architecture romaine ; les parties du centre de l'édifice, d'architecture arabe, et les parties supérieures appartiennent à la vieille architecture allemande. Cela s'explique par les différentes époques de leur construction.

Des décombres, des pierres, des débris de murs, entourent le tout. Les fleurs sauvages, les broussailles, se disputent le terrain avec les ruines. Il est possible cependant d'adoucir la sécheresse de cette description. Le grand duc a pourvu avec le plus grand soin, depuis quelques années, non seulement à la conservation du château, mais à l'entretien du chemin qui y conduit. Des escaliers massifs et sûrs conduisent de tous côtés dans toutes les chambres, jusqu'à la plus haute tour; et là où la chose a été possible, on a déblayé le sol. Les ruines embrassent, à proprement dire, quatre étages : la grande tour; au dessous d'elle un premier, puis un second étage; séparé de l'autre par des rochers, et enfin les ruines du vestibule, avec une entrée parfaitement conservée. Elle a la forme gothique, et au dessus on reconnaît les armes de Bade sous leur ancienne forme. Non loin de cette porte, on trouve une auberge de campagne, où le voyageur peut se rafraîchir; mais, du reste, pas de portier, pas d'incommode gouverneur de château; tout est ouvert, tout est tellement accessible, que l'on redescend du faîte des ruines sans s'en apercevoir.

En revenant de l'ancien château à la ville de Bade on rencontre plusieurs bancs pour se reposer. Après avoir traversé une grande partie de la forêt, on arrive à un lieu de repos pratiqué sous quatre chênes. Devant eux on voit s'élever, sur des rochers, entre quatre autres chênes et sous un toit de chaume, un belvédère, d'où l'on jouit d'un coup-d'œil très pittoresque; à droite on voit le petit couvent des jésuites, devant soi le Friesenberg et le Fremersberg, et à gauche le Mercuriusberg. Au dessous, le nouveau château, qui, de ce côté, couvre presque toute la ville, et les allées de la

Fichtenthal attirent l'attention. Vis-à-vis se montre, en amphithéâtre, la grande chaîne de la montagne.

Nous ne dirons rien de la ville de Bade, de ses modernes beautés et de sa précieuse source d'eaux minérales. L'excellent ouvrage de Schreiber, et d'autres descriptions moins étendues, sont entre les mains de tous les voyageurs. Nous dirons seulement quelques mots sur l'ancien établissement que les Romains avaient fait dans cette contrée.

Les pierres disent que, dès avant le dix-septième siècle, les Romains avaient non seulement séjourné ici comme guerriers, mais encore qu'ils s'y étaient établis dans une ville, y avaient bâti des bains et avaient répandu la civilisation dans les environs par le commerce. Quand on a examiné les antiquités romaines rassemblées en 1804, par Charles-Frédéric de Bade, dans le musée du Brunnengewœlbe, on rencontre à chaque instant le vénérable nom de Marc-Aurèle. On aimerait à se représenter cette vallée charmante, peut-être plus belle encore dans son ancien état sauvage, comme un lieu de repos de ce sublime stoïcien sur le trône. Mais les inscriptions elles-mêmes ne permettent pas cette illusion ; elles se rapportent toutes à l'ignoble usurpateur de ce grand nom, à l'empereur Bassianus Caracalla, fils de Septime Sévère, et sont de l'années 198 et 215. Des monumens postérieurs, entre autres le Brückenzeiger, portent les noms de l'empereur Alexandre Sévère (vers 221) et d'Héliogabale (vers 222), et le premier le nom de la ville : *Respublica Aurelia aquensis*. Son fondateur, Caracalla, s'est sans doute cru suffisamment instruit pour une construction de ce genre par la vue des bains Antonins de Rome.

La ville d'Aurelia était placée sur la route stratégique de Marc-Aurèle, qui conduisait du Rhin au Neckar, limite de la muraille romaine. Ses principales divinités étaient les dieux de la mer et du commerce, Neptune et Mercure. Un autel rectangulaire, que l'on découvrit, en 1748, dans une vieille cave, au pied du Schlossberg, porte une inscription suivant laquelle Cornelius Aliquandus, au nom du *Contubernium nautarum*, la corporation des marins, a élevé ce monument en l'honneur de la maison divine (*domus divina*), c'est-à-dire de la maison impériale, au dieu Neptune. On a représenté sur la pierre, avec un travail exquis, Neptune, tenant dans sa main droite un dauphin, dans sa gauche le trident, et à ses pieds un monstre marin. Deux monumens attestent le culte qu'on rendait à Mercure ; l'un est une table d'autel qui semble consacrée à Mercure, le nocher des morts pour une ame trépassée ; elle fut découverte en 1804, à une lieue de Bade ; l'autre est une figure de Mercure en bas-relief, qui se trouve sur le Mercuriusberg (le grand Stauffenberg) comme table d'autel, et qui fut probablement érigé d'abord sur le bord de la route. La figure est d'un travail plus que médiocre, avec des ailes à la tête, et le caducée à la main gauche. Deux autres monumens sont des pierres tumulaires de guerriers romains, l'une d'un certain L. Reburrinus Candidus, de la 20e cohorte, et l'autre d'un L. Amilius Crescens, de la 14e légion, tous deux de la ville d'Ara (peut-être l'*Ara Ubiorum*).

Il subsiste encore d'autres restes du temps des Romains. D'abord la grande voûte de la principale source, qui, dans le principe, était revêtue de marbre de Carrare, est incontestablement d'origine romaine, et il est probable que du temps des Romains elle était destinée à des bains à vapeur. Devant la salle d'antiquités on a aussi trouvé, en 1808, des restes d'une étuve romaine, de conduits de fer ; il y a également derrière la cathédrale des restes de chambres à bains. L'ancien bain des pauvres, à droite de la halle, possède un vaste bassin romain avec des escaliers, et à gauche se trouve une voûte fort longue, probablement aussi d'origine romaine. Enfin, toute l'enceinte de la halle, de la cathédrale et de la place du marché, abonde en constructions souterraines de la même époque, et dans la campagne on rencontre presque partout, à une certaine profondeur, du pavé romain. Il est très probable que c'était là le centre de la maison publique et des établissemens de l'ancienne Aurelia. Les arcades qui se trouvent sous les jardins de l'orangerie du château, sont d'un style plus noble, mais appartenant toujours à l'architecture romaine. L'allée souterraine de la *Baustquellen* et de l'*Enfer*, ont encore la même origine. Les merveilleuses catacombes qui se trouvent sous le nouveau château, sont-elles l'ouvrage des Romains ou des tribunaux secrets, on ne furent-elles que des lieux de refuge cachés dans des temps de guerres civiles, c'est ce qu'on ne sait pas.

L'imagination des architectes modernes a construit de ces restes, en tout peu remarquables, un magnifique Aurelia, dont la grande Rome elle-même n'aurait pas à rougir. Mais il n'est nullement vraisemblable que les riches Romains se soient établis à demeure sur une frontière sans cesse inquiétée, sous un climat rude, et que le séjour de Caracalla ne dura que fort peu de temps. La fameuse *Aurelia aquensis* n'était rien autre chose qu'un petit endroit de bains pour les tribuns et les centurions romains, que les Allemands ravagèrent d'abord, et que l'invasion d'Attila anéantit complètement, à l'exception des faibles restes que nous avons signalés.

Quatrième Voyage.

LE LAC DE CONSTANCE ET LE HEGAU.

Lindau, avec le lac supérieur. — Le lac de Constance, vu d'Arenemberg. — Hohentwiel et les châteaux voisins.

LINDAU.

AVEC LE LAC SUPÉRIEUR ET LES MONTAGNES.

Après avoir long-temps promené le lecteur à travers les montagnes et les vallées de la Forêt-Noire, nous allons le transporter en droite ligne des frontières du nord à celles du sud, des hauteurs qui environnent Bade sur le lac riant et uni de Constance. Quoique notre ouvrage n'embrasse que deux de ses baies, si le spectateur réfléchit que ses eaux baignent les plus ravissans paysages dans un espace de seize lieues, il comprendra pourquoi nous l'appelons, avec orgueil, la *mer Souabe*. Nous avons vu une seule fois la mer, et c'était dans la Manche, et nous dirons franchement que le lac de Constance nous avait donné une plus grande idée de l'Océan que ce canal qui sépare la France de l'Angleterre.

Pour mieux faire sentir ses beautés actuelles, rapportons ici la description d'un ancien Romain, du milieu du quatrième siècle, description dans laquelle beaucoup d'erreur et d'ignorance se mêle à la vérité.

« Le Rhin jaillit avec une grande impétuosité des anfractuosités des plus hautes montagnes, dit Ammien-Marcellin, que les campagnes contre les Allemands avaient conduit dans cette contrée, sous le général Barbatio, se fraie un lit sur des rochers escarpés, sans recevoir d'affluent, et se précipite, avec une rapidité toujours croissante, comme le Nil à travers ses cataractes. Et, dès sa source, il est navigable parce qu'il a une surabondance d'eau. A peine peut-il s'étendre en liberté, qu'il entre dans un lac rond, immense (les habitans le nomment *Brigantia*), qui a 460 stades de longueur et presque autant de l'argeur, et dont de sombres et épaisses forêts empêchent d'approcher, excepté là où la patience des anciens Romains a frayé une large route : car la nature des lieux et la rudesse du climat le disputent aux Barbares. Le fleuve se précipite avec fracas à travers ce marais, parcourt rapidement ses eaux paresseuses, les coupe comme avec un tranchant aigu, et de même qu'un élément divisé par une lutte éternelle, s'en sépare de nouveau, sans augmentation, sans diminution, en conservant le même nom et les mêmes forces, et se jette plus loin dans les profondeurs de l'Océan, sans que ses eaux aient subi la moindre altération. Et ce qui est merveilleux, c'est que les ondes paisibles de la mer ne sont pas ébranlées par le choc, et que l'impétuosité du fleuve n'est pas arrêtée par le limon sur lequel il coule ; leurs eaux se réunissent et ne se mêlent pas ; et, si l'on ne voyait pas de ses propres yeux qu'il en est réellement ainsi, on croirait qu'aucune puissance au monde ne pourrait les séparer. »

Depuis lors, de marais, le lac est devenu limpide et potable, et ses eaux se sont paisiblement unies à celles du fleuve. Dès auparavant le lac même n'avait point paru si terrible à des yeux amis, et Julius Solinus, qui a écrit un siècle avant Ammien-Marcellin, dit que les campagnes de la Rhétie étaient riches en récoltes, en pâturage, et embellis par le lac Brigantin.

L'auteur a consacré un autre ouvrage à la description du lac et de ses rives, ainsi qu'au récit des évènemens dont il a été, pendant plusieurs siècles, le théâtre ; et il prend la liberté d'y renvoyer le lecteur (1).

La ville de Lindau, qui a été réunie à la monarchie bavaroise, en 1805, avec toutes ses dépendances, est agréablement située sur trois îles du lac supérieur, à deux lieues de son extrémité la plus orientale ; nous disons agréablement située, non pas pour l'habitant, mais pour le spectateur, car l'habitant, quand il est sur le pont ou dans le port, ne découvre rien des beautés de la campagne d'alentour, et la vue se trouve complètement arrêtée par les maisons, à l'exception de quelques unes, entreautres, l'ancien hôtel de la Couronne.

(1) *De Schatpoard's Bodensee Handbuch*, page 187 et suivantes.

L'île la plus avancée, sur laquelle est bâtie la ville proprement dite, contient les trois cinquièmes du terrain des trois îles. Elle est unie avec la terre ferme par un très beau pont de bois, qui, après la destruction de l'ancien par l'inondation de 1817, a été rétabli, à un prix fort modéré, par l'aubergiste de la Couronne, Zaggelmayer. Il avait d'abord trois cents pieds, mais depuis cinquante pieds ont été comblés. Sa largeur est considérable ; il est orné d'un très beau gardefou, et un trottoir y est ménagé pour les piétons. La seconde île, séparée de la ville par un gouffre sur lequel on a jeté un pont-levis, est habitée par des mariniers, des pêcheurs et des vignerons ; là sont aussi des magasins de sel et des caves. L'autre partie consiste en vignobles et en plantations d'arbres fruitiers. La troisième île, qu'on appelle le *Fort*, et qu'un pont de pierre unit à la ville, est d'une très petite étendue, et ne renferme presque d'autre édifice que l'ancienne petite église de Saint-Jacques, qui est abandonnée depuis la réforme ; elle présente toutefois des restes d'antiques fortifications, qui, encore intacts, servent à protéger la ville contre la mer, et qui, avec le nom de Fort, semblent indiquer le séjour des Romains dans cette île. Peut-être fût-ce l'empereur Constance Chlore, fondateur de Constance, sur la rive opposée, qui établit aussi en cet endroit, au quatrième siècle, une place d'armes contre les Allemands.

La situation de ces trois îles, dit Ebel, est extraordinairement belle. Droit en face s'ouvre la grande et large vallée, à travers laquelle le Rhin se précipite des Alpes Rhétiennes dans le lac de Constance. La chaîne des montagnes de la Suisse court sur la droite de cette vallée jusqu'au lac, s'étend le long de ce même lac en collines fertiles et forment ses rives méridionales, qui sont couvertes d'une riche végétation. La gauche de la vallée est bornée par les rochers nus et escarpés du Voralberg, qui se prolongent à l'est et enserrent le lac dans des bords hauts et escarpés. Toute la partie du lac qui s'étend à l'est de Lindau, forme un beau bassin ovale, large de deux lieues et presque aussi long, à l'extrémité duquel apparaît la petite ville de Brigance. A l'ouest et au nord, le lac se développe en une vaste nappe, qui étonne par son étendue. De Lindau à Constance sa longueur est de près de onze lieues, et elle va presque à seize près de Bodenau et de Sernadingen. Comme les rives septentrionales et occidentales, malgré leurs détours, vont en général en droite ligne, l'œil jouit de la vue extraordinaire d'une nappe d'eau dont la surface mesure environ quarante lieues carrées. Quand le ciel n'est pas très serein, les ondes se réfléchissent au loin à l'horizon, et c'est alors surtout que l'on comprend pourquoi l'on appelle ce lac *mer Souabe*.

Les collines de la rive nord-est du lac offrent le plus beau coup d'œil, selon que l'atmosphère est vaporeuse, claire ou chargée de nuages, les hautes montagnes d'en face apparaissent à la vue sous d'autres formes et dans d'autres proportions; tantôt on n'en voit que l'esquisse qui passe comme un rêve; tantôt comme un long mur bleu, surmonté de créneaux pointus; tantôt une plus forte lumière laisse voir au fond des montagnes, des vallées qu'on n'avait pas encore découvertes; d'autres fois les rayons de la pluie et des masses de nuages ne laissent voir que des crêtes de rochers, souvent couvertes de glace et de neige. Un rayon de soleil disperse souvent les brouillards et les nuages, et tout à coup le paysage sort avec toutes ses beautés du sein de l'obscurité.

D'ici on aperçoit très distinctement, avec une longue-vue.

le clocher de l'abbaye de Saint-Galles. La petite ville de Rheinegg, avec les affluens du Rhin, le Rorschach et l'Arbon brillent au dessus des autres villages, qui animent le rivage suisse. Le lac lui-même est sillonné par des barques à voiles, bien que les trois bateaux à vapeurs, qui le parcourent dans toutes les directions, n'aient pas besoin de tels auxiliaires ; au contraire ils semblent les chasser, comme les gros poissons donnent la chasse aux petits et faibles habitans du lac.

On peut compter parmi les plus beaux points de vue du lac, la maison de campagne du marchand Falk, et le lieu où était récemment le banc de Washington, non pas du libérateur de l'Amérique, mais bien un lieu de repos que le philantrope général bavarois, baron de Washington, avait établi sur le haut des collines de sa villa, qui appartient maintenant à un autre propriétaire. Notre artiste a pris son point de vue d'un autre endroit, plus près de la ville de Lindau, parce que là il a été plus facile de resserrer toutes les parties du paysage.

Parmi les curiosités de la ville de Lindau, il faut ranger le *Mur des Païens* (*Heidenmauer*), fragment colossal d'un fort ou d'une tour gigantesque, situé à droite de l'entrée du principal pont. Il est construit avec des quartiers de roches énormes et non taillés ; il peut avoir douze pieds de long, et lorsqu'on répara les endroits endommagés, en 1760, on le trouva épais de huit pieds et demi. Une opinion fondée sur de fausses données, quoique assez générale, en attribue la construction à l'empereur Tibère. On peut opposer à cette opinion beaucoup d'objections, entre autres le genre de construction du monument qui ne permet guères de croire non plus, que ce fut une fortification des généraux romains, du quatrième siècle, contre les Allemands. Il est très vraisemblable que ce fut un rempart contre les païens, une fortification contre les invasions des Huns, au dixième siècle ; car la coutume de bâtir avec des pierres non taillées, était précisément particulière aux premiers temps du moyen âge. Sans aucun doute, elle est aussi, après les construction souterraines du *fort*, le plus ancien monument de la ville, dont le nom (*Lintaunia*) ne se rencontre que dans la seconde moitié du huitième siècle, comme celui d'une ferme construite par des serfs. Il paraît qu'un comte ou duc de Rhétie, Adalbert, fonda l'antique couvent de religieuses. Au dixième siècle, un incendie terrible força une partie des habitans à s'expatrier ; mais ils revinrent sous le règne de l'empereur Conrad II, et la ville obtint alors le droit de se gouverner elle-même, se releva toujours de divers incendies, et fut enfin nommée ville de l'empire par l'empereur Rodolphe de Habsbourg. On dit que l'église de Saint-Pierre fut détruite par l'incendie de 948, qu'elle fut relevée, et que l'église de la Trinité fut fondée en 1241. L'origine de l'église du couvent des religieuses remonte encore plus haut ; son ancienne forme a disparu avec le bâtiment du couvent et une foule de maisons, dans l'incendie de 1728. Le couvent lui-même dura jusqu'à la sécularisation, et sa sérénissime abesse exerça, pour la dernière fois, en 1780, le droit qu'elle avait hérité des vestales romaines, de délier le patient qu'on tenait déjà sous le billot, avec un couteau qui lui était présenté sur un plat d'argent, et de le soustraire ainsi à la peine de mort.

En 1496, l'empereur Maximilien I*er*, tint en cette ville une diète remarquable et dirigea de là la guerre suisse, qui ne fut pas très heureuse. Trente-quatre ans plus tard (en 1530), les habitans de Lindau obtinrent la liberté de croyance, se déclarèrent pour Calvin, après avoir beaucoup balancé entre lui et Luther, et depuis cette époque la population est protestante. Elle faisait alors avec l'Autriche, l'Allemagne, la France et l'Italie, un commerce très étendu, qui s'est réduit depuis à un commerce d'expédition insignifiant. Il s'y fait un tel commerce, dit un contemporain de la réforme, il y arrive une si grande quantité de marchandises de tous les pays, que le dimanche on voit des habitans de plus de vingt-huit villes et de neuf milles à la ronde, s'agiter sans relâche sur le marché, et plus de quatorze cents voitures et chariots se succéder aux portes de la ville. C'est ce grand commerce, ainsi que sa situation, qui fit donner à Lindau le nom de *Venise allemande*. La guerre de Trente-Ans fit de Lindau une forteresse, dont les ouvrages avancés (les bastions de Charles et de Stern) subsistent encore. Elle fut tour à tour occupée par les différens partis; la ville eut terriblement à souffrir, et la peste enleva plus de deux mille ames. La dernière année même de cette guerre, le général suédois Wrangel, assiégea par terre les impériaux renfermés dans Lindau, et les attaqua en même temps du côté du lac, avec des bateaux équipés à Brigance. Les assiégés eurent l'avantage dans une petite bataille navale; l'ennemi ne parvint qu'à emporter une redoute après une sortie infructueuse de la garnison, et la ville et son commandant, le comte de Wolfeggwaldsee, soutinrent le bombardement pendant plusieurs semaines. Comme si le ciel les eût pris sous sa protection, les bombes n'occasionèrent aucun incendie et pas un habitant ne perdit la vie; il n'y eut qu'une vieille femme étrangère qui fut abimée par une grenade. Wrangel se retira enfin sans avoir rien obtenu, et ce ne fut que la paix de Westphalie, le 30 septembre 1648, qui ouvrit les portes de Lindau aux Suédois et à leur commandant en chef, Robert Douglas.

L'hôtel de la Couronne est un véritable témoin de ce siége et en possède encore un boulet. Cette excellente auberge a également conservé à l'intérieur son ancienne forme, et ses appartemens spacieux annoncent encore l'opulence d'une ville impériale. Chaque trumeau des gros murs de la salle principale est pourvu d'une colonne. Les hôtes peuvent voir sur le derrière une partie du port et du lac, et même le matin, lorsque le ciel est pur, on aperçoit au loin les montagnes dans toute leur magnificence.

La ville renferme encore d'autres beaux et antiques édifices, tels que l'ancien entrepôt, la halle aux blés, la tour du Voleur et la belle église gothique de Saint-Etienne, dont la foudre abattit le clocher en 1668. Du reste, Lindau, dans sa construction, se rapproche beaucoup des villes suisses, les maisons ont le faîte moins élevé que dans le reste de l'Allemagne, mais elles sont plus larges; les étages supérieurs et le toit forment une forte saillie.

Malgré l'affaiblissement du commerce, le port est encore fort animé; de belles maisons de campagne embellissent les rives du lac, et si la position isolée de la ville lui donne une apparence de prison, ses habitans doivent sentir avec d'autant plus de force le charme du ravissant paysage qui l'environne et sur lequel un pont la conduit, quand elle veut.

LE LAC INFÉRIEUR ET CONSTANCE.

Nous ferions volontiers visiter à l'ami de la Souabe les points de vue magnifiques qui, à droite et à gauche des rives du lac supérieur, méritent les regards du voyageur, chacun présentant des beautés particulières, chacun ayant son histoire à raconter : sur la rive allemande, l'antique Wasserbourg ; Langenargen, avec le château incendié de l'orgueilleux comte de Montfort ; l'ancienne ville impériale de Buchorn (Friedrichshafen) ; le château de Fiedrichshafen, la belle et simple résidence d'été du roi de Wurtemberg ; Meersbourg avec ses rochers sillonnés de crevasses ; Ueberlingen, avec ses belles tours, ses jolis bains et ses énigmatiques Trous-de-Païens (Heidenlœchern), puis dans le golfe qui s'avance au loin dans les terres, Hohenfels, le château du Minnesaenger (troubadour) ; Sernadingen (Leopoldshafen), qu'un grand commerce anime, et, en face, le château de Bodman, si riche en légendes. Si nous tournons ensuite à gauche de Lindau, là où le village souabe se replie vers la Suisse, nous trouvons la jolie ville de Brigance, qui s'élève en amphithéâtre avec ses pittoresques toits italiens, l'avant-poste de l'Autriche qui s'étend de là sans interruption jusqu'à l'Adriatique ; le Gebhardsberg, dont les rochers escarpés surplombent sur le lac, et d'où le regard embrasse la vallée du Rhin et l'ensemble des montagnes de Graubundten ; puis le Rhin avec Rheineck, et plus loin, du côté de la Suisse, la paisible ville de Rorschach ; Romanshorn, Arbon, l'*Arbor Felix* des Romains, leur première plantation d'arbres fruitiers dans la contrée, avec ses gigantesques remparts, dans l'enceinte desquels le malheureux Conradin prit son dernier repos en Allemagne ; enfin une multitude de châteaux sur les collines voisines, dont chacun rappelle l'histoire d'une race de chevaliers ou de troubabours. Mais il nous faut laisser tout cela de côté, et glisser le long du lac sur le bateau à vapeur, passer devant Constance et arriver au lac inférieur, trajet de douze lieues qu'on accomplit en quatre heures, pendant que les magnifiques contrées des environs passent devant nous comme un songe.

Quant au lac inférieur lui-même, sur la rive duquel nous nous trouvons dans notre gravure, nous ne le voyons dans toute son étendue que de Hohentwiel ; là, si nous nous retournons, nous apercevons, au-dessus de ses brouillards, la ville de Constance, et, dans l'arrière plan, nous voyons encore une fois le lac supérieur et les montagnes de la Suisse. Le point de vue que notre artiste a si heureusement choisi est la plaine qui part du château d'Arenemberg, qui a été pendant longues années la résidence de la reine Hortense.

Le gros village, qui apparaît ici sur le premier plan, est le bourg suisse d'Ermatingen, qui est déjà cité dans un acte du huitième siècle, si toutefois cet acte est authentique, sous le nom primitif et complet d'Erfmuottingen, comme un domaine particulier des rois franks, et qui paraît avoir été donné par Charles Martel au couvent de Reichenau. A une demi-lieue plus loin, à gauche du clocher du village, se présente également sur le rivage suisse du lac inférieur, ou plutôt du Rhin qui passe près de là, l'ancien et fort château de Gottlieben, que l'évêque Eberhard de Waldbourg fit bâtir à ses propres frais, en 1250, lorsque l'empire se trouva sans chef, après la mort de Frédéric II. Il y transporta sa résidence, de dépit contre la ville de Constance, et y fit construire un pont sur le Rhin, pour soumettre les habitans à un droit de péage. Mais on oublie bientôt toutes les destinées de ce château pour ne songer qu'à deux célèbres personnages qui l'habitèrent ; car, pendant le concile de Constance, ce fut là que l'on renferma, l'un après l'autre, le martyr Jean Huss, et ensuite l'indigne pape

Jean XXIII, quand il eut été déposé. Le premier, malgré le sauf-conduit que lui avait envoyé l'empereur Sigismond, eut les fers aux pieds comme un criminel ordinaire, et la nuit on lui attacha même les bras au mur par des anneaux de fer.

La ville de Constance s'élève derrière ce lit de douleur de Huss, avec le clocher de l'église dans laquelle il fut condamné. On voit encore l'emplacement du bûcher sur lequel il fut livré aux flammes devant la porte de Gottlieben; ces tristes souvenirs se représentent forcément à notre esprit toutes les fois que nous apercevons Constance. Tout s'efface devant l'image de ce feu horrible. C'est là, dans l'enceinte de cette cathédrale, que l'on prononça, en 1415, la sentence de mort contre l'hérétique Jean Huss; là qu'un des sept évêques qui l'entouraient lui arracha le calice des mains, pendant qu'il priait à genoux pour ses amis, et le déclara traître, Judas, tandis que les six autres lui ôtaient les habits ecclésiastiques et lui mettaient un bonnet pointu portant l'image du diable, en l'appelant archihérétique. L'empereur se leva alors, appela le chef de la garde du concile, le prince électeur du Rhin, et dit: « Comme l'épée n'est pas remise en vain entre nos mains, mais pour punir ceux qui font le mal, prenez cet homme, Jean Huss, et punissez-le comme le mérite un hérétique. »

Retournons au lieu de l'exécution, devant la porte de la ville, c'est là que fut élevé le bûcher. Jean Huss s'y rendit en priant et en chantant, et regarda, en souriant, brûler ses livres. Les bourreaux l'empoignèrent et l'attachèrent à un poteau avec une chaîne rouillée; on plaça sous lui de la paille et un fagot de bois. « Sainte Trinité ! » s'écria le martyr, en voyant une vieille femme s'empresser d'apporter son contingent. Déjà la flamme s'élevait avec force, que Jean

Huss priait encore à haute et intelligible voix pour ses persécuteurs. Trois fois on le vit remuer les lèvres au milieu des flammes pour prier, puis la fumée étouffa sa voix et termina ses souffrances. Le bourreau, dans sa fureur, lui fendit la tête et fit rôtir son cœur coupé en morceaux. Ses cendres furent recueillies et jetées dans le Rhin.

Le 30 mai 1416, son disciple Jérôme de Prague le suivit sur le bûcher. On lui passa de grosses cordes et une chaîne de fer autour du corps. Comme le bourreau voulait allumer derrière lui, il lui dit d'une voix ferme : « Passez devant et allumez le feu sous mes yeux. » Puis il se mit à chanter des cantiques, jusqu'à ce que la flamme s'élevât par-dessus sa tête. Muscius Scœvola ne tint pas avec plus de fermeté sa main sur la flamme ; Socrate ne but pas la ciguë avec plus de calme, dit un témoin oculaire, le noble Florentin Poggio.

Qui songerait après de telles scènes, à s'informer de la magnificence et des fêtes de ce concile ? Qui s'occuperait de savoir combien il y avait de cardinaux et de prélats, de princes, de comtes et de chevaliers ; combien de pâtisseries ambulantes circulaient dans la ville ; combien de filles de joie s'y étaient réunies pour ces jugeurs d'hérétiques ? L'excommunication du pape Jean lui-même, la condamnation du duc Frédéric et l'élection du nouveau pape n'ont plus d'intérêt pour nous ; nous nous détournons avec horreur de ces temps barbares, pour nous reporter à des siècles plus éclairés et plus doux.

Constance est de fondation romaine. Lorsqu'en 304, l'empereur Constance Chlore, enfermé par les Allemands, près de Langers, se fut fait jour et approché du Rhin, il vainquit les mêmes ennemis près de Vindonissa, et choisit, pour y élever un château, un point déjà fortifié par la nature, sur les bords du fleuve, en face de la petite langue de terre qui sépare le lac supérieur et le lac inférieur. Aucun écrivain, aucune inscription, aucune médaille ne parlent de l'origine de cette construction ; elle n'est attestée que par le nom. Mais lorsqu'en 1632, le suédois Horn fit pratiquer des mines contre Constance qu'il tenait assiégée, il rencontra devant la porte de Kreuzling les anciens murs d'enceinte de la ville. D'énormes constructions souterraines et les colossales arches d'un pont de pierre, qui attestent combien le Rhin avait plus de largeur à cette époque reculée, s'offrirent aux yeux ; tout indiquait une forteresse importante et bâtie pour durer long-temps. Dans cette Constance romaine, et qui fut plus tard alemanique, le culte chrétien fit de rapides progrès sous les rois franks, et y trouva une position forte sur le lac de ce nom, lorsque le roi austrasien Clothaire I*er* y transporta l'évêché qui jusqu'alors était resté à Vindonissa. L'empereur Charlemagne, en se rendant à Rome pour s'y faire couronner, se montra de dessus le lac, à Constance, qui portait déjà le nom de ville et possédait une cathédrale dans l'église de Sainte-Marie, à laquelle on ajouta, dans le cours du neuvième siècle, l'église de Saint-Étienne. Au commencement du douzième siècle, une diète fut tenue à Constance ; vers le même temps elle résista courageusement à une grande armée de Bavarois et de Saxons, que commandait le vicaire de l'empire, Henri le Superbe, du parti Welfe. Frédéric Barberousse tint sa cour dans la ville libre de Constance, du 11 au 25 mars 1153, et y entendit les plaintes des citoyens de Milan contre les tyrans de leur patrie, et leur promit assistance. En 1183, il y reçut les clés d'or des villes italiennes. Trente ans plus tard, Frédéric II parut devant Constance qui devait décider qui aurait la première couronne du monde. Elle ouvrit ses portes au chef des Hohenstauffen, et l'anti-roi Otto, accourant d'Uberlingen, les trouva fermées.

La réforme échoua à Constance, malgré la ferveur avec laquelle elle commença, malgré l'enthousiasme avec lequel on sacrifia aux mânes de Huss, en renversant les monastères, en pillant les églises, et même en jetant dans le lac les reliques d'un saint (1529). En 1548, la ville fut prise par les Espagnols, après une longue résistance, et perdit ses libertés.

Dans la guerre de Trente-Ans, Gustave Horn et le wurtembergeois Wiederhold parurent devant Constance, mais tous deux en vain. Dans des temps plus récens, l'histoire n'a plus eu à s'occuper de la ville, non plus que du lac de Constance ; le nombre de ses habitans, qui, du temps du concile montait, avec les étrangers, à 80,000, est descendu aujourd'hui à cinq mille, et il n'y a plus que le mur de cette ville déserte qui rappelle son ancienne splendeur. L'empereur Joseph II chercha à la relever par l'assistance qu'il donna aux établissemens de manufacturiers, d'horlogers et de bijoutiers ; sous le régime du gouvernement de Bade, elle fut le siège du directoire du cercle maritime, et la douane allemande sembla devoir lui rendre son ancienne prospérité. Le monument le plus curieux de la ville est la cathédrale, bâtie en forme de croix, comme la plupart des anciens temples grecs, avec une antique crypte sous le chœur, qui est maintenant transformée en cave. La voûte supérieure est supportée par seize colonnes dont les fûts, hauts de dix-huit pieds, sont d'un seul bloc. Les deux tours carrées, qui sont liées entre elles par une balustrade de fer, dominent la ville, les deux lacs et la montagne, et du haut de leur plateforme on jouit de la plus magnifique perspective. Elles ont été reconstruites après l'incendie de 1511, dans lequel dix cloches fondirent. A sa principale entrée on voit sur les portes latérales, en bois de chêne, toute l'histoire de Jésus-Christ ; le travail en est admirable. Derrière la sacristie se trouve, sous une salle remarquable, une chapelle remplie de tableaux du temps et de l'école de Martin Schœn, et l'on conserve sous la sacristie un ancien tableau fort précieux du temps d'Albert Durer. Dans l'allée voisine et au fond de l'église, on voit les tombeaux d'hommes célèbres ; la statue en bois qui portait l'évangile a été pendant long-temps prise, à tort, pour celle de Jean Huss, et dans les derniers temps on a cru devoir l'enlever.

Ce qui mérite encore d'être vu, c'est l'église de Saint-Étienne avec des sculptures de Hans Moring, de la fin du seizième siècle; l'imposante Maison-de-Ville; la douane, dans laquelle le concile élut le pape Martin V en 1417, comme l'atteste une inscription contemporaine; la maison de la rue Saint-Paul, où Jean Huss fut arrêté; la Friedhof (maison de paix), où Frédéric Barberousse conclut, en 483, la paix avec les villes italiennes; l'antique édifice de la Malhaus et de l'Hohen Haus; le vieux couvent des Dominicains (aujourd'hui la fabrique de M. Macaire) avec une fort belle église gothique et le tombeau du célèbre philologue Chrysoloras de Constantinople, qui mourut pendant le concile, et l'affreuse prison de Jean Huss; l'ancien palais, qui donne vue sur le lac; le pont de bois, sur le Rhin, qui a été détruit ou rompu plusieurs fois depuis sa construction dans le douzième siècle et rétabli dans son état actuel en 1802, et l'ancien couvent de bénédictins de Petershausen sur la rive droite du Rhin.

Constance est le séjour du célèbre et vénérable prélat baron de Wessemberg et d'un des artistes les plus distingués de l'Allemagne, Mlle Marie Ellenrieder : le premier se plaît à ouvrir aux étrangers sa belle galerie de tableaux et l'autre son atelier avec la plus aimable bienveillance.

Le faubourg, le prieuré de Creuzlingen, avec sa situation ravissante, et un autre faubourg de Constance méritent encore d'être mentionnés, ainsi qu'un petit hameau, le Paradis, composé d'environ soixante familles de jardiniers, de bergers et de pêcheurs, dont la langue, le costume et les usages diffèrent complettement de ceux de la ville et qui, grace à la fertilité du sol, vivent dans une douce aisance.

Mais le paradis du voyageur c'est toute la riante campagne qui s'étend des rivages du lac inférieur jusqu'aux majestueuses montagnes du Voralberg et du Tyrol, qui bornent ce riche tableau derrière le lac supérieur et la forêt de Brigance.

HOHENTWIEL ET LE HEGAU.

Nous ne pouvons choisir un point plus convenable pour prendre congé du beau pays de Souabe que le bizarre rocher de porphyre, qui, suspendu vers l'extrémité de la frontière méridionale, menaçant à chaque instant de s'écrouler, se soutient cependant, bien qu'il soit couronné de murs depuis plus d'un siècle, et a réellement protégé le pays dans les temps modernes jusqu'au commencement du siècle actuel.

Au sud et au nord, à l'est et à l'ouest, la Haute-Souabe est ici à nos pieds ; ce que nous voyons du pays jusqu'aux Schneebergen (montagnes de neige), au fond de la Suisse, fut autrefois occupé et habité par les Souabes et les Alemans réunis.

Non seulement la vue s'étend sur toute la chaîne des Alpes, depuis les Alpes du Valais et de Berne jusqu'aux cimes les plus lointaines du Tyrol, mais encore l'aspect opposé des crêtes de montagnes qui entourent Hohentwiel, et particulièrement l'aspect du lac et de la plaine est plus riant et plus attrayant ici que partout ailleurs. A la vérité, la grande élévation du rocher ne permet qu'une sorte de vue de mappemonde sur le paysage qui s'étend à nos pieds; toutefois la multitude des villages et des villes en varie suffisamment le tableau : on n'aperçoit pas seulement à la fois comme des points inférieurs, des parties isolées, consistant uniquement en campagnes et en forêts, mais une succession de champs, de prairies et de forêts, de collines et de vallées, de ruines et de châteaux et maisons de plaisance, de villes et de vastes couvents, de villages et de nombreuses fermes, formant un ensemble des plus pittoresques.

Mais l'endroit d'où l'on jouit de la vue la plus riche, c'est le rivage du lac, où l'œil parcourt, sans être arrêté par aucune colline, une suite non interrompue de jardins et de vignobles. Le lac supérieur se perd ici dans un lointain obscur; on n'aperçoit plus que l'extrémité inférieure de la langue de terre qui s'étend entre Ueberlingen et Sernadingen ; mais on embrasse d'autant plus complètement le lac inférieur, qui, séparé du lac de Constance par le Rhin, repose paisible dans son vaste bassin ovale et au milieu duquel on voit se développer le jardin de Reichenau, à qui la nature semble avoir prodigué tous ses dons. Les rives de ce lac sont aussi riches et infiniment variées: une multitude de villages, les villes de Radolphszell et de Steckhorn ; sur l'arrière plan, l'orgueilleuse

Constance, se déroulent en un vaste tableau. De l'extrémité méridionale du lac on voit le Rhin s'avancer majestueusement, moitié fleuve, moitié lac, jusqu'à la ville de Stein, puis là, resserré entre des rives étroites, et redevenu décidément fleuve, couler en serpentant vers Diessenhofen, se précipitant avec impétuosité sur la ville de Schaffouse et sa cataracte. Derrière des collines couvertes de forêts, avant-coureurs du Jura, s'élevant les unes au-dessus des autres, on aperçoit le Baiernberg, ayant à ses pieds le château à pic de la ville de Regensberg. Derrière le lac, le fleuve et les collines apparaissent les Alpes de Thurgovie, de Zurich et d'Argovie; celles du Tyrol se perdent dans un lointain d'azur: le Sentis s'offre aussi aux regards; les têtes blanches du Glarnisch, du Doedi, et d'autres montagnes d'Uri et d'Unterwalden occupent le centre du panorama. A droite, se dessinent au loin, plus blanches et plus aiguës que les autres, les Alpes bernoises, le Schreck et le Wetternhorn, la Vierge (Jungfrau) et le Moine. Les montagnes du Valais se perdent dans les brouillards et les nuages derrière le Pilate.

Mais on ne saurait resserrer tout cet ensemble en un tableau, et comme l'artiste a représenté une seconde fois le lac de Constance, il a préféré avec raison le panorama des objets environnans, et nous a donné une vue complète de Hohentwiel et des autres châteaux de l'Hégau si pittoresquement construits; il était enchanté de retrouver ici le genre des montagnes italiennes, les formes et les groupes de collines qu'on ne rencontre dans aucune autre partie de la Souabe; son point de vue, d'où il a su réunir tant de châteaux dans un seul tableau, est lui-même un vieux château, le château de Rosenegg. Tout le côté nord-ouest de l'Hégau, avec Hohenstoffeln, Hohenhœwen, Staufen, Hohentwiel (qui couvre ici le Maegdeberg) et le Hohenrachen, est sous nos yeux; au nord, la plaine s'étend davantage, et là où elle commence à se relever à l'horizon, on découvre encore la petite ville d'Aach.

De tous ces châteaux, ne contemplons d'abord que le centre de notre gravure, Hohentwiel. Personne ne sait qui a le premier construit un château sur ce rocher escarpé et lui a donné le nom de Twiel. Si le nom fut d'abord *Duellum*, comme quelques-uns le prétendent, cela indiquerait une origine romaine. La montagne n'apparaît dans l'histoire que dans le cours du dixième siècle, lors de la révolte des messagers de Chambres, Erchanger et Berchthold, où ces audacieux vassaux occupèrent et fortifièrent la montagne. L'épouse d'Erchanger, Bertha, la possédait comme douaire. A la fin de ce siècle elle fut habitée par la belle et savante duchesse d'Alemanie, la jeune veuve de Burchard II, qui se faisait instruire dans les lettres grecques et latines par le brillant portier du couvent de Saint-Gall, Eckehard, sans que la calomnie s'attaquât à sa réputation. De là elle gouverna son duché, jusqu'à ce qu'un nouveau duc fut donné à la Souabe. Alors s'éleva à Tweil un couvent fondé par une inconnue, et renouvelé par son mari; mais, en 1003, il fut transformé en ville sous le nom de Stein-sur-le-Rhin. Twiel resta néanmoins un château-fort. Dès cette époque, les vassaux du château s'intitulaient déjà seigneurs de Twiel; on les trouve même dès les douzième et treizième siècles, pendant que le château lui-même était encore la propriété des ducs de Souabe. Il ne leur fut enlevé qu'après la fin malheureuse de Conradin, époque à laquelle l'empereur Rodolphe le donna comme fief vacant à la maison de son chancelier, Henri de Klingenberg. Il resta dans cette maison jusqu'à l'an

1515, où un Henri de Klingenberg livra le droit d'entrée au duc Ulrich de Wurtemberg, et le libre usage du fort, après quoi Jean-Gaspard de Klingenberg le vendit à ce duc, en 1558. Depuis lors, quoique situé dans un pays étranger, il est toujours resté au pouvoir du Wurtemberg, a maintenu sa réputation dans la guerre de Trente-Ans par l'immortelle défense de Wiederhold ; dans les guerres de la succession d'Espagne il a eu le même bonheur, et ce ne fut que lors de l'invasion des Français, en 1800, que le général Vandame le prit sans coup férir et le rasa.

Que le lecteur parcoure avec nous ces gigantesques débris aux pieds desquels, à mi-chemin de la montagne, une bonne auberge, la Maierhof, offre aux voyageurs un excellent gîte. La vigne couvre jusque là le flanc oriental de la montagne, et procure une boisson qui n'est pas à dédaigner.

De cette auberge on suit une route fort bien entretenue qui passe près de Gottesacker et monte la colline à travers des rochers taillés à pic. En moins d'un quart d'heure on arrive ainsi à la première entrée du fort, ayant à droite et à gauche la plus belle perspective. Deux voûtes nous introduisent ensuite dans la première cour; puis on passe par un portail pour arriver au premier pont-levis du fort. Les ruines que l'on voit à sa gauche étaient autrefois les casernes, l'hôtellerie, la demeure du médecin ; à droite se trouvaient les habitations de quelques officiers : le milieu de la cour d'entrée forme un vaste espace où se trouve le beau puits du château, en partie comblé. Le chemin, de plus en plus rapide, conduit alors à un deuxième pont-levis, que soutenait un fort pilier. Plus loin, près d'un fort, on jouit encore une fois d'une vue immense, et l'on se trouve sur une muraille de rochers de quatre cents pieds de profondeur, au pied de laquelle passe la route. C'est alors qu'apparaît le beau Natrolith, qui forme un singulier ornement de cette montagne. En se portant sur les environs, le regard rencontre le charmant groupe des châteaux de Staufen, Stoffeln, Hœwen, Maegdeberg. Nous arrivons de là au troisième pont-levis, près duquel habitaient les ouvriers de la forteresse. A droite, de l'autre côté du pont, s'élève la maison du commandant ; à gauche on aperçoit les ruines d'un édifice dont il reste encore un chapiteau de colonne, et qui tourne en demi-cercle autour du côté sud-est de la montagne. On donnait à cette caserne le nom de *Klosterbau*, couvent, qui rappelle d'anciens temps. Ce nom est justifié par la belle allée voûtée qui court sous l'édifice, mais qui est en grande partie écroulée. Aux divers bâtimens se joignent ensuite les ruines de l'église, qui est proportionnellement d'une très-grande étendue, et à travers les ogives de laquelle on aperçoit encore le ciel. Ce qu'il y a de mieux conservé, c'est le clocher, d'où partait autrefois le son de six cloches qui retentissaient au loin dans la vallée. Cette église fut bâtie et dotée par le pieux Wiederhold, avec les seules dépouilles de l'ennemi. Tous les édifices que nous avons décrits jusqu'ici sont entourés d'une vaste cour qui servait aux parades de la garnison, et au centre de laquelle s'élevait un beau tilleul, qui tomba sous la main des Français avec tout le reste du château. D'un petit banc d'où l'on jouit de la vue du lac et des montagnes de la Suisse, on faisait la ronde autour du reste du château. Un petit portail tourné vers le sud-ouest conduit ici à une échelle : lorsqu'on l'a montée on se trouve sur la partie supérieure de ce qu'on appelle la tour ; une ouverture ronde conduit ensuite à un escalier tournant à moitié détruit, par lequel on parvient dans l'intérieur même du château, dont la construction est beaucoup plus intéressante que celle de toutes les autres parties de l'édifice ; la voûte en briques a tout-à-fait la forme d'une petite citadelle; tout autour sont pratiquées des meurtrières, dans lesquelles il paraît qu'on plaçait d'abord des canons. Le bâtiment est d'une telle solidité, que les vainqueurs même ne purent le détruire entièrement. Cette tour, à en juger d'après son genre de construction, date au mois du temps du duc Ulric de Wurtemberg. C'était la plus grosse tour de la forteresse, et elle en remplaçait probablement une plus ancienne, qui avait pour but de protéger contre les attaques de l'ennemi ce côté de la citadelle moins escarpé que les autres. Plus tard, cette tour fut convertie en laboratoire, parce qu'elle se trouvait la moins liée au reste de l'édifice. La vue seule dont on jouit à travers l'ouverture des fenêtres, mérite qu'on la visite. On domine ici tout le rideau des rochers de l'ouest, qui sont les plus escarpés de tous. Nous voyons à nos pieds le fort inférieur, dont les débris ne sont nulle part ailleurs réunis en un aussi triste groupe. En grimpant plus haut, tournons-nous d'abord vers cette fenêtre d'où l'on jouit d'une vue particulière. Les ruines de Rosenegg forment le premier plan. Une femme de cette famille, la célèbre baronne de Thengen, a donné à son mari, lors du siége de Thengen, par les Suisses, la même preuve de dévoûment que les femmes de Weinsberg, et nous en devons le récit à un homme qui fut témoin oculaire de l'événement, en 1499. Le château même de Rosenegg a pour arrière-plan la chaîne des montagnes de la Suisse. Après avoir traversé les ruines des rochers, on arrive à l'angle d'un édifice carré que nous avons déjà aperçu. De là, une brèche conduit à la tour dont nous avons déjà parlé. De cette ouverture, on va directement au bâtiment qui porte le nom de *Château-Terrible*, où existaient, croit-on, les moulins à vent qu'avait fait bâtir Wiederhold, lorsque ceux des Autrichiens eurent été détruits. Une brèche plus petite conduit à travers un rocher dans le fort qui forme la pointe la plus élevée de la cime de la montagne. Arrivé dans la cour, on jouit de la vue la plus singulière, à travers le principal portail du château, qui porte la date de sa construction, l'année 1554. La cime du Krahenberg s'élève de la vallée comme enfermée dans un châssis, et nulle part, même sur notre gravure, elle n'aparait elle-même aussi pittoresque; à travers la chambre attenant au portail, on aperçoit, comme un second tableau plein de charmes, la petite ville d'Aach. C'est là l'endroit où, suivant le plan de l'infatigable pasteur de Hohentwiel, fut élevée la statue de Wiederhold, et c'est pour nous aussi le moment convenable de parler de cette héroïque défense de Hohentwiel.

Conrad Wiederhold, né en 1598 à Ziegenhain dans la Hesse, entra, dans sa dix-septième année, au service de la Hanse comme simple cavalier, puis à celui de la république de Venise avec la charge de diriger la grosse artillerie, et enfin devenu, en 1619, maître de cavalerie dans l'armée wurtembergeoise, il fut, après de glorieux exploits à la suite de la malheureuse bataille de Nordlinger (1652), placé à Hohentwiel, pour conserver ce bijou à son duc. Bientôt la Souabe fut envahie par l'armée impériale, et toutes les forteresses du pays succombèrent les unes après les autres; Twiel, seul, tint ferme comme un rocher isolé au milieu d'une mer furieuse. Pendant quatorze ans Widerbold se défendit contre les armées les plus diverses, saccageant, dans ses sorties, les villes du voisinage à plusieurs milles à la ronde, tantôt

…berg, tantôt Wildenstein ; repoussa un assaut des impériaux qui avaient déjà pénétré dans la première cour de la forteresse ; résista avec non moins de fermeté au commandement réitéré de son prince, au pouvoir de l'ennemi, de rendre la forteresse; brava les Espagnols qui avaient pris position sur les ruines de Staufen, les impériaux et le conseil municipal de la ville de Schaffouse qui, tour à tour, employèrent contre lui les menaces et les promesses; surprit et emporta, par un brillant fait d'armes, la ville voisine d'Uberlingen et remplit, sans coup férir, ses magasins des provisions prises à l'ennemi. Il eut le bonheur de rendre à son maître, en 1648, cette forteresse bien conservée et où l'on ne remarquait aucune trace des effets de la guerre. Le joyeux guerrier descendit encore une fois de sa montagne vers Uberlingen, pour dire adieu à ses bons amis suédois et recevoir les canons dont il voulait faire présent à son maître. Puis il se retira du service, se fit construire un beau château à Neidlingen au pied du Reissenstein que le lecteur connaît déjà, et fut enterré à Kirchheim sur la Teck où il mourut en 1667, et où on lui a même élevé un monument.

Reprenons notre promenade à travers les débris du fort. Tout près du portail se trouve la salle des chevaliers, qui donne vue sur le fort, le lac et les montagnes. — Nous traversons ensuite quelques chambres et une voûte, nous montons une échelle peu commode, il est vrai, et nous nous trouvons sous la tour qui, sans liaison avec le reste de l'édifice, n'est peut-être que le reste de la plus ancienne fortification de cette montagne. Elle est située à peu près au centre de tout le bâtiment. Après avoir traversé plusieurs chambres voisines, nous nous retrouvons à l'autre front du fort, où une autre suite de chambres a conservé plus d'importance. Dans la première, le héros de la paix, comme Wiederhold était le héros de la guerre, le savant et courageux Jean-Jacques Moser, défenseur des états wurtembergeois qui y resta pendant près de cinq ans (du 12 juillet 1759 au 25 septembre 1764), sans être entendu ni jugé. On ne lui accorda rien pour écrire, aucun livre que la Bible et un livre de prières, à lui qui se nourrissait de l'étude des sciences. Avec la pointe de ses mouchettes il écrivit sur les murs de sa prison de pieux et spirituels chants de consolation.

Dans une autre chambre, gémit l'officier prussien de Knobelsdorf ; renfermé à l'âge de vingt ans, il avait les cheveux blancs quand il quitta sa prison. La troisième prison renferma le colonel Riéger dont l'Allemagne a connu la destinée par le mémoire de Schiller, intitulé : *Jeu du Destin*. La voûte, encore bien conservée, qui s'étend sous l'église, a renfermé de plus ignobles prisonniers, le voleur Hannikel et sa bande.

Les casemates sous le fort, le *Duellium subterraneum* méritent encore d'être visités. La première, qui va de la tour au portail dans une longueur de trente pieds, était autrefois une cave ; le côté gauche est taillé dans le roc. De là, on monte dans une voûte assez considérable dont le flanc droit est également formé par des rochers ; puis on passe dans une troisième, sur la même ligne que la première, dont un bloc de rocher forme la porte. Cette dernière voûte était, ainsi que le *Dragon* et le *Lion*, les deux poudrières orientales du fort, destinées à la conservation des munitions : c'est pour cela qu'on l'appelait la Voûte-du-Boulet. Le fort inférieur fournissait l'eau de source nécessaire ; le supérieur n'avait que des citernes. Cinq cents personnes en tout habitaient la montagne, y compris la garnison, à laquelle on a donné, dans ces derniers temps, un commandant et un vice-commandant. Tout est ruines maintenant et la Maierhof seule est habitée.

On ne se sépare qu'avec regret de ces imposans débris, dont les brèches et les fenêtres nous laissent apercevoir à la fois le ciel et la terre et une multitude de tableaux des plus variés.

Si nous examinons Hohentwiel ainsi que les autres montagnes voisines qui se groupent d'une manière si pittoresque sur notre gravure, elles présenteront un intérêt particulier aux géologues. Ce sont, en général, des cimes de produits volcaniques. La plus considérable est Hohentwiel : sa base se compose principalement de blocs de porphyre; on y trouve aussi un précieux fossile, le natrolithe; les montagnes voisines, le Staufen, le Magdeberg, l'Hohenkrachen, etc., se composent également de roches de porphyre mêlé de basalte. Le Hohenstoffeln, au contraire ne renferme que du basalte, dont les masses simples et d'un bleu foncé contiennent souvent de beaux fossiles. Des recherches récentes ont à peu près prouvé que le porphyre, le basalte et les autres roches semblables ne sont que des masses primitives changées et lancées à la surface de la terre par le feu.

La montagne de Hohenstoffeln est la première à gauche de notre gravure. Sur ces trois collines de basalte, qui lui font comme une triple couronne, elle porte les débris de trois châteaux, et la perspective qu'elle présente, n'est ni moins riche ni moins ravissante que celle dont on jouit sur le mont Hohentwiel ; on ne découvre pas moins de douze anciens châteaux dans le voisinage. Son nom dérive de l'ancien mot allemand *Stouf*, *Stauf*, qui signifie montagne, degré de montagne. *Stœfelen*, cime de montagne, est le plus ancien nom et de la Montagne et de la famille qui en fait dériver sa noblesse. Dès l'an 1034, Norbert de Stœfelen, brave homme de guerre, fondateur d'Appenzel, et qui accompagna plus tard Henri III dans son expédition de Rome, était abbé de Saint-Gall. Vingt-deux ans après, le frère de l'empereur Conrad II, l'évêque Gebhard de Ratisbonne, y fut renfermé *in stofola*, sur l'ordre de Henri III, pour avoir conspiré avec Welf III, duc de Carinthie. Les années suivantes, les seigneurs de Stoefelen se présentent souvent dans l'histoire, et il est très vraisemblable que la Montagne peut encore réclamer comme sien le troubadour Conrad de Stoffelen qui composa, dans la seconde moitié du treizième siècle, un poème encore inédit : *Gabriel de Montavel*, dont le sujet est tiré du cycle de la Table-Ronde, et que le poète, comme il le dit lui-même, a importé d'Espagne.

La montagne qui vient après sur notre gravure, et qui n'est qu'un sommet sans château, est Hohenhœwen dont tout l'Hégau a pris son nom, comme elle-même a pris le sien de *Hœhe* (hauteur). La famille qui s'y établit, probablement dès le douzième siècle, vint de la Hesse, et était une branche de la grande famille des comtes de Ziégenhayn dont elle portait le nom. Elle y posséda, jusqu'au quatorzième siècle, une seigneurie considérable avec la petite ville d'Engen ; elle donna au diocèse de Constance plusieurs évêques et s'éteignit dans le cours du seizième siècle.

Entre Hohenhœven et Hohentwiel apparaît, sur une petite colline, le château de Staufen que l'ignorance comique d'un fameux topographe voulait faire passer pour le château d'où les Hohenstaufen tiraient leur origine. Les débris de châteaux qui, dans l'Hégau, portent ce nom, ne sont qu'à un quart de lieue nord-ouest de Hohentwiel, et ils appartenaient autrefois, avec la seigneurie du même nom, au couvent de Petershausen.

Le Maegdeberg, cinquième montagne, est tout-à-fait couvert, sur notre gravure, par Hohentwiel. Il porte les ruines d'un château que fit bâtir le couvent de Reichenau, qui appartint d'abord au Wurtemberg, et qui fut détruit, en 1360, par la ligue des villes maritimes contre le roi Wenzel. Un pèlerinage aux Saintes-Vierges (était-ce aux onze mille vierges) lui a valu le nom de *Mons Puellarum*.

Sur la cime la moins élevée, mais la plus escarpée, et taillée en pain de sucre, on trouve les débris de Hohenkrachen, que le peuple appelle Kreihen. C'est le plus riche de tous ces châteaux en légendes et en histoires. Dès le treizième siècle, on trouve les nobles de Kreigin; mais ils disparaissent dans les siècles suivans. Dans leur guerre contre les confédérés, en 1540, les vaillans prévôts de Zurich, au nombre de dix d'abord, puis au nombre de 60, et qu'on nommait les *Boucs de Zurich*, se retirèrent dans cet asile dont ils avaient acheté les privilèges, pour ne pas faire plus long-temps obstacle à la paix. Les Suisses eux-mêmes, leurs anciens ennemis, parlèrent pour eux; le landamman Friess, d'Uri, lui-même, dit que tant que les *Boucs* seraient bannis, on ne pouvait leur faire un crime de leurs hostilités, pas même de l'arrestation d'un chef confédéré. Les *Boucs* ne se le firent pas dire deux fois, et un jour que ce même landamman traversait en bateau le lac de Zurich, deux barques sortirent d'une baie : c'étaient les *Boucs*. « Rendez-vous, Amman Friess d'Uri! ne craignez rien! crièrent-ils. » — « Je vous ai donné un bon conseil, chers camarades, dit le prisonnier sans s'émouvoir, en descendant dans leur barque ; mais je ne pensais pas que vous dussiez le suivre à mon égard. » Les *Boues* le conduisirent à Hohenkrachen, et le traitèrent somptueusement ; mais ils le retinrent jusqu'à ce que le chef des confédérés, Itel Reding, leur eût compté trois cents écus d'or, leur eût permis de rentrer chez eux. Une histoire romanesque s'attache aussi à la destruction de ce château. Étienne Haussner, noble chevalier, enleva sa bien-aimée, belle jeune fille d'un riche bourgeois de Kaufbeuren, la transporta à son château de Hohenkrachen, envoya aux habitans de Kaufbeuren une lettre de refus par ses complices, et ravagea la contrée pendant tout l'été de 1512. Mais les villes avaient, près de l'empereur Maximilien, un excellent avocat dans son barbier et facétieux conseiller, Kunz de Rose, qui était frère de Georges Kressling, un des Kaufbeurois prisonniers. Celui-ci demanda justice à l'empereur. Le célèbre chef de la confédération, Georges de Frondsberg, parut en novembre devant le fort, avec 8,000 hommes et dix pièces d'artillerie ; les Augsbourgeois leur avaient même envoyé deux couleuvrines ; le Sigismond et le Katerlin (c'était le nom des canons) attaquèrent si vivement et si long-temps les ravisseurs, qu'ils s'enfuirent ou demandèrent grace. Il n'y eut qu'Étienne qui fut pris dans l'église d'une petite ville voisine, et décapité. Les confédérés rasèrent le château.

Le peuple raconte de singulières histoires du Poppel de Hohenkrachen, de l'esprit de feu Jean Christian Popilius, protecteur d'une veuve baronne de Hohenkrachen, qui parcourt ces lieux depuis des siècles. C'est un facétieux revenant ; il sépare le fléau du manche aux batteurs en grange, attèle les bœufs et les chevaux des laboureurs sens devant derrière ; enraie les roues des carrosses sur la grande route ; et, quand il voit des porteurs de verres ou d'œufs fatigués, il se transforme en tronc d'arbre, et lorsqu'ils veulent s'appuyer contre, il disparaît tout-à-coup, de manière qu'ils tombent à terre avec leur fardeau. Une fois il se présenta devant la porte de la ville de Radolphzell, sur le lac inférieur, et tira des sons si éclatans du cornet du postillon, que le gardien accourut en grande hâte, mais fut fort étonné de ne trouver personne. On voit qu'il ne faudrait aux légendes souabes qu'un Hebel pour leur donner l'immortalité.

Nous terminerons, par cet échantillon de légendes populaires, notre tableau du charmant pays de Souabe. Si les beautés naturelles de cette terre bénie du ciel, si les souvenirs historiques qu'elle rappelle, ont eu quelque charme pour le lecteur, l'artiste ne regrettera pas de passer des jours entiers devant mainte montagne et mainte vallée, devant des rochers et des torrens, devant des châteaux et des villes, et de reporter ensuite sur le papier les images variées que lui aura présentées la nature. L'auteur du texte ne regrettera pas non plus d'avoir consacré une étude particulière à ces tableaux, d'avoir parcouru tant de livres, d'avoir, quand il le fallait, pris le bâton du pèlerin pour tout voir de ses propres yeux.

TABLE DES MATIÈRES.

	Pages.
Préface	5
Premier voyage. — La vallée du Necker, de Canstatt à Heidelberg	11
Deuxième voyage. — L'Alb et la Souabe moyenne	107
Troisième voyage. — La Forêt-Noire	205
Quatrième voyage. — Le lac de Constance et l'Hégau	281

FIN DE LA TABLE DU PREMIER VOLUME.

AVIS POUR LE PLACEMENT DES GRAVURES.

	Pages.
Canstatt	11
Marbach	34
Le monastère de Maulbronn	39
Heilbronn	50
Weinsberg	58
Wimpfen et Jaxtfeld	67
Guttemberg sur le Neckar	80
Schwalbennest	80
Heidelberg	94
Bronnen	110
Blaubeuren	118
Hohenstauffen et Rechberg	131
Le Reissenstein	140
Le château de Hohenurach	148
Le château de Lichtenstein	155
La grotte des Nuages	162

	Pages.
Le château de Hohenzollern	169
Le Haygerloch	177
Tubingen	183
Esslingen	197
Le couvent de Hirsau	208
La cascade de Trybert	218
La vallée de l'Enfer	219
Fribourg en Brisgau	225
Badenweiler	248
Forbach dans la vallée de la Murg	265
Le vieux château de Bade	272
Lindau, avec le lac supérieur et les montagnes	283
Le lac et la ville de Constance	291
Hohentwiel et Hégau	298

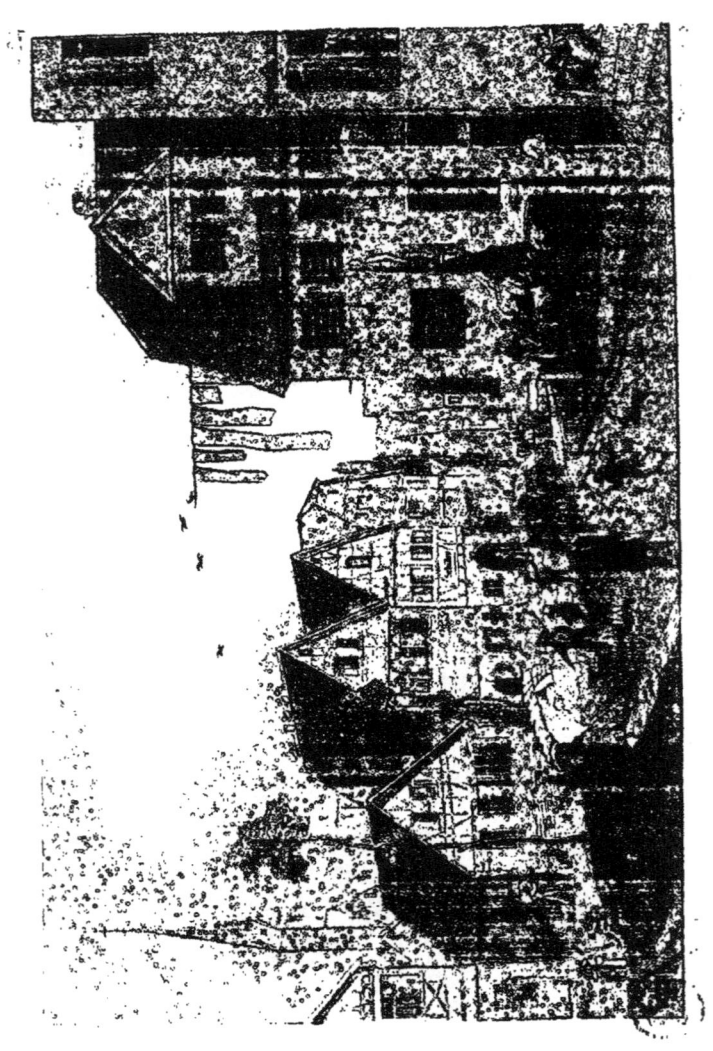

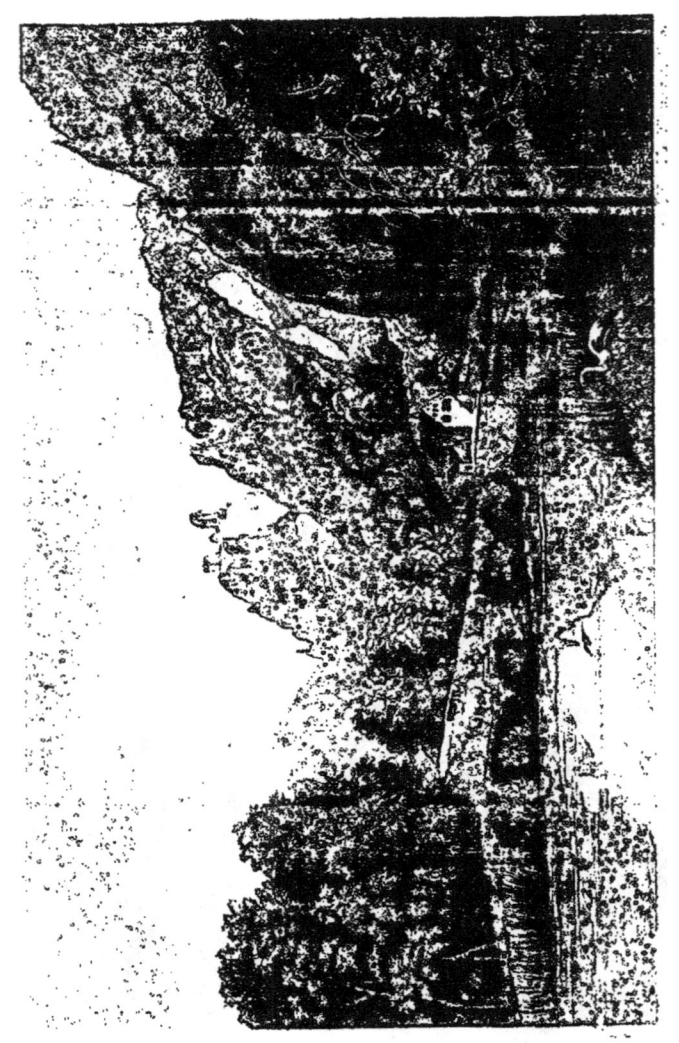

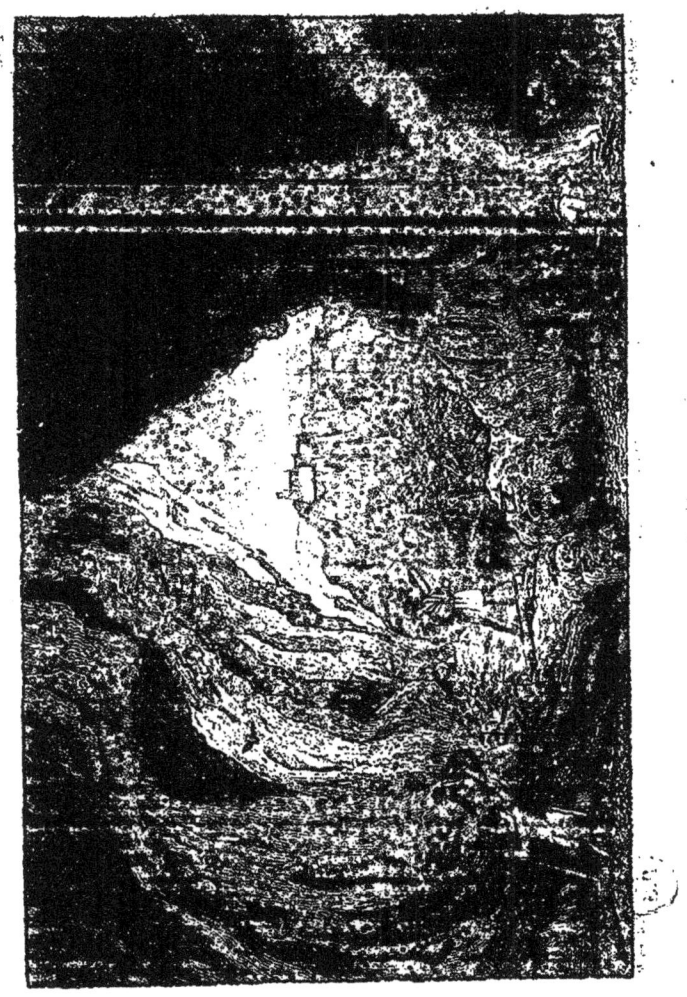

www.ingramcontent.com/pod-product-compliance
Lightning Source LLC
Chambersburg PA
CBHW060359170426
43199CB00013B/1932